# THE REJUVENATION OF NORTHEAST CHINA

## 构建陆海内外联动开放新格局

“东北地区陆海内外联动开放新格局研究”课题组 著

**图书在版编目（CIP）数据**

东北振兴：构建陆海内外联动开放新格局 / “东北地区陆海内外联动开放新格局研究”课题组著. —北京：中国发展出版社，2019.12

ISBN 978-7-5177-1108-7

Ⅰ. ①东… Ⅱ. ①东… Ⅲ. ①区域经济发展—研究—东北地区 Ⅳ. ①F127.3

中国版本图书馆CIP数据核字（2020）第002398号

书　　名：东北振兴：构建陆海内外联动开放新格局
著作责任者：“东北地区陆海内外联动开放新格局研究”课题组
出 版 发 行：中国发展出版社
联 系 地 址：北京经济技术开发区荣华中路22号亦城财富中心1号楼8层（100176）
标 准 书 号：ISBN 978-7-5177-1108-7
经　销　者：各地新华书店
印　刷　者：三河市东方印刷有限公司
开　　本：787mm × 1092mm　1/16
印　　张：18
字　　数：325千字
版　　次：2020年7月第1版
印　　次：2020年7月第1次印刷
定　　价：78.00元

联 系 电 话：（010）68990630　68990692
购 书 热 线：（010）68990682　68990686
网 络 订 购：http://zgfzcbs. tmall. com//
网 购 电 话：（010）88333349　68990639
本 社 网 址：http://www.develpress. com. cn
电 子 邮 件：370118561@qq.com

# 《东北振兴：构建陆海内外联动开放新格局》
# 编委会

# “东北地区陆海内外联动开放新格局研究”联合课题组

**联合课题组总策划：** 杨臣华　董伟俊　李寅权　徐　岩

**总报告、分报告负责人：** 杨臣华　朱　军　刘国会

柳　涛　张永军

## 内蒙古自治区发展研究中心团队

**负　责　人：** 杨臣华　内蒙古自治区发展研究中心主任

**执行负责人：** 张永军

**成　　　员：** 黄占兵　宝　鲁　付东梅　刘兴波　徐　盼

刘　军　杜勇锋　毛艳丽　高鸿雁　关继峰

何振华　陈德斌　王　颖　周全胜　包文荣

贺霜凝　牧　丹　雪　梅　兴　安

**协　调　人：** 宝　鲁　高鸿雁

## 黑龙江省社会科学院（黑龙江省人民政府发展研究中心）团队

**负　责　人：**董伟俊　黑龙江省社会科学院（黑龙江省人民政府发展研究中心）院长

**执行负责人：**刘国会　闫修成

**成　　　员：**高玉海　吕景和　孙　宇　安春生　黄绪忠　公绪刚

**协　调　人：**高玉海

## 吉林省人民政府发展研究中心团队

**负　责　人：**李寅权　吉林省人民政府研究室主任

**执行负责人：**柳　涛

**成　　　员：**侯　玲　赵金金　刘万旭

**协　调　人：**赵金金

## 辽宁省人民政府发展研究中心团队

**负　责　人：**徐　岩　辽宁省人民政府发展研究中心主任

**执行负责人：**朱　军

**成　　　员：**洪　英　曾兆勇　李树坤　张宏伟　张　羽

**协　调　人：**李树坤

# 序 言

preface

党的十九大报告明确提出，自2020年起，我国发展进程从全面建成小康社会进入全面建设社会主义现代化国家的新征程，经济发展方式从中高速增长进入高质量发展新阶段，我国站在了全面对外开放的历史新起点。党的十九大报告强调，“要以‘一带一路’建设为重点，坚持引进来和走出去并重，遵循共商共建共享原则，加强创新能力开放合作，形成陆海内外联动、东西双向互济的开放格局”。

习近平总书记在深入推进东北振兴座谈会上指出，新时代东北振兴，是全面振兴、全方位振兴。东北振兴正处于滚石上山、爬坡过坎的关键节点，全面提升开放水平是其制胜的关键一招，但目前东北地区沿边沿海开放和陆海内外联动优势尚未有效发挥。从国家战略和全局高度，在“一带一路”框架内，推动东北经济区（包括辽宁省、黑龙江省、吉林省和内蒙古自治区）形成陆海内外联动、沿边沿海双向互济全方位开放新格局，开展更大范围、更高水平、更深层次的区域合作，对于构建我国大北方改革开放新空间新格局，夯实国家能源安全、产业安全、粮食安全、生态安全、边疆安全、国防安全的战略地位，实现东北经济区“五位一体”全面振兴和高质量发展具有重要意义。

为加快推动东北经济区形成陆海内外联动、沿边沿海双向互济的全方位开放新格局，2017年内蒙古自治区发展研究中心与黑龙江省、吉林省、辽宁省三省发展研究中心成立联合课题组，具体包括总报告课题组和各省区分报告课题组、案例分析报告课题组。其中，总报告由内蒙古发展研究中心牵头起草，黑龙江省、吉林省、辽宁省三省发展研究中心配合完成；专题报告和案例分析报告由四省区各自完成。课题研究过程中，课题组先后赴三省一区和浙江、福建等省开展专题调研，建立不定期协商机制，召开系列专题研讨会，邀请中国科学院、中国社会科学院、国务院发展研究中心、中国宏观经济研究院等智库的专家学者把脉评审，最终形成了总报告和4个分报告、9个案例分析报告。

本课题以区域经济学、发展经济学等科学理论为依据，以习近平新时代中国特色社会主义思想为指导，深入贯彻落实党的十九大精神和新发展理念，围绕推进东北经济区“形成陆海内外联动、东西双向互济的开放格局”，跳出本地区思维，跳出传统路径依赖，以国际、国内大视角，开展总体研究、专题研究和案例研究，既有整体区域开放发展的实践视角，又有分地区的特色开放研究，还有开放案例剖析，并提出针对性和实操性强的对策建议，以期为国家有关部门和三省一区党委及政府提供全面开放、高水平开放的理论支持和决策参考。

“十四五”时期，是东北经济区落实新一轮东北振兴战略、推进全面振兴的关键时期，是实现生态优先、绿色发展为导向的高质量发展的重要节点。站在新的历史起点，坚持新发展理念，围绕构建我国新一轮东北振兴全面改革开放新空间和新格局，在“一带一路”框架内，推动东北经济区陆海内外联动、沿边沿海双向互济，共同打造我国向北开放的桥头堡和东北亚合作中心枢纽，是东北经济区全面振兴的新要求、新内涵、新目标。我们愿与社会各界同仁一道，更加坚定自觉地用习近平总书记在深入推进东北振兴座谈会上的重要讲话精神统一思想、凝聚力量，撸起袖子加油干，为形成东北经济区全面开放新格局而努力奋斗！

本书编委会

2019年12月

# 目　录
Contents

## 总　论



## 总报告



## 分报告

## 案例报告

# 总　论

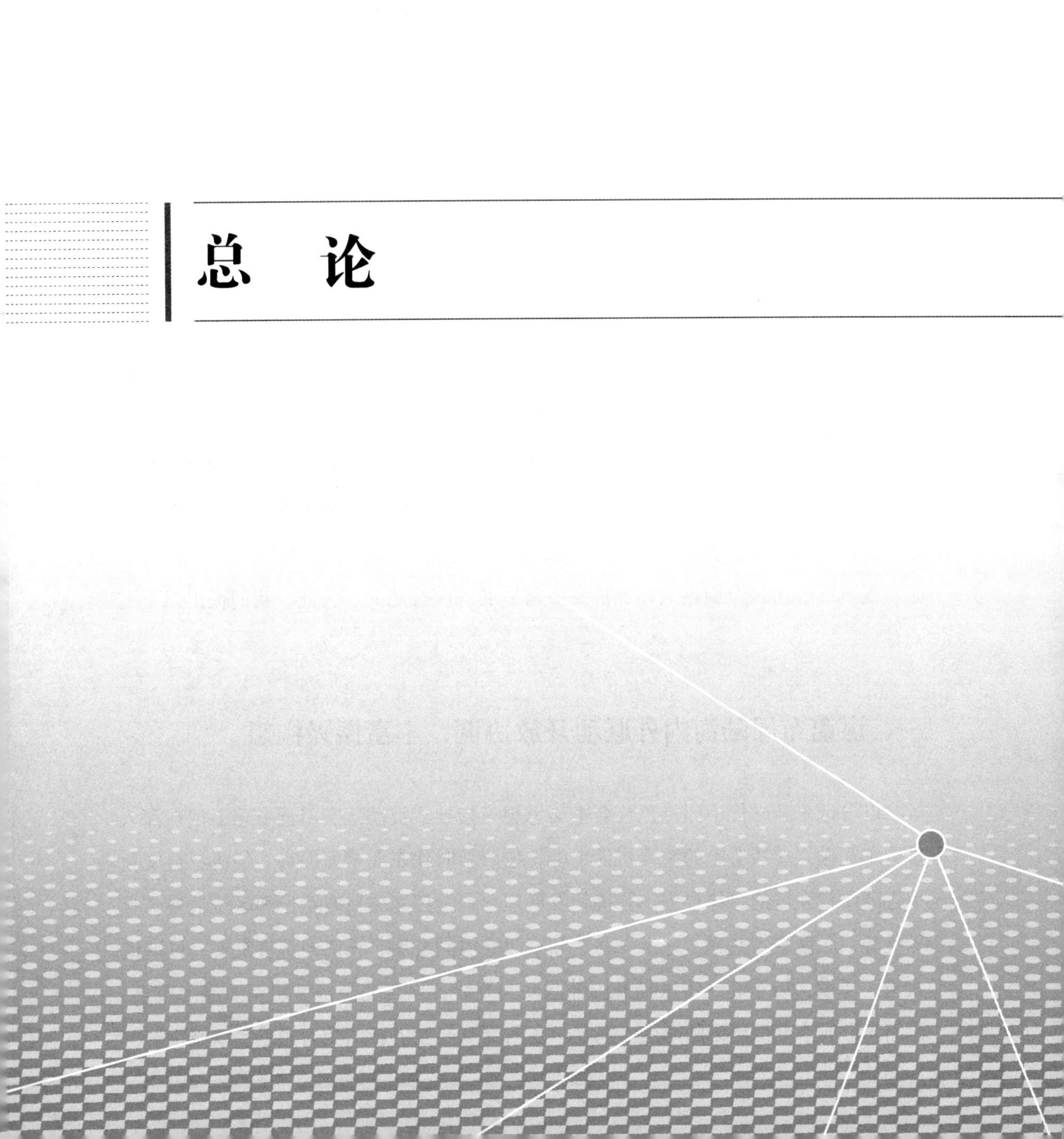

# 促进陆海内外联动开放协调是“十四五”时期东北振兴的主基调

东北振兴正处于滚石上山、爬坡过坎的关键节点，全面提升开放和协调水平是其制胜的关键一招。目前东北区域发展机制不完善，产业协同发展不够，设施联通水平不高，生产要素支撑不足，生态环境共保共治进展缓慢，沿边沿海开放和陆海内外联动优势尚未有效发挥。“十四五”时期，从国家战略和全局高度，在“一带一路”框架内，依托国际国内陆海大通道，以沿线城镇群和各类开发开放平台为支撑，着力推动东北经济区（黑龙江省、吉林省、辽宁省和内蒙古自治区）陆海内外联动、沿边沿海双向互济和区域协调发展，构建新一轮东北振兴改革开放带动圈，是实现东北经济区全面振兴和经济高质量发展的应有之义。为此，我们提出以下七点建议。

## 一、谋篇布局陆海内外联动开放协调，丰富振兴构想

以习近平新时代中国特色社会主义思想为指导，贯彻落实习近平总书记在深入推进东北振兴座谈会上的重要讲话精神，按照新时代东北全面振兴、经济社会文化生态高质量发展的总体要求，坚持新发展理念，发挥区域战略定位和区位战略节点等优势，深度融入共建“一带一路”和京津冀协同发展、长江经济带发展、粤港澳大湾区建设，以东北经济区陆海内外联动为主线，以东北经济区协调发展为重点，以培育形成东北经济区陆海内外联动、东西部双向互济新动能为抓手，以城市群—

发展轴—经济区为支撑，以推动构建我国新一轮东北振兴改革开放带动圈为目标，共同推进绿色产业协同发展、基础设施互联互通、创新要素共建共享、生态文明共建共治，共同打造我国向北开放的桥头堡和东北亚合作中心枢纽，共同推动东北经济区走出一条符合战略定位、区域特色，以生态优先、绿色发展为导向的高质量发展新路子。

主要功能定位：一是打造世界级创新平台和增长极。发挥区域比较优势，提高科技进步和自主创新能力，促进区域内产业分工与协作，做大做强做优做深做细优势特色产业，共建具有国际竞争力的技术创新与研发基地和现代农业生产基地、先进装备制造与技术装备战略基地、新型原材料基地、现代能源经济基地，为保障国家粮食安全、产业安全、能源安全做贡献。二是共建我国高水平开放合作新高地。充分发挥连接欧洲和东北亚的海陆双向通道优势，创新开放体制机制，优化开放政策环境，着力推动贸易和投资便利化，大力发展以进口资源落地精深加工为主、与腹地联动发展的泛港口和口岸经济，形成对接俄蒙朝、辐射东北亚、服务欧洲的全方位开放合作新格局。三是巩固深化我国北方重要生态安全屏障和边疆稳定屏障。坚持“绿水青山就是金山银山”“冰天雪地也是金山银山”，加强森林、草原、河湖、湿地生态系统保护和重点流域与区域环境整治，保障祖国北方生态安全。牢记“守望相助，登高望远”，全力守好家门、守好祖国边疆、守好内蒙古少数民族美好的精神家园，建成祖国北疆安全稳定屏障。

重要生产力空间布局：坚持与国家重大生产力布局相协调的原则，统筹对内对外开放两个大局，在共建“一带一路”框架内，面向中蒙俄经济走廊和东北亚，充分发挥东北经济区沿海沿边优势和辽宁、黑龙江自贸区优势，依托陆海联运大通道，提升城市群的龙头带动和辐射作用，推动经济要素在更大范围、更高层次、更广空间自由流动和高效配置，形成“四横、两纵、四带”的网格化发展新格局，构建我国新一轮东北振兴改革开放带动圈、中日韩自由贸易区、中蒙俄经济走廊自由贸易区。

一是共建四个横向发展轴。共建满洲里—绥芬河（满洲里市—海拉尔区—齐齐哈尔市—大庆市—哈尔滨市—牡丹江市—绥芬河市）发展横轴，向东联动东北东部经济带，向南北有效对接中蒙俄经济走廊和沿边开发开放经济带。共建阿尔山—珲春（阿尔山市—乌兰浩特市—白城市—长春市—吉林市—延吉市—图们市—珲春市）发展横轴，有效对接中蒙俄经济走廊、沿边开发开放经济带、东北东部经济带和图们江大通道建设。共建霍林郭勒—丹东（霍林郭勒市—扎鲁特旗—沈阳市—本溪市—丹东市）发展横轴，有效对接沿边开发开放经济带、辽宁沿海经济带、东北东部经济带、京沈经济带和沈阳经济区建设。共建锡林浩特—锦州（锡林浩特市—赤峰市—朝阳市—锦州市）发展横轴，有效对接沿边开发开放经济带和京沈经济带、辽宁沿海经济带建设。

二是共建两个纵向发展带动轴。共建哈尔滨—长春—沈阳—大连发展带动轴，打造面向中蒙俄经济走廊和东北亚、具有较强竞争力的城市群与产业集中集聚带，向南连接国家高铁沿海纵向通道和京哈—京港澳南向陆海通道，向西延伸连接京沈和呼包鄂乌经济带，密切与京津冀、长江经济带、粤港澳大湾区和内蒙古中西部的经贸联系。共建赤峰—通辽—齐齐哈尔（赤峰市主城区和喀喇沁旗—奈曼旗—通辽市主城区—科尔沁左翼中旗—白城市—齐齐哈尔市）发展带动轴，联通赤（峰）通（辽）经济带，有效对接京津冀地区，向东贯穿东北经济区、向西连接呼包鄂乌地区。

三是共建四个经济支撑带。共建沿边开发开放经济带，依托满洲里、二连浩特、丹东、绥芬河等重点口岸，完善国家开发开放试验区、边民互市贸易区等开发开放平台，发展壮大泛口岸经济，深化与俄罗斯、蒙古国、朝鲜等周边国家合作交流，推动沿边地区与东北腹地、沿海地区联动开发开放，促进国际国内两种资源、两个市场统筹利用。共建辽宁沿海经济带，充分发挥区位、港口和先发优势，整合辽宁沿海港口资源，以“一带一路”综合试验区为载体，向东打造东北亚经贸合作先行区，向西建设中东欧“17+1”经贸合作示范区，打造引领东北经济区陆海内外联动开放的重要经济带。共建东北东部经济带，依托东北东部铁路和高速公路，健全沟通联络和合作推进机制，搭建区域合作与对外开放平台，将涵盖丹东、本溪、延边朝鲜族自治州、通化、鸡西、伊春市等14个市州的东部经济带，打造成东北地区的重要增长带。共建京沈和呼包鄂乌经济带，依托京沈高铁和京张呼张高铁等运输通道，拓展东北地区和内蒙古中西部优质产品与资源禀赋的输出通道，打造联动沈阳经济区、呼包鄂乌经济带乃至东北经济区和京津冀协同发展的经济支撑带。

## 二、推进绿色产业协同发展，夯实振兴基础

一是协同发展现代能源经济。依托内蒙古呼伦贝尔、霍平白、胜利等大型煤电新能源基地和黑龙江东部煤电基地等，以“煤头电尾”“煤头化尾”为重点，支持煤炭清洁高效利用、分级分质利用，布局建设高参数、大容量、超低排放火电机组。充分利用俄罗斯进口油气资源，有序勘采东北经济区油气资源、非常规油气资源。稳步发展可再生能源和地热能、核能、氢能。二是协同推进资源型产业绿色转型。推动钢铁行业开发关键钢材品种及高端钢材产品，引导有色金属产业向新型合金、新型功能材料等精深加工环节延伸。以“油头化尾”为重点，推进石化产业炼化一体化，推动高性能纤维及高端石墨深加工等特色产业发展，加快发展林木精深加工业。三是协同培育新兴战略性产业。争取建设国家大数据综合试验区。发展新能源汽车、数字创意、绿色低碳和空天海洋、生命科学等新兴产业，促进机器人与新兴产业对接。四是协同发展现代服务业。共建国际知名旅游目的地。共建设施先进、网络完善、运行高效的集疏运体系。协作发展现代文化、健康养老等产业。发展工业设计和创意、售后服务、检验检测认证等生产性服务业。五是协同发展泛口岸经济和港口经济。推动沿海沿边地区与腹地联动发展，推进进口资源落地加工或离岸就近加工，提升物流、金融、跨境电子商务等配套生产性服务业的支撑水平，实现由“通道经济”向“落地经济”转变。推进现有中欧班列稳定和常态化运营，适时开通特色精品中欧班列和“长珲欧”“韩（朝）满欧”等跨境运输班列，谋划“平蒙欧”专列，创建“‘辽满欧’集装箱指数”。

## 三、推进基础设施互联互通，强化振兴支撑

一是东北四省区联合争取国家构建连接满洲里—黑河—同江—绥芬河—珲春—丹东—大连的沿边铁路网络，加快东北东部快速铁路建设和东北东部老旧铁路改造，推进高速公路、国道、省道和机场建设。二是推进中俄、中蒙和中朝跨境铁路、跨境公路、跨境桥梁建设与改造，积极构建“辽珲俄”国际运输通道。三是优化港口和口岸布局，整合港口口岸资源，提升港口和口岸服务功能，推进海港陆港

空港和各类口岸联动发展。四是与俄罗斯合作开辟新运输航线，推进珲春经罗津港至上海、宁波的内贸货物跨境运输陆海联运航线复航，推动开通珲春—俄罗斯扎鲁比诺港和朝鲜罗津港、清津港等港口—我国东南沿海港口的新内贸外运航线，打造中俄韩日旅游航线。五是共建能源基础设施网络，构建连接内蒙古东部盟市煤炭基地与东北主要能源消费区的大运量煤炭运输通道，建设内蒙古东部盟市至东北负荷中心的电力外输通道和黑吉省间、吉辽省间500千伏输电线路，推进中俄原油管道二线、中俄东线天然气管道，完善东北经济区天然气管网。六是共建水利基础设施网络，强化松花江、嫩江、辽河等综合整治和中小河流治理、病险水库水闸除险加固，实施一批大型水利枢纽及引水工程、农田水利工程。七是共建信息基础设施网络，加快5G网络及应用设施布局建设和“三网”融合，建设智慧城市，支持锡林郭勒盟大数据产业园区、赤峰市东部盟市云计算基地和大数据中心、通辽市大数据中心等建设，创建“一带一路”信息枢纽。

## 四、优化配置生产力要素，提升振兴效率

一是共建区域科技创新体系。探索共建东北经济区协同创新体制改革试验区，共同搭建技术创新战略联盟，共建科技成果转化服务体系，共同设立技术创新投融资平台和科技风险投资基金、创业投资基金。二是共建统一的人力资源市场。联合制定外向型人才培养和引进政策，建立以市场需求为导向的、以关键共性技术攻关为重点的人力资源市场运行体制机制。三是共建统一的资本市场。共同推进东北经济区金融业合理布局和发展，深化金融业改革。四是共同优化营商环境。合力提升东北经济区环境建设法制化、国际化、便利化水平。

## 五、深化区域合作机制，增强振兴活力

一是建立陆海内外联动协调开放共商机制。推动东北四省区合作行政首长联席会议制度常态化。建立东北经济区陆海内外联动开放领导小组，制定区域开放协调章程，完善跨省区城市双边或多边的政府联席会议制度和城际联席会议制度。共推辽宁沿海、长吉图、哈大齐、海满阿等，建设统一、开放、竞争、有序的一体化区

域市场体系建设，探索跨省共建、共管和共享园区模式，完善基本公共服务跨区域流转衔接制度，实施差别化区域政策，实行差别化的区域绩效考核。二是建立贸易和投资便利化新机制。合力推进口岸跨部门、跨关区一体化通关协作，实行进出口货物跨省直通放和行多式联运。共建境外园区，共同发展跨境经济。三是建立陆海内外联动协调开放推进机制。共建东北经济区陆海内外联动开放部门会商机制，共设产业、基建、创新、生态等专项合作组，共建专家咨询委员会，搭建信息通报与交流平台。

## 六、促进生态文明共建共保，筑牢振兴基石

一是共筑祖国北方生态安全屏障。联合保护森林草原生态，联合保护跨流域湿地、河流、海洋等重要水生态系统及水资源过度开发生态脆弱地区，联合开展黑土地保护行动。二是合力打好污染防治攻坚战。联合开展蓝天保卫战，综合治理工业大气污染，开展煤改气、煤改电行动，统筹推进油、路、车治理和机动车/船污染防治。联合开展碧水保卫战，全面落实河长制、湖长制，推进黑龙江、嫩江、松花江、辽河流域生态隐患和环境风险调查评估与风险防控，全面开展农业农村污染治理。联合开展净土保卫战，加强农田保护和重点行业企业用地土壤污染监管、绿色矿山、固体垃圾治理建设。三是共建生态文明制度体系。探索建立跨地区、跨流域、覆盖重点领域和重点区域的市场化、多元化生态补偿机制。建立跨区域用能权、碳排放权、水权、排污权交易制度。健全生态环境保护行政执法和刑事司法衔接机制。建立火灾、病虫害等跨区域灾害联防联治制度。

## 七、争取国家政策资金支持，深化振兴成果

一是支持东北经济区开发开放创新平台建设。探索建立中蒙俄经济走廊自由贸易区，推进建设中日韩自由贸易区，建立图们、长白国家重点开发开放试验区和满洲里市、二连浩特市、阿尔山市跨境旅游合作区、边境旅游试验区。推进国家布局建设面向俄蒙的科技交流中心、技术转移平台、高科技企业孵化基地。二是加大对东北经济区项目和资金支持力度。将东北经济区重点基础设施项目纳入国家沿边开

发开放和“一带一路”建设规划，支持编制《东北经济区对外开放基础设施建设规划纲要》。设立国家东北振兴产业投资基金，加大国家对先进制造产业投资基金、新兴产业创业投资引导基金的支持力度。支持组建国家东北经济区陆海内外联动金融联盟、中蒙俄经济走廊投融资平台、发行地方政府专项债券等。持续加大对老少边穷地区和工矿区的支持力度。三是支持东北经济区创建国家生态文明示范区和制造业高质量发展示范区。支持创建国家生态文明试验区（内蒙古），共筑祖国北方重要生态安全屏障。支持东北经济区开展制造业与互联网融合发展试点工作，支持距离相近、产业关联度高的城市联合申请创建服务型制造示范城市和国家级工业设计中心。四是支持东北经济区扩大对外开放市场准入范围，有序放开船舶设计、专用车和新能源汽车制造、支线和通用飞机维修、国际海上运输、铁路旅客运输、演出经纪、银行业、证券业、保险业和加油站、呼叫中心等领域对外开放等。

# 总报告

# 东北地区陆海内外联动开放新格局研究

东北振兴正处于爬坡过坎的关键阶段，要想取得最终胜利，全面提升开放水平是其关键一招。目前东北地区在对外开放的层次和水平方面较低，尚未有效发挥沿边沿海开放和陆海内外联动优势。从国家战略和全局高度，依托“一带一路”的框架，推动东北经济区（辽宁省、黑龙江省、吉林省和内蒙古自治区）陆海内外联动、沿边沿海双向互济和区域经济一体化发展，对于构建我国大北方改革开放新空间新格局、实现东北经济区全面振兴和“五位一体”高质量发展具有重要意义。

## 一、重大意义

东北经济区构建陆海内外联动开放格局是深入贯彻落实新发展理念的重大举措，就是要根据地缘走向，依托国际国内大通道，以沿线城镇和各类开发、开放平台为支撑，推动沿边沿海区域联动发展、东部西部双向互济。

### （一）推动协调发展的客观需要

以陆海内外联动推动协调发展，可以不断增强东北经济区发展整体性，进而实现高质量发展。推进东北经济区全面振兴就是一盘推动区域协调发展的大棋。东北经济区矿产资源分布广，种类繁多，石油、铁等累计探明储量居全国首位，铜、镁、铅、锡等居全国前五位。但受以 GDP 为主的经济考核体系和政绩衡量标准的驱使，东北经济区从自身的利益与需要出发配置要素和资源，形成了对内竞争大于合作、对外难以形成合力的“双重分割和封闭”，这也是制约东北经济区全面振兴、实现高质量发展的主要症结所在。一方面，导致地区间发展差距较大。2018 年辽宁省地区生产总值和一般公共预算收入分别是吉林省的1.6倍、2.1倍，黑龙江省的1.5倍、2倍，内蒙古的1.5倍、1.4倍。另一方面，产业同质化和产业结构偏资源型、传统型、重化工型并存。2018年，辽宁省石化、冶金工业增加值占规模以上工业增加值的比重高达46.4%，吉林省六大高耗能行业（包括石油加工、炼焦和核燃料加工业，化学原料和化学制品制造业，非金属矿物制品业，黑色金属冶炼和压延加工业，有色金属冶炼和压延加工业，电力、热力生产和供应业）占规模以上工业增加值的比重为22.1%。因此，东北经济区只有推动陆海内外联动开放，建立统一开放、竞争有序的市场体系，优化区域生产力布局，才能塑造要素有序自由流动、主体功能约束有效、资源环境可承载的区域协调发展新格局，以高水平开放、高水平协同推动高质量发展。

### （二）推进资源型地区转型发展的重要途径

以陆海内外联动推进资源型地区转型发展，可以增强东北经济区发展动力，实现新旧动能转换加速。长期以来，东北经济区片面倚重资源型工业的发展模式，使其陷入“资源诅咒”，目前共有国家确定的典型资源枯竭型城市（县、区）23个左右，其中衰退型资源城市超过50%。这些资源型城市转型步伐缓慢，在很大程度上缘于开放不足，未能充分借外力提升改造资源型产业、加快发展接续替代产业。因此，东北资源型地区推动陆海内外联动开放，通过承接产业转移和引进互联网、大数据、人工智能等新技术及新模式，可以改造升级装备制造、农畜产品加工、现代中蒙药等“老字号”，可以深度开发煤炭、石油、钢铁、有色金属、木材等“原字号”，可以培育壮大新一代信息技术、高端装备和材料、数字创意、生态环保和文化旅游、现代物流、寒地冰雪经济等“新字号”，摆脱资源路径依赖，实现产业由“一业独大”转向“多业并举”。

### （三）深度融入共建“一带一路”的重要选择

以陆海内外联动为抓手，积极融入共建“一带一路”，可以拓展东北经济区国际国内发展空间，实现高水平对外开放。对外开放是我国的基本国策。共建“一带一路”倡议使得内陆及沿边由开放“末梢”走向了开放前沿。东北经济区既沿海又沿边，具有陆海内外联动开放的优势独特。一是与俄罗斯、蒙古国、朝鲜接壤，陆地边境线和海岸线绵长，拥有口岸 77 个，占全国的 1/4 左右；二是拥有大连金普新区、哈尔滨新区、长春新区 3 个国家级新区，拥有辽宁和黑龙江 2 个自由贸易试验区，拥有满洲里和二连浩特 2 个国家重点开发开放试验区；三是拥有中蒙俄经济走廊、大图们江等国际通道，2018 年经由二连浩特、满洲里口岸的中欧班列数占全国的 45%。进入 21 世纪，东北经济区开放合作取得了积极进展，但总体来看开放度低、开放进程滞后，2017 年进出口总额仅 1510 亿美元，不足全国的 4%。习近平总书记在东北三省考察并主持召开深入推进东北振兴座谈会时明确指出，开放合作是制约东北振兴的"四个短板"之一。因此，东北经济区只有构建陆海内外联动开放格局，借助东北振兴与京津冀协同发展、长江经济带发展、粤港澳大湾区建设等国家重大战略对接带来的发展新动力，深度融入中蒙俄经济走廊和东北亚区域合作，才能促进国际国内两个市场、两种资源有效对接，全面提升开放合作水平。

## 二、存在的主要问题

党的十九大报告指出，中国特色社会主义进入新时代，我国社会主要矛盾已经转化为人民日益增长的美好生活需要和不平衡不充分的发展之间的矛盾。对东北经济区而言，在空间的视角下，"不平衡"不仅仅体现在沿边沿海之间，不同区域之间也存在不平衡问题。究其原因，不仅有新发展理念落实不充分的共性问题，而且自身还存在着体制性、结构性、要素性、生态性等突出问题，亟须通过推动陆海内外联动加以解决。

### （一）区域发展机制不完善

（1）**合作范围局部化。**2010 年，首届东北四省区合作行政首长联席会议召开，通过了《东北四省区行政首长协商机制框架方案》，计划在规划、交通、生态、工业、农业、商贸、金融、卫生、文化等 15 个领域开展全方位合作。《东北振兴"十三五"规划》提出，在环境保护、"一带一路"建设等领域开展合作。但从合作实践看，东北经济区合作领域主要涉及基础设施建设、旅游合作、物流、海关、检验检疫等领域，且实质性合作较为欠缺。以旅游合作为例，尽管四省区签署了《辽吉黑蒙旅游战略合作框架协议》，但目前合作仍停留在信息共享、联合促销、线路整合等低层次、低水平合作层面，缺乏旅游产品联合开发、旅游企业合作、政策协调等深层次的合作。

（2）**高层协商非常态化。**约束机制的缺失导致东北经济区合作处于不稳定状态。2010—2013 年东北四省区合作行政首长联席会议连续召开四年后，因经济形势发生巨大变化，2014 年之后便被搁置。高层协商机制的这种不稳定性，使得东北经济区合作丧失了连贯性，合作时断时续、时短时长。此外，由于具体的合作涉及政府多个部门，高层协商非常态化、低制度化也使一些具体职能部门协助政府提供直接服务的功能不强，影响了合作的开展。

（3）**合作成果落地难。**从区域合作各方签订的协议看，大多为框架性协议，实质性的合作协议不多且进展缓慢。究其原因，一是缺乏强有力的协调机构，跨省区的规划协议实施主体和责任主体不明确，评估考核机制不健全，导致合作项目成本高、落地难。二是市场配置资源的决定性作用未得到有效发挥，以省（区）为单位组织经济社会活动是东北经济区历史上形成的桎梏，这在很大程度上阻碍了跨区域资金、技术、劳动力等生产要素的合理流动和优化配置，阻碍了跨地区分工协作的发展。三是未能合理平衡竞争与合作的关系。以中蒙俄经济走廊建设为例，内蒙古与东三省之间在跨境铁路通道建设上由于利益重合及争夺优先性，形成了较强的竞争关系，而非合作关系。

## （二）产业协同发展不够

（1）**产业结构趋同。**理论上，东三省与内蒙古在产业上有明显互补关系。例如内蒙古东部盟市以能源和有色金属加工支持东三省，东三省以资金、设备、科技等辐射带动内蒙古东部盟市的发展，可以共同在煤矿、电站、煤化工项目、运煤通道、港口建设等领域开展跨区域合作。但在实践中，跨省区市场化产业分工合作机制尚未建立。一方面，内蒙古东部盟市产业结构单一，主要是资源加工产业和农畜产品加工业，产业链条短，与东三省没有形成紧密的产业链上下游分工合作关系。在经济下行压力下，资源型产业与东三省相互争夺资源和市场，各地产业优势未得到充分发挥。另一方面，东三省均把汽车、电子、高新技术、化工、绿色农业等作为重点发展的产业，造成区域产业结构趋同化，既不能体现各省在区域合作中应当具有的合理地位与特色，还造成盲目投资和重复建设，不利于区域经济的协调发展。

（2）**产业分工协作水平低。**一是产业合作动力方面，东北三省和内蒙古之间产业合作和分工，大部分都是依靠政府部门相关政策的支持和推动，这就导致地区在经济发展的过程中不能够发挥当地的区域优势，产业合作存在不紧密和水平较低的问题。二是产业合作范围方面，东北四省区的产业合作主要集中于石油和天然气开采业、石油冶炼及加工业、金属冶炼及压延加工业，以及劳动密集型的食品及饮料制造业、木材加工及家具制造业等。尽管这些产业体现了东北四省区的要素禀赋优势，但与资源精深加工的要求还不相适应。三是产业合作层次方面，东北经济区的产业合作还局限于资源开采和资源的初步加工制作，仍处于产业链条的低端，高附加值产品相对较少，产业链条延伸的长度明显太短，难以带来良好的经济效益。

（3）**港口和口岸经济同质化竞争现象突出。**一是从港口和口岸布局看，东北经济区在港口和口岸规划布局方面不尽合理，存在“一窝蜂”开港口和口岸的现象。例如，辽宁省正在规划和已投入运营的亿吨级港区有 12 个，而到 2017 年底，仅有大连大窑湾、营口鲅鱼圈、丹东大东港和锦州笔架山四大港区吞吐量超过或接近 1 亿吨。再如，内蒙古东部盟市口岸中只有满洲里、二连浩特 2 个口岸的过货量超过 1000 万吨。二是从港口和口岸经济看，发展水平低、竞争激烈。目前，东北经济区港口和口岸经济主要为“两头在外”的通道经济，即以跨境运输来自俄蒙、欧洲等的粮油、绒毛、矿产、木材等进口商品和来自环渤海、长三角、珠三角等地区的机电产品、钢材、农产品等出口商品为主，煤炭、铜矿、铁矿石、木材等进口矿产资源落地加工或离岸就近加工能力较低。东北经济区对外贸易伙伴主要是俄罗斯、蒙古国、日本、朝鲜，四省区进出口商品均以原材料、初级加工品和劳动密集型产品等为主，处在“各自为战”状态下的口岸，相互之间竞争大于合作，为了争货源、保过货量，甚至存在不计成本地相互杀价的现象。

### （三）设施联通水平不高

（1）**跨境、跨省区基础设施建设短板较多。**一是交通基础设施方面。跨境通道建设亟待加强。“滨海 2 号”国际物流通道建设存在障碍和困难，东北东部经济带丹东至吉林通化、白山、延边自治州的铁路运能较差，尚不具备开通跨境班列条件，珠恩嘎达布其至蒙古国乔巴山段铁路推进缓慢；东北经济区铁路多数标准低，技术装备落后，路网等级水平不高，辽宁铁路网密度达到 352 公里 / 万平方公里，但黑龙江、内蒙古铁路网密度仅为辽宁的1/3和1/4左右；区域间高铁通道建设滞后，目前内蒙古仅有1条高铁连接东北三省。二是能源通道方面。内蒙古电力外送通道缺口较大，大型煤电和风电基地优势没有得到充分发挥，“窝电”“弃风”现象严重，在冬季供暖期，最大弃风电力达到200万千瓦，未能与东三省形成资源互补。三是水利基础设施方面。东北经济区防洪减灾体系仍较薄弱，防洪供水工程历史欠账较多，跨省区水资源调配体系有待进一步完善。

（2）**港口、口岸与腹地联系不够紧密。**一方面，部分港口、口岸与腹地城市互动发展不平衡。由于未从政策和观念上突破原有的行政属地管辖束缚，东北经济区没有将众多沿海港口和边境口岸从散落的开放点整合成为开放发展的先导带，多数中小港口、口岸通道转运功能突出，但进口资源落地加工、服务功能拓展不足，与腹地产业链条脱节，对腹地经济贡献小。2018年，内蒙古呼伦贝尔市、吉林省长春市进出口额分别占其地区生产总值的15%、14.7%，分别低于全国平均水平18.8个和19.1个百分点。另一方面，开放平台对腹地辐射带动作用不强。2018年，上海自贸试验区新设企业7198户，累计新设企业5.88万户，以1/50的面积创造了上海市1/4的生产总值、40%的实到外资和外贸进出口量，在引领长三角高质量发展当中发挥了较大的作用。与上海自贸区相比，东北经济区对外开放平台类别比较齐全，但自贸试验区、国家重点开发开放试验区、开发开放先导区等开放平台先行先试作用尚未得到有效发挥，各平台都是“雷声大、雨点小”，在建设过程中还存在政策落实进展缓慢、建设土地和资金不足、跨境合作制度不够完善等困难和问题。

## （四）生产要素支撑不足

（1）**区域创新体系不健全。**一是科研投入不足。2018年黑龙江省、吉林省、辽宁省和内蒙古自治区研究与试验发展（R&D）经费投入强度分别为0.83%、0.76%、1.82%和0.75%，均远远低于全国平均水平2.19%。二是企业创新主体作用发挥不足，企业创新活力不够，跨区域联合研发活动更少。2016年黑龙江省、吉林省和辽宁省有R&D活动的企业占工业企业比重分别为8.1%、4.8%、7.5%，均远低于广东省的19.3%、江苏省的33.8%、山东省的13.9%；企业大多以引进消化吸收、技术集成等改进创新为主，突破性和颠覆性创新很少。三是高校等研究机构支撑不足，产学研合作机制不完善。在现有评价体系指引下，科研机构存在“重项目、轻研发”“重资金、轻转化”“重基础、轻应用”等问题，创新链与产业链脱节现象普遍。四是技术创新成果转化不足，科技中介体系不完善、知识产权保护力度不足等因素制约了科技成果转化效率提升。

（2）**人力资源流动不畅和人口外流并存。**一方面，人力资源流动不畅。例如内蒙古东部盟市人力资源存量大，但受教育水平相对较低，各类专业化人才更是短缺，而东北三省人口流失现象严重，存量人力资源教育水平高。受户籍等因素影响，东北四省区之间人力资源流动不畅、配置不优，不能有效满足区域间的人才需求缺口。另一方面，人口外流、老龄化问题突出。从人口流失看，2018 年黑、吉、辽三省总人口比 2017 年末净减少 38.6 万人，人口缩减规模较上年多 12.1 万人，呈加速减少态势，这其中人口外流是主因。从老龄化看，2018 年黑、吉、辽三省 65 周岁及以上人口占比分别达到 12.9%、12.72%、15.17%，远超过 7% 的国际人口老龄化标准。

（3）**资本要素供给不足。**一是投融资体制不完善。长期以来，东北经济区多数重大项目由地方政府主导，项目资金来源过分依赖财政，地方政府只享受投融资收益而不承担或少承担投融资风险和责任，导致投融资效益低下，影响了国内外投资者的投资热情，造成东北经济区投融资规模和效率远远落后于经济发达地区。2018 年，东三省社会融资规模增量与湖北省增量相当，仅为北京的 30%、山东省的 70%。二是资本市场发育迟缓的短板日益明显。截至 2019 年 4 月 18 日，A 股共 3605 家上市公司，东北经济区合计 154 家公司，占比 4.2%。从新上市公司看，2017 年以来，辽宁、吉林、黑龙江新增 A 股上市企业分别为 4 家、1 家、1 家，其合计数仅占全国 A 股新增上市公司数量的 1%。截至 2019 上半年，沪深两市共有 3665 家上市公司，其中内蒙古只有 25 家，仅占 0.68%。这些都表明东北经济区知名企业、龙头企业少，上市公司未能充分利用资本市场发展。三是民营经济“融资难、融资贵”问题与资本外流问题并存。东北经济区民营企业大多规模小、抗风险能力差，有效投资活力不足，融资能力弱。2017 年，东北经济区民间投资增长 3.2%，低于全国增速 2.8 个百分点。2018 年，吉林省民间投资占固定资产投资（不含农户）的比重较上年下降了 16.5 个百分点，低于全国平均水平 5 个百分点。

（4）**营商环境亟待优化。**《中国分省企业经营环境指数 2017 年报告》数据显示，黑龙江、吉林、辽宁和内蒙古分别位居第 13 位、第 15 位、第 17 位和第 27

位。“放管服”改革不够深入，取消和下放的项目多为行政处罚或国家要求的资质审批，一些含金量高的权力依然下放不到位，或在下放过程中承接不到位，审批事项标准化流程尚未得到健全和优化，部门间信息交换尚未完整，办事难、乱收费等问题时有发生。一些地方政府招商引资重承诺、轻落实，政策缺乏连续性和稳定性，诚信建设相对滞后，部分领导干部责任心不强，不作为、懒作为、慢作为等思想较为严重。

### （五）生态环境共保共治进展缓慢

一方面，科尔沁沙地综合治理面临较大压力。科尔沁沙地横跨内蒙古、辽宁、吉林三省区，东西长400多公里，总面积7950万亩，是我国面积最大、人口密度最高的沙地。科尔沁沙地地表水、地下水双减少导致生态恢复受限，林牧、林耕矛盾比较突出，可持续的跨区域协同防沙治沙机制尚未真正形成。目前，科尔沁沙地正以每年1.9%的速度在扩展，防沙治沙任务繁重而紧迫。另一方面，跨区域重点流域水污染治理任务繁重。根据《2018中国生态环境状况公报》，松花江流域水质轻度污染，主要污染指标为化学需氧量、高锰酸盐指数和氨氮，与2017年相比，Ⅴ类水质上升1.9个百分点，劣Ⅴ类水质上升6.5个百分点；辽河流域中度污染，主要污染指标为化学需氧量、五日生化需氧量和氨氮，与2017年相比，Ⅴ类水质上升2.1个百分点，劣Ⅴ类水质上升3.2个百分点。松花江流域总人口超过5000万人，辽河流域总人口3300多万，加强流域上下游生态保护，确保居民饮水安全、生命安全的需求强烈。

## 三、总体构想

推动形成东北经济区陆海内外联动、沿边沿海双向互济的全方位开放发展新格局，是新时代东北经济区协调发展、开放发展的题中之义，更是高质量发展的基本要求。推动形成陆海内外联动、沿边沿海双向互济的全面开放发展新格局，产业协同发展是关键，基础设施互联互通是前提，生产要素共建共享是保障，体制机制改革是动力，生态文明共推共建是基础。

## （一）总体思路

以习近平新时代中国特色社会主义思想为指导，贯彻落实习近平总书记在深入推进东北振兴座谈会上的重要讲话精神，按照新时代东北全面振兴、经济社会文化生态高质量发展的总体要求，坚持新发展理念，发挥区域战略定位和区位战略节点等优势，深度融入共建“一带一路”和京津冀协同发展、长江经济带发展、粤港澳大湾区建设，以东北经济区陆海内外联动为主线，以东北区域经济一体化发展为重点，以培育形成东北经济区陆海内外联动、沿边沿海双向互济新动能为抓手，以推动构建我国大北方全面改革开放新空间和新格局为目标，以城市群—发展轴—经济区为支撑，共推绿色产业协同发展、基础设施互联互通、创新要素共建共享、生态文明共建共治，共同打造我国向北开放的桥头堡和东北亚合作中心枢纽，共同推动东北经济区走出一条符合战略定位、区域特色，以生态优先、绿色发展为导向的高质量发展新路子。

## （二）功能定位

《东北振兴“十三五”规划》提出了走进全国现代化建设前列、成为全国重要的经济支撑带的远景目标，并提出了建设具有国际竞争力的先进装备制造业基地和重大技术装备战略基地、国家新型原材料基地、现代农业生产基地的产业发展定位。在此基础上，本课题围绕推动形成陆海内外联动、沿边沿海双向互济的全面开放发展新格局这个主线，综合考虑走以生态优先、绿色发展为导向的高质量发展新路子的新要求，提出以下功能定位。

**（1）我国重要的经济发展带动极。**发挥区域比较优势，提高科技进步和自主创新能力，加强国际国内产业分工与合作，联合做大做强优势特色产业，共建具有国际竞争力的先进装备制造和技术装备战略基地、国家新型原材料基地、现代农业生产基地和重要技术创新与研发基地。

**（2）我国高水平开放合作新高地。**充分发挥连接欧洲和东北亚的海陆双向通道优势，创新开放体制机制，改善开放政策环境，着力推动贸易和投资便利化，大力发展以进口资源落地精深加工为主、与腹地联动发展的泛港口和口岸经济，形成对接俄蒙朝、辐射东北亚、服务欧洲的全方位开放新格局。

**（3）我国北方重要生态安全和边疆稳定屏障。**坚持“绿水青山就是金山银山”“冰天雪地也是金山银山”的理念，加强森林、草原、河湖、湿地生态系统保护和重点流域与区域环境整治，保障祖国北方生态安全。牢记要“守望相助”，全力守好家门、守好祖国边疆、守好内蒙古少数民族美好的精神家园，建成祖国北疆安全稳定的屏障。

## （三）空间布局

《东北振兴“十三五”规划》围绕空间布局，提出了要“推动哈（尔滨）长（春）沈（阳）大（连）为主轴的东北地区城市群建设。加快哈长城市群建设……打造哈长发展轴和哈大齐牡、长吉图发展带……增强辽宁经济区和辽宁沿海经济带整体竞争力……大力推进东北东部经济带发展……打造京沈经济轴带……积极培育齐齐哈尔—赤峰、绥芬河—满洲里、珲春—阿尔山、丹东—霍林河、锦州—锡林浩特等二级经济轴带”。

基于上述目标，本课题坚持与国家重大生产力相协调的原则，统筹对内对外开放两个大局，在共建“一带一路”框架内，面向中蒙俄经济走廊和东北亚，充分发挥东北经济区沿海沿边优势和辽宁、黑龙江自贸区优势，依托陆海联运大通道，提升城市群的龙头带动和辐射作用，推动经济要素在更大范围、更高层次、更广空间自由流动和高效配置，形成“四横、两纵、四带”的网格化发展新格局，构建我国大北方改革开放带动圈、中蒙俄经济走廊自由贸易区、中日韩自由贸易区。

### 1.“四横”，即四个横向发展轴

**（1）共建满洲里—绥芬河发展横轴。**依托呼（伦贝尔）哈（尔滨）交通运输大通道和满洲里、绥芬河对俄跨境运输通道，充分发挥满洲里市、绥芬河市的对俄开放桥头堡作用和满洲里、绥芬河口岸的对俄开放优势，强化齐齐哈尔和海拉尔区域重要节点城市功能，积极推动沿线牙克石、新巴尔虎左旗、根河与大庆、牡丹江、绥芬河市等节点城市协同开放发展，加快发展木材和有机农畜产品等进口资源精深加工以及能源、绿色农畜产品加工等主导产业和新材料、大数据、装备制造、生物制药、光伏发电等新兴产业发展，大力发展文化旅游产业，共同建设“满洲里市—海拉尔区—齐齐哈尔市—大庆市—哈尔滨市—牡丹江市—绥芬河市”内外联动的内外开放发展轴。向东联动东北东部经济带，向南北有效对接中蒙俄经济走廊和沿边开发开放经济带。

**（2）共建阿尔山—珲春发展横轴**。充分发挥长春中心城市的辐射带动作用和阿尔山对蒙口岸、珲春对俄口岸优势，推进中国图们江区域（珲春）国际合作示范区和长吉图开发开放先导区建设，推动乌兰浩特市、阿尔山市和白城市、吉林市、延吉市、龙井市、珲春市等城市联动发展。加快发展现代农牧业、绿色食品加工、蒙中医药、冶金机械、文化旅游及其纪念品加工业等主导产业和口岸经济，培育新材料、清洁能源、信息技术、节能环保等新兴产业，壮大文化旅游、现代物流、商贸流通、健康养老等服务业。积极推动中蒙阿尔山至乔巴山铁路通道建设，共同建设"阿尔山市—乌兰浩特市—白城市—长春市—吉林市—延吉市—图们市—珲春市"陆海联动的内外开放发展轴，有效对接中蒙俄经济走廊、沿边开发开放经济带、东北东部经济带和图们江大通道建设。

**（3）共建霍林郭勒—丹东发展横轴**。依托二连浩特口岸、丹东港，充分发挥霍林郭勒市、扎鲁特旗和本溪市、抚顺市、铁岭市等重要节点城市的支撑作用，加快发展"煤—电—网—铝—加"循环经济、新型煤化工、绿色农畜产品加工、蒙中医药等主导产业和现代农牧业，培育新能源、铝新材料等新兴产业，发展文化旅游、商贸物流、金融等现代服务业，共同建设"霍林郭勒市—扎鲁特旗—沈阳市—本溪市—丹东市"陆海联动的内外开放发展轴，有效对接沿边开发开放经济带、辽宁沿海经济带、东北东部经济带、京沈经济带和沈阳经济区建设。

**（4）共建锡林浩特—锦州发展横轴**。依托二连浩特口岸、锦州港，充分发挥锡林浩特、赤峰、朝阳、锦州等重要节点城市的支撑作用，推进锡林郭勒盟、赤峰市与辽宁省朝阳市、锦州市共同打造辽蒙海陆合作试验区，加快发展有色金属、新型化工、绿色农畜产品加工、马产品加工等主导产业，发展壮大清洁能源、新材料生产加工、云计算、生物制药、节能环保等新兴产业和文化旅游、商贸流通、金融、电子商务等服务业，共同建设"锡林浩特市—赤峰市—朝阳市—锦州市"陆海联动的内外开放发展轴，有效对接沿边开发开放经济带和京沈经济带、辽宁沿海经济带建设。

2."两纵"，即两个纵向发展带动轴

**（1）共建哈尔滨—长春—沈阳—大连发展带动轴**。依托哈（尔滨）长（春）沈

（阳）大（连）交通运输大通道，发挥沈阳经济区和三大城市群辐射带动作用，推动沿线重要节点城镇、产业和人口集聚，增强对四个横向发展轴的腹地支撑和辐射带动作用，共同建设面向中蒙俄经济走廊和东北亚、具有较强竞争力的城市群和产业集中集聚带，向南连接国家高铁沿海纵向通道和京哈—京港澳南向陆海通道，向西延伸连接京沈和呼（和浩特）包（头）鄂（尔多斯）乌（兰察布）经济带，密切与京津冀、长江经济带、粤港澳大湾区和内蒙古中西部的经贸联系。提升哈尔滨东北地区重要中心城市的功能，发挥其在对俄合作中的枢纽作用，建设成为东北亚区域重要的商贸中心和交通枢纽；强化长春的科技创新和综合服务功能，建设成为东北地区重要的中心城市、东北亚区域重要的物流枢纽中心、高新技术产业基地、创新基地和科教文化名城；完善沈阳东北地区中心城市功能，提升城市的创新带动作用，吸引国际高端生产要素聚集，建设成为东北亚商贸物流服务中心和具有国际竞争力的先进装备制造业、重要原材料和高新技术产业基地。充分发挥大连在东北地区对外开放的龙头作用，加快大连东北亚国际航运中心、国际物流中心、区域性金融中心和现代产业聚集区建设。

**（2）共建赤峰—通辽—齐齐哈尔发展带动轴。**依托赤（峰）通（辽）齐（齐哈尔）交通运输大通道，突出赤峰、通辽等区域重要节点城市地位，支持通辽市与辽宁省铁岭市、吉林省四平市开展协同创新，增强喀喇沁旗、奈曼旗、科尔沁左翼中旗等多点支撑能力，积极推进与黑龙江省的泰来县、吉林省的白城市等邻近节点城市联动发展。推动有色金属、新型化工、玉米生物、绿色农畜产品加工、医药、沙产业、建材、纺织等传统主导产业优化升级，培育发展新能源、新材料、大数据、现代蒙医药、节能环保、信息技术等新兴产业，创新发展文化旅游、现代物流、商贸流通、金融、文化等现代服务业，共同建设“赤峰市（主城区和喀喇沁旗）—奈曼旗—通辽市（主城区）—科尔沁左翼中旗—白城市—齐齐哈尔市”沿边沿海互济的开放发展轴，联通赤（峰）通（辽）经济带，有效对接京津冀地区，向东融入东三省，向西连接呼包鄂乌经济带。

### 3.“四带”，即四个经济支撑带

**（1）共建沿边开发开放经济带。**依托满洲里、二连浩特、珠恩嘎达布其、阿日哈沙特、丹东、东宁、绥芬河、抚远、黑河、集安、珲春等重点口岸，完善国家开发开放试验区、边民互市贸易区等多层次沿边开发开放平台，发展壮大泛口岸经济，深化与俄罗斯、蒙古国、朝鲜等周边国家的经贸合作和人文交流，推动沿边地区与东北腹地、沿海地区联动开发开放，促进国际国内两种资源、两个市场统筹利用。

（2）**共建辽宁沿海经济带。**充分发挥区位、港口和先发优势，整合沿海港口资源，构建以“一带一路”综合试验区为载体，向东打造东北亚经贸合作先行区，向西建设中东欧“17+1”经贸合作示范区的“一体两翼”对外开放新格局。突出大连东北亚国际航运中心、国际物流中心、区域性金融中心的带动作用，构筑以锦州为核心的辽西中心城市及内蒙古东部盟市出海口，打造以营口市区为核心的沈阳经济区出海口，建设以葫芦岛市为核心的对接京津冀协同发展战略先行区，强化丹东、盘锦等城市的支撑作用，打造具有国际竞争力的临港产业集群，打造引领东北经济区陆海内外联动开放的重要经济带。

（3）**共建东北东部经济带。**依托佳木斯—牡丹江—敦化—通化—沈阳等东北东部铁路和东北东部高速公路，健全沟通联络和合作推进机制，完善鼓励区域内相互投资的优惠政策，搭建区域合作与对外开放平台，构建资源信息共享的区域网络，实施新兴增长极战略、东北亚国际合作核心区战略和绿色城市带战略，将涵盖丹东、本溪、延边朝鲜族自治州、通化、鸡西、伊春等 14 个市州的东部经济带打造成东北地区的重要增长带。

（4）**共建京沈和呼包鄂乌经济带。**依托京沈高铁和京张呼张高铁等交通运输通道，以沈阳为枢纽衔接并贯通哈大、沈丹、丹大、长珲、哈牡、哈佳、哈齐、长白乌和正在施工的沈阳至白河等 9 条高速铁路，以及通辽至京沈高铁连接线、赤峰至京沈高铁连接线，向南联通呼包鄂乌经济带，有效拓展东北地区和内蒙古中西部丰富资源与优质产品的输出通道，打造联动沈阳经济区、呼包鄂乌经济带乃至东北经济区和京津冀协同发展经济区联系的重要发展带动带。

## 四、对策与举措

对标实现全面振兴、经济社会生态高质量发展的时代要求，以产业发展、基础设施、生产要素、体制机制、生态文明为重点，提出以下促进东北地区共同构建陆海内外联动、沿边沿海双向互济全面开放新格局的对策与举措。

## （一）推进绿色产业协同发展

**（1）协同发展现代能源经济。**坚持节约优先、环境友好、煤油气并举、多元发展的方针，优化生产布局和消费结构，共建国家能源保障基地。①促进煤炭产业提质升级。优化煤炭开发布局，有序开发煤炭资源，建设呼伦贝尔、霍平白、胜利等大型煤电化基地、黑龙江东部煤炭基地及辽宁铁法等矿区，稳定煤炭生产规模。多元发展煤基产业，以“煤头电尾”“煤头化尾”为方向，鼓励煤炭清洁高效利用、分级分质利用，依据煤、水资源状况及环境承载能力，推动黑龙江、吉林和内蒙古东部盟市等煤水组合条件好的地区有序发展现代煤化工，实现煤化工与石油化工互补发展。②加快发展电力产业。优化电源点和电网建设，推进蒙东、黑龙江东部等地区大型煤炭和火电基地，研究建设电力外送通道，从供需两侧推动解决东北地区“窝电”问题。支持优势地区布局建设高参数、大容量、超低排放火电机组，有序引导淘汰、改造低效机组。构建安全高效智能电网，科学布局建设调峰蓄能工程，推动“源网荷储”协同发展。③稳步发展石油天然气产业。充分开发利用俄罗斯进口原油、天然气资源，有序推进东北地区石油、天然气勘探开采，稳定原油生产能力，扩大天然气生产规模，加大对海拉尔盆地、二连浩特盆地和近海石油勘探力度。④大力发展新能源产业。扩大风、光等可再生能源发展规模。加快煤层气、页岩气等非常规油气勘探开发，加大吉林油页岩资源综合开发力度。推动地热能资源开发利用。开展核能、氢能技术利用。适当扩大东北地区燃料乙醇生产规模。

**（2）协同推进资源型产业绿色转型。**依托优势资源，以技术创新为引领，以绿色发展为导向，延伸产业链条，提高资源精深加工比重，增强资源型产业竞争力。①推动钢铁行业开发关键钢材品种及高端钢材产品，发展钢制波纹管、钢结构预制件、钢结构住宅等深加工产品，研发和生产汽车大梁及车轮用钢、冷弯型钢、热成型汽车高强钢，打造精品钢材基地。②引导有色金属产业向新型合金、新型功能材料等精深加工环节延伸，促进资源综合利用。③以“油头化尾”为方向，推动石油精深加工，加快石化产业炼化一体化进程，重点发展化工新材料、工程塑料、精细化学品。④积极推动高性能纤维及高端石墨深加工等特色产业发展，努力将东北地区打造成为国家新型原材料基地。⑤用好境外木材资源，加快发展林木精深加工业。⑥支持资源枯竭产业衰退地区转型发展，以黑龙江省鸡西、鹤岗、双鸭山、七台河四大煤城为重点，实施资源型城市产业转型攻坚行动计划，深化黑龙江龙煤集团、吉林省煤业集团、阜新矿业集团等重点煤炭企业改革；支持国有林区发展林下经济。

**（3）协同培育新兴产业。**①实施好东北地区培育和发展新兴产业三年行动计划。抓紧设立东北振兴产业投资基金，加大先进制造产业投资基金在东北地区投资力度。②加大对信息产业发展和信息基础设施建设的投入力度，争取国家支持东北地区建设国家大数据综合试验区，推动大数据、云计算、物联网、移动互联网、人工智能、5G 等应用发展，积极推进供应链物流、智能交通、互联网医疗、互联网教育、虚拟现实等新兴前沿领域创新和产业化。③支持发展新能源汽车、数字创意、绿色低碳和生态环保等新兴产业。④促进东北地区机器人与智能装备、生物医药、新材料等新兴产业与东部地区战略性新兴产业对接，形成协同放大效应。⑤培育发展空天海洋、信息网络、生命科学、核技术等战略性产业。⑥推动哈尔滨—大庆生物医药产业集群、哈尔滨云计算产业集群、鸡西—鹤岗石墨新材料产业集群、哈尔滨机器人产业集群、哈尔滨—齐齐哈尔清洁能源装备产业集群发展。

**（4）协同发展现代服务业。**①夯实“东北旅游景区联盟”“东北旅游推广联盟”等旅游联盟，强化旅游基础设施建设，联合面向东北亚国家开拓境外重点客源市场，共同开发跨区域旅游线路，大力发展生态、工业、边境、文化和滨海旅游，着力开展跨区域旅游企业合作、政策协调等，推动东北全域旅游发展，打造国际知名旅游目的地。②大力发展现代物流业，构建设施先进、网络完善、运行高效的集疏运体系，推进多式联运，完善物流信息平台和标准化体系，提升物流托盘化产业发展水平，满足装备制造、汽车及零部件、大宗农畜产品等物流需求，创新物流业态和模式，提高区域物流效率，降低物流成本。③加快发展现代文化产业，积极发展网络视听、移动多媒体等新兴产业，推动演艺表演、影视制作等传统文化产业转型升级，推进文化业态创新，扩大和引导文化消费。④推进软件外包产业向高端化发展，建设面向东北亚、辐射全球的软件基地。⑤推动制造业服务化转型，鼓励工业企业发展产品研发设计、系统总承包、整体解决方案设计等高端服务和远程维护、质量诊断等在线增值服务，推动沈阳、长春、哈尔滨建设服务业与制造业深度融合示范基地。⑥积极发展工业设计和创意、工程咨询、知识产权、售后服务、检验检测认证、人力资源服务、法律、资产评估、会计、审计、产权交易等生产性服务业。⑦加快发展会展业，充分发挥中心城市辐射带动作用，提升“中俄博览会”“中蒙博览会”“东北亚博览会”等展会平台影响力，建设东北亚会展发展新高地。⑧发展健康养老产业，依托东北地区独特的气候和自然条件，坚持医养结合，加大与日本、韩国优质健康养老企业（集团）合作，谋划创建“中日（韩）养老产业合作园”，建立辐射整个东北的现代健康养老服务基地。

**（5）协同发展泛港口经济和口岸经济。**①共同推动由“通道经济”向“落地经济”转变，支持沿海港口、沿边口岸大力发展煤炭、铜矿、铁矿石、木材等进口资源落地加工或离岸就近加工，支持具备条件的沿海港口、沿边口岸承接中欧班列始发省份的出口商品加工、组装、配发等产业，提升物流、金融、信息、商务等配套生产性服务业的支撑水平，发展跨境电子商务、市场采购等新型贸易方式，实现港口经济、口岸经济与沿海沿边地区资源精深加工工业、现代服务业深度融合，实现港口和口岸由以物流增值为主向腹地生产加工增值为主转型。②创新推进辽宁和黑龙江自贸区、满洲里和二连浩特国家开发开放试验区、辽宁“一带一路”综合试验区建设，加快呼伦贝尔中俄蒙经贸合作先导区建设，充分发挥哈尔滨新区、绥芬河—东宁重点开发开放试验区和大连、沈阳国家跨境电子商务综合试验区等开放平台作用，支持满洲里、二连浩特边民互市贸易区深度开放。紧密珲春国家级边境经济合作区与中朝罗先经贸区的有效联系。推进集安边境经济合作区与朝鲜满浦经济开发区、渭源工业开发区对接。支持长春、通化国际港建设。共同搭建跨境合作平台，共同建设对俄出口贸易平台、境外资源开发合作平台、进出口物流配送平台、科技成果跨境转让平台、金融跨境结算平台等；共同建设东北地区公共资源共享平台、联合招商引资平台、产业发展合作平台和民间外交沟通平台。③共同创新口岸监管模式，优化查验机制，落实“三互”推进大通关建设，建立口岸风险联防联控机制，开展一次性联合检查，全力推进汇总征税、税费电子支付、自报自缴、通关作业无纸化改革，最大限度减少货物周转，提高运输效率。④推进“辽满欧”“辽蒙欧”“长满欧”和长春—德国汉堡等现有中欧班列稳定和常态化运营，积极协调东北两大铁路集团整合高度重叠的线路，适时开通特色精品中欧班列和“长珲欧”“韩（朝）满欧”等跨境运输班列，加快谋划“平蒙欧”专列，创建“‘辽满欧’集装箱指数”。⑤共同推动国际产能合作，鼓励企业通过合作共建、产业协作、项目参股等方式，与俄蒙共同建设跨境合作示范区和境外合作示范区，参与电力改造、农业种植与养殖、石油勘探开发、房地产建筑、旅游等领域的投资合作。加快大连港、营口港等主要港口与俄罗斯、蒙古国、朝鲜等的合作，大力发展跨境物流。密切关注半岛局势的变化，整合黑龙江省东南部地区与吉林、辽宁东部地区的对朝合作资源，提前谋划合作领域，力争在对朝旅游和农业领域取得率先突破。⑥推动沿海沿边地区与腹地联动发展，完善联通沿海港口、沿边口岸与内陆腹地高效对接的综合立体交通网络，建立沿海沿边地区与腹地上下游联动机制，加强与中欧班列开行地区合作，积极发展“飞地经济”，提高进口能源资源加工转化利用水平，加快改变各类资源“过而不留”的状况。

### （二）推进基础设施互联互通

**（1）共建综合交通运输网络。**①区域交通方面，加快东北东部快速铁路建设和东北东部老旧铁路改造，建设哈尔滨至大连客运专线、长春至吉林城际轨道交通和伊敏至伊尔施、赤峰至大板至白音华、乌兰浩特至霍林河至锡林浩特、阜新至西乌珠穆沁旗铁路，改造海拉尔至满洲里、白城至阿尔山、霍林河至通辽、锦州至齐齐哈尔、锦州至承德、沈阳至吉林、沈阳至丹东、叶柏寿至赤峰、长春至图们等线路，建设哈尔滨、沈阳、大连集装箱枢纽；联合争取国家构建连接满洲里—黑河—同江—绥芬河—珲春—丹东—大连的沿边铁路网络；建设绥芬河至满洲里、鹤岗至大连、珲春至乌兰浩特、大庆至广州高速公路大庆至通辽至赤峰至承德段、长春至深圳高速长春至双辽至阜新至朝阳至承德段、丹东至锡林浩特、通辽至沈阳、吉林至沈阳、吉林至黑河等国家高速公路网规划中重要路段；扩建和完善大连、沈阳、长春、哈尔滨机场，新建长白山、吉西北、漠河、大庆、鸡西、伊春、阿尔山和二连浩特等机场。②跨境通道方面，推进北京—符拉迪沃斯托克高铁、珲春—扎鲁比诺港口铁路建设和绥芬河过境铁路、珲马铁路扩能改造，推进“辽蒙欧”既有铁路通道闲置区段及支线线路扩能改造；推进珲春—符拉迪沃斯托克高速公路、珲春—扎鲁比诺港口公路、珲春—朝鲜罗津高速公路建设和省道（S503）珲春至沙坨子口岸公路升为二级公路；加快黑河跨境公路大桥、中朝沙坨子口岸国境桥、图们公路口岸跨境大桥、朝方图们江大桥等跨境桥梁建设；加快中朝现有铁路提速改造步伐，如图们铁路口岸朝方境内铁路路基建设，推进南坪至茂山、开山屯至三峰、长白至惠山等国际铁路连接线建设；积极构建“辽珲俄”国际运输通道。③港口和口岸方面，通过优化港口布局、整合港口资源、推进海港陆港空港融合发展，提升港口服务功能，通过统筹口岸功能定位和设施配置，推进各口岸协调发展；加大对俄罗斯远东地区港口及配套基础设施投资力度，全方位推进资本、服务和管理输出，推动与俄罗斯、朝鲜、韩国等主要港口组建东北亚港口联盟；积极争取创建大连自由港，推进大连港大窑湾集装箱三期和四期码头、老港区改造、东港区改造，整合丹东港、锦州港，扩建营口港，积极协调俄方推进扎鲁比诺港新港建设和旧港改造；推进珠恩嘎达布其、阿尔山、满都拉铁路口岸建设，协调建设满洲里平行车和二连浩特整车与平行车进口口岸，支持沿边地区设立粮食、水果、肉类等指定口岸；推进珲春铁路口岸500万吨换装站改造工程，加快建设圈河、三合、图们等口岸配套基础设施，发挥临江中药材进口指定口岸功能，争取临江口岸为药品进口口岸；积极参与俄罗斯远东地区的其他口岸、物流中心等基础设施建设，探索跨区域多式联运口岸监管的无缝衔接和无障碍流转。④海运航线方面，充分利用现有航线，与俄罗斯远东运输集团合作开辟新运输航线，积极推进珲春经罗津港至上海、宁波的内贸货物跨境运输陆海联运航线复航，支持珲春—扎鲁比诺—釜山航线稳定发展；拓展新的南北内贸货物跨境运输航线，开发丹东港—宁波舟山港—头门港班轮，申请开通通化港—丹东港—威海港客滚航线，推动开通珲春—俄罗斯扎鲁比诺港和朝鲜罗津港、清津港等港口—我国东南沿海港口的新内贸外运航线；打造中国珲春—俄罗斯扎鲁比诺港—韩国东海—日本敦贺四国环线旅游航线。

**（2）共建能源基础设施网络。**①畅通煤炭运输通道，新建与改造连接内蒙古东部盟市煤炭基地与东三省主要能源消费区的铁路、公路，构建大运量煤炭运输通道。②推进电网建设，建设呼伦贝尔至辽宁中部输电通道，建设霍林河和赤峰煤电基地至辽宁省负荷中心的500千伏交流输电线路、黑吉省间2回500千伏输电线路和吉辽省间4回500千伏输电线路。③加强石油和天然气管道建设，推进中俄原油管道二线建设，强化大连等港口的原油接卸和中转功能；建设中俄东线天然气管道，哈尔滨—长春—沈阳—唐山主干线，大庆—哈尔滨、长岭—长春—吉化、抓吉—哈尔滨、大连—沈阳支干线及大庆—齐齐哈尔等支线。

**（3）共建水利基础设施网络。**①完善防洪减灾体系，强化松花江、嫩江、辽河等综合整治，实施中小河流治理、病险水库水闸除险加固工程，提升重要蓄滞洪区安全建设水平，完善城市防洪和海堤工程体系，提高山洪地质灾害防御能力。②推进大型水利枢纽及引水工程建设，加快建设大伙房水库输水、西山水库、老龙口水利枢纽等工程，开工建设三湾水利枢纽及输水工程、桃山水库二期、青龙山水库等工程，开展哈达山水利枢纽、锦凌水库、毕拉河口水利枢纽、青山水库、吉林中部城市群引松供水、引嫩入白、大连供水等工程前期工作。③加强农田水利建设，推进尼尔基水利枢纽配套引嫩扩建、三江平原大型灌区、松嫩平原大型灌区、辽河平原灌区等工程建设。

**（4）共建信息基础设施网络。**①加快全光纤网络城市建设和无线宽带网络建设，推进城市光纤入户，加快农村牧区宽带网络布局，增加骨干网络传输容量，建设满洲里、二连浩特区域性国际互联网转接点。②提升第四代移动通信网络覆盖率，加快布局第五代移动通信网络，深入推进“三网”融合，构建高速、移动、安全、泛在的新一代信息基础设施。③加快智慧城市建设，推广物联网、云计算、大数据等新一代信息技术，发展智慧交通、智慧社区、智慧医疗、智慧旅游等体系。④支持锡林郭勒盟大数据产业园区、赤峰市东部盟市云计算基地和大数据中心、通辽市大数据中心等建设。⑤创建“一带一路”信息枢纽，以电子口岸、第三（四）方物流平台为主体，对接国家交通物流公共信息平台，实现与“一带一路”沿线国家物流平台及物流数据的互联互通，提升物流配送等服务功能。⑥积极推进电子政务、电子商务、远程教育和远程医疗等信息综合应用系统建设，实施文化信息资源共享工程，联合共建东北科技教育信息网，推动东北地区运输道路通行监管收费一体化、一卡制。

### （三）推进生产要素共建共享

**（1）共建区域科技创新体系。**①探索建立东北地区协同创新体制改革试验区，建立东北科技创新联盟，整合创新力量，共享创新资源，联合开展重大科技攻关，突破关键技术，形成四省区创新要素合作长效机制。与东部发达省份建立科技创新合作机制，定期组织开展科技对接交流等活动。②共同加大创新资金投入。共设东北地区科技风险投资基金、创业投资基金，共建科技创新投融资平台，共同提高财政和金融对科技创新的资金投入水平。探索采用创新券、创业券等方式，鼓励企业与高校、科研院所合作转化科技成果和购买科技服务。深化地方科技计划（专项、基金等）管理改革，建立目标明确和绩效导向的科技资金管理制度。③突出企业创新主体地位。支持企业增加研发投入，加强产学研用合作，联合组建一批产业技术创新战略联盟，加快关键核心技术攻关。推动重点实验室、工程实验室、企业技术中心创新平台相互开放，推进科技文献、科技成果、专利技术、高级专家库、高端人才库等基础性创新资源联网共享。④联合打造高水平区域创新平台。鼓励高校、科研院所与企业共建国家级和省级实验室、工程技术研究中心，在高端装备制造、新能源、云计算、蒙药及生物医药等优势领域打造一批国际国内一流的研发平台。依托沈大自主创新示范区等，布局和建设一批面向俄罗斯、蒙古国和中东欧国家的科技交流中心、技术转移平台和高科技企业孵化基地。⑤共建科技成果转化服务体系。积极推动建立"标准统一、流程规范、资质互认"的区域技术交易市场和技术转移联盟，争取国家级高端技术交易中心在区域内设立分支机构。复制东部地区在科技成果处置权、收益权、股权激励等方面的经验做法，推动科技成果在本地产业化。

**（2）共建统一的人力资源市场。**①共建以市场需求为导向的人力资源市场运行制度。联合建立东北地区人力资源就业信息网络，发布人力资源供求整套信息，提供职业介绍、就业指导等公共服务。发展多种就业培训，优化、重组现有培训资源，塑造健康有序、高效运行的培训主体。合力推动机关事业单位的用人机制与市场接轨，真正实现东北地区人才自由流动、人才与用人单位之间市场化双向选择。②共同创新人才引进办法。联合制定东北地区外向型人才培养和引进政策，突破现行制度限制，人才政策区域通用，相关待遇异地兑现，探索实行行政职务和企业化薪资复合报酬制度等。③共同建设对外人才队伍。重点合作建设外语人才培养、科技研发、对外中介、跨境金融、涉外法律等对外人才培养机构，培养一批对外交流、跨境经营、国际科技合作、涉外服务等对外专业人才队伍。

**（3）共建统一的资本市场。**①共同发挥东北四省区金融监管部门的金融调控职能，合理布局区域内金融业发展，包括地区分布、行业分布、功能定位等，避免区域内无序竞争和资源耗费。②深化金融业改革，实行金融机构设置审批、金融产品创新、金融机构合并、产融结合、引进外资等改革举措，加大金融税收优惠政策支持，吸引东北地区以外以及境外金融资本流入。③逐步减少地方政府对金融企业的行政干预，确保东北区域内金融企业能够以市场为导向、以效率优先为原则，自主地开展经营。④合力完善东北地区经济立法体系，规范行政审批管理程序，坚决摒弃地方保护主义，提高行政服务意识和办事效率，为区域金融业营造有利的发展环境。

**（4）共同优化营商环境。**①合力提升环境建设法制化水平，清理规范涉企收费，健全以“双随机、一公开”监管为基本手段、以重点监管为补充、以信用监管为基础的新型监管机制，营造全社会依法依规营商办事的浓厚氛围。②合力提升环境建设国际化水平，建立国际化知识产权保护体系，加快区域通关一体化改革进程，落实外商投资企业公平待遇。③合力提升环境建设便利化水平，强化服务意识，创新服务方式，大幅压缩企业开办、工程建设项目全流程审批、进出口通关、不动产登记等办理时间，深化“互联网 + 政务服务”，提高行政办事效率。

### （四）推进区域合作机制深化

**（1）建立陆海内外联动开放领导制度。**①联合成立推动东北地区陆海内外联动开放领导小组，主要职责是根据区域分工的特点与内容，制定东北地区陆海内外联动开放中长期发展规划、战略目标和推进联动开放的方针政策，协调跨行政区域的事务和上下关系。②推动东北四省区行政首长联席会议制度常态化，每年至少召开 1 次，深入研究东北地区陆海内外联动开放中的基础设施建设、产业布局、生态环境等重大问题，协商确定东北地区陆海内外联动开放的重点事项，推进省区间政策、信息等资源共享，合力开发俄、蒙、朝、日、韩市场，推动形成对外开放整体优势。③制定东北地区陆海内外联动开放章程，主要内容包括陆海内外联动开放的宗旨、目标、任务以及共同遵循的原则，同时提出重大事项决策程序、争议事项解决办法、对外合作关系准则等。④完善跨省区的临界城市双边或多边的政府联席会议制度和城际联席会议制度等。

**（2）建立陆海内外联动协调开放机制。**①建立健全东北市场一体化发展机制，实行统一的市场准入负面清单制度、公平竞争审查制度，引导科技、人力等资源按照市场需求优化空间配置，推动辽宁沿海、长吉图、哈大齐、海满阿等建设统一、开放、竞争、有序的一体化区域市场，建立健全用水权、排污权、碳排放权、用能权初始分配与交易制度。②理顺地区间利益分配关系，进一步破除市场分割和地区封锁，全面清理废止各种不利于企业联合和妨碍公平竞争的政策规定。在不违背国家有关法规政策的前提下，四省区可根据企业资产规模和盈利等因素，协商企业联合后的财税利益分成。探索跨省共建、共管和共享园区模式。按照相关统计制度，妥善解决企业联合重组后工业增加值等统计数据的归属问题。③健全区际利益补偿机制，鼓励生态受益地区与生态保护地区和辽河、松花江、嫩江等流域下游与流域上游，通过资金补偿、对口协作、产业转移、人才培训、共建园区等方式，建立横向生态补偿关系。④完善基本公共服务均等化机制，增强旗县级财政基本公共服务保障能力，完善医疗卫生、劳动就业等基本公共服务跨区域流转衔接制度。⑤实行差别化的财政、产业、土地、环保、人才等区域政策，提高政策的精准性和有效性。⑥实行差别化的区域绩效考核，突出绿色政绩考核导向，避免四省区产业同质化发展及恶性竞争。

（3）**建立贸易和投资便利化新机制。**①合力优化口岸通关环境。借鉴浙江省"同港同标准，多家如一家"经验，提议在东北地区协调海关进行职能整合和流程优化，推进口岸跨部门、跨关区的一体化通关协作，实现通关全方位、立体化、网格化。②共同降低通关成本。借鉴浙江宁波梅山保税港区的关税政策，积极协调国家海关总署和各省税务部门，强化沟通协作和政策统一，提议在东北地区推行新的税收及监管政策，包括：企业从境外进入四省区内的货物，免征关税和进口环节税；企业生产的供区域内销售或者运往境外的产品，免征增值税和消费税等。③开展多式联运合作，在整合四省区各口岸资源基础上，开展口岸通关合作和省际多式联运，四省区签订协议，加强口岸通关和服务保障等方面的合作，实现进出口货物跨省直通放行。④联合申建、扩建自贸区，以四省区共同名义联合成立自贸区申建小组，共同向国家申请在东北对俄、对朝边境地区设立新自贸区，扩大辽宁自贸区的片区范围和自贸区政策适用范围。⑤共建境外园区，发挥四省区产业优势，按照取长补短、合作共赢的原则，尝试探索园区共建共管、产业化市场协作、项目参股经营等合作模式，共同发展跨境经济。

（4）**建立陆海内外联动开放推进机制。**①建立东北地区陆海内外联动开放部门会商机制，每年举行 1 次，召集人由四省区副省长或副主席轮值担任，分管秘书长和综合部门主要负责人参加，主要负责贯彻落实东北四省区行政首长联席会议决策，制订陆海内外联动开放总体方案和专项方案，推进四省区各类规划跨省衔接，指导协调各地开展专项合作。②设立产业发展、基础设施、创新要素、生态文明等"东北地区陆海内外联动开放专项合作组"，由四省区分管秘书长牵头，四省区内外有关专家和四省区对口部门根据各专题需要参加，主要负责贯彻落实联席会议审议的各项事项和部门会商制订的专项方案，提出各合作领域内的工作建议和研究事项。③设立东北地区陆海内外联动开放专家咨询委员会，共建智库联盟，作为陆海内外联动开放重大决策的咨询机构。④构建东北地区陆海内外联动开放信息通报与交流平台，促使各地区、各园区、各企业和各投资主体互为市场、协作发展。

### （五）推进生态文明共建共保

**（1）共筑祖国北方生态安全屏障。**①联合保护森林生态，内蒙古东部盟市、吉林省、黑龙江省（含大兴安岭）继续实施天然林保护工程，共同完成好“三北”防护林工程第二阶段，谋划推进“三北”防护林工程第三阶段工作，持续扩展人工造林面积，不断提高森林覆盖率和林木蓄积量。②联合修复草原生态，继续实施草原生态保护补助奖励机制，贯彻落实草畜平衡、禁牧休牧轮牧制度，防治草原退化、沙化、盐碱化。③联合实施跨流域湿地、河流、海洋等重要水生态系统及水资源过度开发生态脆弱地区保护修复，整体提升东北地区水生态功能。④联合开展黑土地保护行动，推进东北黑土地保护利用试点县建设，有效遏制黑土地退化，持续提升黑土耕地质量。

**（2）合力打好污染防治攻坚战。**①联合开展蓝天保卫战。加强重点工业企业大气污染综合治理，压减重点区域和大气污染严重城市钢铁、铸造、炼焦、建材、电解铝等产能，对燃煤电厂全部完成超低排放改造，逐步关停不具备改造条件的高污染燃煤电厂；开展煤改气、煤改电行动，逐步完成生活和冬季取暖散煤替代；联合开展柴油货车超标排放专项整治，统筹推进油、路、车治理和机动车、船污染防治。强化重点区域联防联控联治，统一预警分级标准、信息发布、应急响应，提前采取应急减排措施，实施区域应急联动，有效降低污染程度。②联合开展碧水保卫战。扎实推进河长制、湖长制，并建立交界地区河长、湖长联系协调机制；联合开展黑龙江、嫩江、松花江、辽河流域生态隐患和环境风险调查评估，划定高风险区域，从严实施生态环境风险防控措施；强化北水南调、东水西调水源地及沿线生态环境保护。全面开展农业农村污染治理，尽快实现化肥与农药使用量零增长，提升畜禽粪污综合利用率、生活垃圾治理率和卫生厕所普及率等。③联合开展净土保卫战。加大农田保护力度，加强耕地土壤环境分类管理，推进耕地土壤环境治理保护。加大重点行业企业用地土壤污染监管，健全联动监管机制，实施土壤污染数据库共享共建，推进跨区域土壤污染联防联治。推进固体垃圾治理，开展垃圾山、垃圾围村、工业和城镇垃圾排查整治。开展绿色矿山建设行动，强化矿产开采、储存、装卸、运输过程污染防治。

**（3）共建生态文明制度体系。**①探索建立跨地区、跨流域、覆盖重点领域和重点区域的市场化、多元化生态补偿机制，形成生态保护成效与资金补偿挂钩的激励约束机制，实现对重点生态功能区跨行政区补偿。②探索建立四省区统一的政府与社会资本合作平台，鼓励有能力的第三方进入生态补偿交易市场。③建立跨区域用能权和碳排放权交易制度，建立碳排放权交易市场监管体系，探索开展森林、草原碳汇交易。④建立水权交易制度，促进地区间、行业间、用水户间水权交易，推进跨流域调水。⑤推行排污权交易制度，发展排污权交易二级市场，合理推进跨行政区排污权交易。⑥加强跨省区“三区三线”对接和衔接，使各地区间生态保护红线、永久基本农田保护红线、城镇开发边界有效衔接，形成统一整体的城镇、农业、生态空间。⑦健全生态环境保护行政执法和刑事司法衔接机制，建立生态环境保护综合执法机关、公安机关、检察机关、审判机关信息共享、案情通报、案件移送制度，联合推进“绿盾”自然保护区监督检查专项行动等监管活动，严肃查处各类跨区域违法违规行为，建立违法违规问题台账和互通制度，实行统一整改销号制度。⑧建立有效应对跨境火灾、病虫害等灾害的联防联治制度。

## 五、需要国家给予的政策支持

在用足用好国家深化改革、加快传统产业转型升级、大力培育新动能等支持政策的同时，积极争取国家支持东北经济区陆海内外联动开放上升为国家战略，在开放载体、项目资金、市场注入、政府债券、装备制造示范等方面，对东北地区陆海内外联动开放予以支持。

### （一）争取国家支持东北经济区开发开放平台建设

争取国家支持东北经济区建立中蒙俄经济走廊自由贸易区、中日韩自由贸易区，有效连接长江经济带、粤港澳大湾区，推进与国内“18+1”自由贸易区互动互联。争取国家规划建设中俄、中蒙、中朝（韩）、中日产业投资贸易合作平台。争取国家设立图们、长白国家重点开发开放试验区，推进与朝鲜稳城（岛）旅游开发区、惠山的合作。争取国家支持满洲里市、二连浩特市、阿尔山市创建跨境旅游合作区、边境旅游试验区。争取国家支持中俄朝图们江区域海洋经济国际合作示范区建设。争取国家支持牡丹江市建设中俄地区友好合作示范城市。争取国家支持创建佳木斯、牡丹江国家级高新区。争取国家允许符合条件的东北地区国家级开发区调区、扩区，整合区位相邻、相近的开发区，建立“飞地园区”。

### （二）争取国家加大对东北经济区项目和资金支持

围绕推进基础设施互联互通，联合争取国家将东北经济区重点基础设施项目纳入国家沿边开发开放和“一带一路”建设规划；争取国家支持四省区编制《东北四省区对外开放基础设施建设规划纲要》，联合争取国家在交通设施、物流设施、港口设施、仓储转运设施、口岸通关设施、重点海运航线等方面的项目和资金投入；争取国家加大对东北经济区高速铁路网建设和既有铁路扩能改造的支持，对东北经济区支线机场建设补助标准参照中西部地区执行；争取国家在光伏电站年度建设规模中对东北经济区予以倾斜；争取国家提高东北经济区农网改造升级工程中央预算内资金补助比例。围绕推进绿色产业协同发展，积极争取国家支持东北经济区清洁能源消纳和绿色工厂、绿色园区建设，争取国家先进制造产业投资基金、新兴产业创业投资引导基金支持，设立东北振兴产业投资基金。围绕提升金融服务能力，争取国家引导银行业金融机构加大对东北经济区信贷支持力度；支持组建东北经济区陆海内外联动金融联盟；对符合条件的东北经济区企业申请首次公开发行股票并上市给予优先支持；搭建中蒙俄经济走廊投融资平台，联合设立国际产能和装备制造合作产业投资基金。

### （三）争取国家支持东北经济区创建国家生态文明示范区和制造业高质量发展示范区

围绕推进生态文明共建共保，积极争取国家支持东北经济区创建国家生态文明试验区，在高质量发展中推进高水平保护，在高水平保护中促进高质量发展，共筑我国北方重要生态安全屏障。围绕推进制造业高质量发展，争取国家支持东北经济区开展制造业与互联网融合发展试点工作，建设共享制造示范平台；支持东北地区提升制造业设计能力，支持距离相近、产业关联度高的城市，联合申请创建服务型制造示范城市和国家级工业设计中心。

### （四）争取国家支持东北经济区扩大对外开放市场准入范围

加强与国家有关部委汇报和沟通，依托东北地区资源、制造、科技和对俄蒙合作、对朝合作、对日韩合作等优势，争取国家有序放开船舶设计、专用车和新能源汽车制造、支线和通用飞机维修、国际海上运输、铁路旅客运输、演出经纪、银行业、证券业、保险业和加油站、呼叫中心等领域。

### （五）争取国家支持东北经济区发行地方政府专项债券

认真贯彻落实《财政部关于试点发展项目收益与融资自求平衡的地方政府专项债券品种的通知》（财预〔2017〕89号）精神，积极争取国家支持东北地区发行政府债券，用于国家级开发区、边境经济合作区、跨境经济合作区等基础设施建设，保障符合条件的重大项目融资需求，积极探索在有一定收益的公益性事业领域分类发行专项债券。

**参考文献**

[1] 朱宇等. 东北蓝皮书：中国东北地区发展报告（2018）. 北京：社会科学文献出版社，2019.

[2] 冯建滨，于克飞. 关于建立东北四省区优化营商环境交流机制的建议. 黑龙江省社会主义学院学报，2019（1）.

[3] 国家发展和改革委员会，国务院振兴东北地区等老工业基地领导小组办公室. 东北地区振兴规划，2007-08-20.

[4] 陈宪良. 中国东北四省区与俄罗斯经贸合作现状分析. 西伯利亚研究，2018，45（1）.

[5] 金凤君等. 新时期东北地区“创新与发展”研究. 北京：科学出版社，2018.

[6] 包思勤等. 中蒙俄经济走廊研究报告（2017）. 北京：社会科学文献出版社，2018.

[7] 中共中央国务院. 关于全面振兴东北地区等老工业基地的若干意见，2016-04-26.

[8] 中华人民共和国东北地区与俄罗斯联邦远东及东西伯利亚地区合作规划纲要（2009—2018 年），2018-08.

[9] 国家发展改革委 . 中国东北地区面向东北亚区域开放规划纲要（2012—2020），2012-12-07.

[10] 许江萍 . 大力推进东北四省区的合作 . 中国科技投资，2011（9）.

[11] 杜鹰 . 凝神聚力 开拓创新 奋力把东北振兴推向新阶段——在 2013 年东北四省区合作行政首长联席会议上的讲话 . 北方经济，2013（7）.

[12] 金凤君，王姣娥，杨宇等 . 新时期东北地区“创新与发展”研究 . 北京：科学出版社，2018.

[13] 谢地 . 新时代东北振兴要有新作为 . 中国社会科学报，2018-11-07.

[14] 王一鸣 . 新一轮东北振兴的时代背景和总体思路 . 中国经贸导刊，2016（5）.

# 分 报 告

# 推动东北地区陆海内外联动开放发展的内蒙古思考与建议

党的十九大明确提出，要以“一带一路”建设为重点，坚持引进来和走出去并重，遵循共商共建共享原则，加强创新能力开放合作，形成陆海内外联动、沿边沿海双向互济的开放格局。对于内蒙古而言，只有发挥好沿边优势，构筑内接东北沿海与沿边、外连俄罗斯和蒙古国的全方位开放新格局，才能更好地推动“一带一路”和中蒙俄经济走廊建设，融入国家开放大局中；才能更好地加快东北等老工业基地振兴，实现区域协调发展。

2007 年，内蒙古东部地区（以下简称“蒙东”）被正式纳入国家振兴东北地区等老工业基地战略实施范围。蒙东是我国重要的工业和农业基地，维护国家国防安全、粮食安全、生态安全、能源安全、产业安全的战略地位十分重要，关乎国家发展大局。蒙东地跨“三北”、外接俄蒙，是祖国“北大门”、首都“护城河”和我国向北开放前沿。内蒙古自治区 18 个口岸，有 12 个在东部，还拥有满洲里、二连浩特两个国家重点开发开放试验区，通往俄蒙的公路、铁路和光缆大部分在蒙东。蒙东在维护国家国防安全上肩负重大责任：蒙东草原、森林面积和水资源总量分别占全区的 57%、82%、88%，粮食、肉类产量分别占全区的 82%、69%，拥有我国北方面积最大的农牧业生产区，是国家重要的绿色农畜产品生产加工输出基地，在维护国家粮食安全上肩负着重大责任；拥有北方面积最大、种类最全的生态功能区，是我国北方重要的生态安全屏障，在维护国家生态安全上肩负着重大责任；煤炭、有色金属、风能等资源富集，是国家重要的能源和战略资源基地，在维护国家能源资源安全上肩负重大责任；拥有一批关系国民经济命脉的重要产业，尤其是电力、有色金属冶炼、煤化工等产业举足轻重，在维护国家产业安全上肩负着重大责任；区位独特，地域辽阔，资源禀赋较好，在国家发展和东北振兴大局中的地位十分突出。

本报告为《东北地区陆海内外联动开放新格局研究》分报告，主要是基于内蒙古视角，严格遵循国家《关于全面振兴东北地区等老工业基地的若干意见》（中发〔2016〕7号）和《东北振兴“十三五”规划》提出的方向和重点，从合作基础和面临的形势出发，明确内蒙古推动东北四省区陆海联动发展的基本思路、主要路径、重点任务及保障措施，反映内蒙古对于加强与东北三省合作的想法和诉求，为今后深化东北四省区合作，在支撑国家重大战略上发挥更大作用，提供一定的参考。

# 一、主要基础

## （一）合作现状

**（1）落实重大部署和举措。**为贯彻落实党中央、国务院关于全面振兴东北地区等老工业基地的决策部署，内蒙古自治区党委、政府下发了《关于落实新一轮东北振兴战略 推动东部盟市跨越发展的实施意见》，自治区政府办公厅印发了《内蒙古自治区东部区域“十三五”时期发展规划》，着力完善体制机制，深化改革开放，进一步激发蒙东内生动力和发展活力，推动各地区、各部门切实把新一轮东北振兴战略各项重大部署、重要举措落到实处。

**（2）构建跨省区合作与协调机制。**按照《国务院关于进一步实施东北地区等老工业基地振兴战略的若干意见》要求，内蒙古与东北三省建立了四省区行政首长联席会议制度，相继签署了《东北三省与蒙东地区战略合作协议》《内蒙古自治区东部与东北三省西部合作协议》《东北四省区沿边开放合作框架协议》《东北四省区农牧业产业化经营合作协议》等合作协议，全方位地明确了合作的方向和重点，形成了对跨省区重大基础设施项目、产业布局、生态建设、对外开放以及区域协调发展等重大问题进行统筹协调的合作机制。

（3）**全面优化营商环境。**全面深化“放管服”改革，大幅精简行政审批事项，深入推进商事制度改革。2013 年以来，自治区本级取消下放行政权力事项 440 项，“多证合一、一照一码”全面实施，在兴安盟、满洲里市、赤峰市翁牛特旗，启动行政审批服务局试点；实施“一单两库一细则”，推行“双随机、一公开”，事中事后监管得到加强；打造“一网覆盖、一次办好”的“互联网+政务服务”体系，政府服务不断优化。深化电力体制改革，蒙东大用户电力直接交易试点逐步扩大，蒙东电网输配电价改革试点工作顺利完成，城乡用电同网同价取得实效，电价洼地优势逐步凸显。推进国有企业改革，微观市场主体活力逐步增强。

（4）**深化各领域务实合作交流。**内蒙古与黑龙江省共同实施《大小兴安岭林区生态保护与经济转型规划（2010—2020 年）》，京津风沙源治理、退牧还草等重点生态工程建设合作得到加强；共同推进呼伦贝尔草原沙地、科尔沁沙地治理工程，松辽平原、大兴安岭中段农业生态治理工程以及额尔古纳河流域、嫩江流域等东北湿地地区保护工程，对北方区域生态环境保护起到了积极作用。呼伦贝尔—辽宁 500 千伏直流电路的建成投运，优化了东北电网配置。

（5）**推进交通通道建设。**公路方面，2017 年蒙东 18 条出区公路通道全部建成，与东北三省和京津冀地区连接更加紧密。铁路方面，蒙东铁路运营总里程约 7000 公里，乌兰浩特至长春快速铁路建成通车，赤峰至京沈高铁连接线预计 2020 年 7 月通车，通辽至京沈高铁连接线进入联调联试，铁路的运输效率、运输能力不断提升。民航方面，2012—2017 年蒙东新建了 2 个运输机场和 5 个通用机场，到 2017 年底，民用机场达 17 个，其中运输机场 11 个、通用机场 6 个，国内、国际及地区航线网络不断拓展，航线通达能力进一步提升。

（6）**加大口岸建设力度。**强化口岸交通通道建设。蒙东 12 个口岸，公路标准改扩建加快推进；3 个口岸通达铁路。推动中欧班列运行，2019 年经满洲里、二连铁路口岸的出入境中欧班列分别突破 2500 列、1500 列。落实“三互”推进大通关建设，依托电子口岸，推进国际贸易“单一窗口”和大数据平台建设，促进贸易便利化，压缩货物通关时间 1/3，降低集装箱进出口环节合规成本 5%。

## （二）存在问题

近年来，东北四省区合作取得明显进展，但整体还处于区域合作的初级阶段，面对内外部环境变化、对标高质量发展要求，还存在体制机制、经济结构、开放合作、思想观念等突出短板，主要表现在以下 5 个方面。

（1）**从体制机制看，**当前蒙东遇到的最大困难和问题仍然是体制机制问题。计划经济时期形成的种种障碍盘根错节，一些重要领域改革尚未破题，尤其是投资、营商等软环境严重制约着发展。市场化水平总体不高，基于市场的区域内在经济联系和协调性较弱，市场配置资源的能力总体低效；有效的事务协调机制尚未完全建立，经济布局以行政区划为基础，经济建设和发展方面各自为政、独立发展，具体的落实推进工作机制缺乏，跨省区重大项目协调推进力度不够，一些合作协议签署后不能实质性推进。

（2）**从经济结构看，**现代产业体系建设起步较晚、起点较低，产业结构单一化、低端化、资源化、同质化特征明显，成长期、转型期阵痛和结构性、布局性矛盾突出，人才短缺、科技落后、创新能力薄弱，新的增长点和增长极尚未形成。

（3）**从开放合作看，**长期以来局限于面向俄、蒙搞开放，局限于盯着货物贸易搞开放，“通关不落地”，开放进展不快、步伐不大、带动作用不明显。2017 年，东北地区外贸进出口总额占全国比重仅为 3.7%，明显低于地区生产总值占比 8.6%。对内交流合作不紧密。产业结构趋同，重复布局和同质化竞争较为普遍，产业合作的规模、范围和水平层次较低，产业合作不紧密。生态治理与环境保护方面，四省区尚未建立包括环境监测、生态预警等在内的环境保护网络体系，可持续发展能力有待增强。

（4）**从基础设施支撑看，**四省区基础设施建设不协调，交通、通信、环境保护等设施还没有成为区域合作的有力支持，区域间沟通网络还不够完善，跨界、跨省区基础设施建设速度、水平与质量，均明显落后于区域经济发展和构建陆海内外联动开放发展需求。

（5）**从思想观念看，**一些干部习惯于传统思维定式和发展方式，习惯于吃资源饭、政策饭，市场意识、服务意识、开拓意识欠缺，干事创业的激情不足。

## （三）面临形势

### 1. 从发展机遇看

（1）**新一轮东北老工业基地振兴带来的机遇。**2016年4月，中共中央、国务院下发了《关于全面振兴东北地区等老工业基地的若干意见》，标志着新一轮东北振兴全面启动。2016年11月，国务院出台《关于深入推进实施新一轮东北振兴战略加快推动东北地区经济企稳向好若干重要举措的意见》，深入推进实施党中央、国务院关于全面振兴东北地区等老工业基地的战略部署，按照立足当前、着眼长远、标本兼治、分类施策的原则，实施若干重要举措，推动东北四省区经济企稳向好。新一轮东北老工业基地振兴战略各项重大部署的贯彻落实和重大举措的深入实施，将为东北四省区陆海内外联动开放发展带来重大机遇。

（2）**国家"一带一路"建设深入推进带来的机遇。**党的十九大报告指出，中国坚持对外开放的基本国策，积极促进"一带一路"国际合作，努力实现政策沟通、设施联通、贸易畅通、资金融通、民心相通，打造国际合作新平台，增添共同发展新动力。"一带一路"建设以沿边地区为前沿，以东部沿海发达地区为引领，同京津冀协同发展、长江经济带发展等国家战略对接，为东中西部协同开放、落实区域协调发展战略提供了历史性机遇，也为更好发挥东北四省区地处东北亚前沿和联通俄蒙的区位优势，推动陆海内外联动开放发展，提供了难得契机。

（3）**区域发展战略实施带来的机遇。**东北四省区面向东北亚的国际合作的大平台、大通道，通过近几年的布局建设已见雏形。大连、哈尔滨、长春等城市均提出了打造东北亚区域中心城市的发展战略，积极推进大连金普新区、哈尔滨新区、长春新区建设。辽宁省大力推进辽宁自由贸易试验区及"辽满欧""辽蒙欧""辽海欧"三大通道建设；吉林省规划了贯穿中、蒙、朝等国家的大图们江国际通道；黑龙江省打造绥芬河—满洲里—俄罗斯—欧洲的铁路和绥芬河—俄远东港口陆海联运为主的战略通道；内蒙古主动服务和积极融入"一带一路"、中蒙俄经济走廊建设，积极推进国家重点开发开放试验区、综合保税区、保税物流中心等合作平台建设。这些区域战略和重大举措的实施，将为东北四省区陆海内外联动开放发展提供重要支撑。

（4）**全面深化改革带来的机遇。**未来几年，我国改革处于关键攻坚期，国家将继续推动全面深化改革向纵深发展。随着改革特别是国企改革和行政体制改革的深入推进，东北四省区发展的体制机制障碍将得到有效破除，市场活力不断增强，政府效率持续提高，营商环境日趋优化。特别是实行高水平的贸易和投资自由化便利化政策，将推动东北四省区形成全面开放新格局。改革的各项重大方针、政策、举措的出台和贯彻落实，将成为推动东北四省区陆海内外联动开放发展的巨大动力。

#### 2. 从发展挑战看

一是从体制机制看，东北四省区特别是内蒙古开放时序与沿海地区存在落差，发挥后发优势、填平开放落差、破除制约瓶颈，客观上也需要一定的时间。二是从适应环境看，东北四省区特别是内蒙古企业“走出去”受多重因素制约，除资金外，企业在国际化竞争中，对国别市场、产业投资环境了解不够，国际市场信息的双向交流机制尚未全面建立起来，企业缺乏对投资目的国司法环境、市场风险、政治风险的了解和有效的应对机制，对外投资保险、担保体制也尚未实现有效配套。三是从人才支撑看，与开放型经济发展的需求相比，东北四省区熟悉国际一般通行规则特别是资本市场运作的党政人才和企业家人才仍然不足，难以满足经济转型发展需求。

### （四）合作优势

**（1）独特区位优势。**内蒙古地处中国北部边疆，总面积 118.3 万平方公里，约占全国国土面积的 1/8，外与蒙古国、俄罗斯接壤，边境线 4000 多公里，约占全国陆地边境线的 19.4%，处在中蒙俄经济走廊的咽喉要道，在“一带一路”和中蒙俄经济走廊建设中的地位举足轻重。内蒙古与黑吉辽晋冀陕甘宁等八省区毗邻，横跨我国东北、华北、西北，紧临环渤海地区，是我国东南沿海、京津冀等经济腹地“西出北上”的重要通道和枢纽，具有陆海联运的优越条件。有效发挥内蒙古联通俄蒙和向北开放重要窗口的区位优势，对推动东北四省区陆海内外联动开放发展具有重要和不可替代的作用。

**（2）政策叠加优势。**2015 年 3 月国家发展改革委、外交部、商务部联合发布了《推动共建丝绸之路经济带和 21 世纪海上丝绸之路的愿景与行动》，对内蒙古在“一带一路”建设中的地位做了明确，定位为“向北开放的重要窗口”。此外，内蒙古还同时享受国家西部大开发、振兴老东北工业基地、少数民族边疆地区等政策叠加优惠。用活、用足、用好这些优惠政策，对于内蒙古经济社会发展和推动东北四省区陆海内外联动开放发展将产生极大的促进作用。

（3）**对外开放优势**。内蒙古经国务院批准的18个对外开放口岸中，蒙东地区有12个，对俄、蒙口岸各6个，已形成铁路、公路、航空等多种通关方式并存的口岸开放格局，其中满洲里和二连浩特分别是我国对俄和对蒙的最大口岸。口岸基础设施日臻完善，口岸综合功能不断增强，通关能力在全国边境陆路口岸中处于领先水平，以满洲里和二连浩特为节点的欧亚大陆桥是连接欧亚最便捷的运输通道。内蒙古通达便利的陆路口岸是推动东北四省区陆海内外联动开放发展不可或缺的平台和支撑。

（4）**经济互补优势**。从资源来看，随着东北三省对矿产资源的开发利用，资源供需矛盾逐渐显现并日益趋紧，蒙东地区有丰富的煤炭、石油、有色金属等资源，可以较好地满足东北三省对资源产品的需求。从产业来看，蒙古地区的能源、原材料工业具有较强的发展潜力，而东北三省装备制造业具有较大优势，随着蒙东地区的资源优势与东北老工业基地的技术优势在合作过程中不断融合，东北四省区的优势产业地位将得到不断强化。同时，规划建设的承接产业转移示范基地，将更好促进区域上下游产业相互衔接，提升东北四省区的产业层次。从市场来看，东北三省在资金、人才、信息等方面具有较大优势，而内蒙古具有得天独厚的区位优势、资源优势和巨大的发展潜力，为东北三省发挥优势、延伸市场提供了广阔的空间，进而促进东北四省区人流、资金流、物流、信息流在更大范围流动。内蒙古与东北三省在上述经济方面的互相补充所形成的分工协作，将对东北四省区经济效率提升、经济综合竞争力提升和在区域经济及产业分工中地位的提升产生积极的正向作用，对其陆海内外联动开放发展形成有力推动。

## 二、主要前景

### （一）合作思路

党的十八大以来，以习近平同志为核心的党中央高度重视东北老工业基地振兴发展。2015 年 12 月，国家颁布了《关于全面振兴东北地区等老工业基地的若干意见》，为东北振兴注入了坚定信心和强大动力。经过几年的努力，东北振兴正处于滚石上山、爬坡过坎的关键节点，这是东北四省区陆海内外联动开放发展新的历史方位。

2018 年国庆节前夕，习近平总书记围绕深入推进东北振兴这一重大课题，进行实地考察调研，主持召开了深入推进东北振兴座谈会，并发表重要讲话。习近平总书记站在党和国家事业发展全局的战略高度，深刻阐述了新时代东北全面振兴、全方位振兴的重大意义和丰富内涵，就深入推进东北振兴提出了明确要求并作出了重大部署，为推进新时代东北四省区陆海内外联动开放发展指明了前进方向[①]。

因此，新时代内蒙古推动东北四省区陆海内外联动开放发展的主要思路是：以习近平新时代中国特色社会主义思想为指导，全面贯彻党的十九大和十九届二中、三中、四中全会精神，学习贯彻习近平总书记在深入推进东北振兴座谈会上的重要讲话精神，按照新时代东北全面振兴、全方位振兴的总体要求，坚持新发展理念，统筹推进“五位一体”总体布局、协调推进“四个全面”战略布局，以陆海内外联动开放发展为主线，发挥区位战略节点优势，对接“四大战略”，开拓“五条途径”，强化“两个保障”，共同构建陆海内外联动、沿边沿海双向互济的全面开放发展新格局，共同打造我国向北开放的主要窗口和东北亚地区合作的中心枢纽，共同推动东北经济区实现高质量发展。

**对接“四大战略”**：深度融入对接“一带一路”建设和京津冀协同发展、长江经济带发展、粤港澳大湾区建设。

**开拓“五条途径”**：着力共同构筑开放发展空间格局，着力共促基础设施互联互通，着力共建现代化产业体系，着力共保生态环境，着力共推开放合作。

**强化“两个保障”**：协同推进创新驱动和要素支撑。

## （二）合作原则

**（1）必须妥善处理好东北地区和国内区域的关系。**推进新一轮东北振兴与京津冀协同发展、长江经济带发展、粤港澳大湾区建设等国家重大区域战略的对接和融

① 《习近平总书记调研东北三省并主持召开深入推进东北振兴座谈会纪实》，《人民日报》，2018年9月30日。

合，完善东北地区与东部地区部分省市对口合作机制，促进资源和市场要素自由流动，形成东北地区内外联动开放发展合力。

（2）**必须妥善处理好新旧动能转换的关系。**围绕推动高质量发展，坚持质量第一、效益优先，以创新为引领、产业为核心、要素配置为关键、平台建设为支撑、完善机制为保障，加快东北地区新旧动能转换，实现内外联动开放质量变革、效率变革、动力变革。

（3）**必须妥善处理好东北地区开放与改革的关系。**坚持开放为先，实行更加积极主动的开放战略，站在更高起点谋划和推进改革，下大力气破除体制机制弊端，加快建立开放型经济新体制，不断解放和发展社会生产力，推动形成东北地区内外联动开放新格局。

### （三）前景展望

（1）**近期目标方面。**到 2020 年，是东北地区全面建成小康社会的决胜期，也是内蒙古推动东北四省区陆海内外联动开放发展的过渡期。因此，到 2020 年，要力争蒙东地区与东北三省陆海联动开放新格局初步形成，交通、水利、能源、通信等设施保障能力明显提升，产业分工协作更加合理，生态环境质量总体改善，对外对内开放水平全面提升，发展活力进一步迸发，要素支撑能力进一步提升。

（2）**远期目标方面。**到 2035 年，是东北地区基本实现社会主义现代化的决胜期，更是内蒙古推动东北四省区陆海内外联动开放发展的关键期。蒙东地区与东北三省陆海联动开放发展达到较高水平，基础设施互联互通达到新高度，现代化产业体系基本建成，生态环境共建共保取得明显成效，对外开放水平全面提升，东北地区整体竞争力和影响力显著增强。

## 三、发展重点

### （一）共同优化开放发展空间格局

构建东北地区陆海内外联动开放发展新格局，既是提升东北三省和蒙东地区协调协同发展水平的根本要求，也是拓展东北区域发展空间、释放发展潜力的必然途径。因此，要坚持陆海内外联动、沿边沿海双向互济，进一步发挥各地区位、交通、口岸、资源、产业等优势，对内主动融入京津冀、长江经济带、粤港澳大湾区，对外对接蒙古国、俄罗斯及欧洲地区，突出分工协作，共同构建“一横四纵”的东北四省区开放发展空间格局。

**（1）共建赤峰—齐齐哈尔发展横轴。**依托赤（峰）通（辽）、通（辽）齐（齐哈尔）交通运输大通道，突出赤峰、通辽等区域重要节点城市地位，支持通辽市与辽宁省铁岭市、吉林省四平市开展协同创新，增强喀喇沁旗、奈曼旗、科尔沁左翼中旗等多点支撑能力，积极推进与黑龙江省的泰来县、吉林省的白城市等邻近城市联动发展，推动有色金属、新型化工、玉米生物、绿色农畜产品加工、医药、沙产业、建材、纺织等传统主导产业优化升级，培育发展新能源、新材料、大数据、现代蒙医药、节能环保、信息技术等新兴产业，创新发展文化旅游、现代物流、商贸流通、金融、文化等现代服务业，共同建设“喀喇沁旗—赤峰市（主城区）—奈曼旗—通辽市（主城区）—科尔沁左翼中旗—白城市—齐齐哈尔市”沿边沿海互济的开放发展横轴，向西对接京津冀地区、向东融入东三省。

**（2）共建满洲里—绥芬河发展纵轴。**依托呼（伦贝尔）哈（尔滨）交通运输大通道和满洲里、绥芬河对俄跨境运输通道，强化海拉尔区的区域重要节点城市作用、满洲里市的对俄开放桥头堡作用和满洲里口岸的对俄开放优势，主动接受哈尔滨中心城市的辐射，积极推动与齐齐哈尔等周边城市和绥芬河市联动开放发展，加快发展木材和农产品等进口资源精深加工产业、能源、绿色农畜产品加工等主导产业和新材料、大数据、装备制造、生物制药、光伏发电等新兴产业发展，大力发展文化旅游产业，共同建设“满洲里市—海拉尔区—齐齐哈尔市—大庆市—哈尔滨市—牡丹江市—绥芬河市”内外联动的开放发展纵轴，对接中蒙俄经济走廊和东北东部经济带、长江经济带建设。

**（3）共建阿尔山—珲春发展纵轴。**充分发挥乌兰浩特市等区域节点城市和阿尔山市、阿尔山口岸的对蒙开放优势，主动接受长春市中心城市带动，主动推动与白城等联动发展，加快发展现代农牧、绿色食品加工、蒙中医药、冶金机械、旅游纪念品加工等主导产业和口岸经济，新材料、清洁能源、信息技术、节能环保等新兴产业，文化旅游、现代物流、商贸流通、健康养老等服务业，积极推动中蒙阿尔山至乔巴山铁路通道（“两山”铁路）建设，共同建设“阿尔山市—乌兰浩特市—白城市—长春市—吉林市—延吉市—图们市—珲春市”联通中蒙俄的开放发展纵轴，对接中蒙俄经济走廊、东北东部经济带和图们江大通道建设。

**（4）共建霍林郭勒—丹东发展纵轴**。依托二连浩特口岸、丹东港，充分发挥霍林郭勒市、扎鲁特旗的重要支撑作用，加快发展“煤电网铝加”循环经济、新型煤化工、绿色农畜产品加工、蒙中医药等主导产业和现代农牧业，新能源、铝新材料等新兴产业，文化旅游、商贸物流、金融等现代服务业，共同建设“霍林郭勒市—扎鲁特旗—沈阳市—本溪市—丹东市”陆海联动的开放发展纵轴，对接东北东部经济带、京沈经济带、辽宁沿海经济带和沈阳经济区建设。

**（5）共建锡林浩特—锦州发展纵轴**。依托二连浩特口岸、锦州港，充分发挥锡林浩特、赤峰等区域节点城市的作用，推进锡林郭勒盟、赤峰市与辽宁省朝阳市、锦州市共同打造辽蒙海陆合作试验区，加快发展有色金属、新型化工、绿色农畜产品加工、马产品加工等主导产业，清洁能源、新材料生产加工、云计算、生物制药、节能环保等新兴产业，文化旅游、商贸流通、金融、电子商务等服务业，共同建设“锡林浩特市—赤峰市—朝阳市—锦州市”陆海联动的开放发展纵轴，对接京沈经济带、辽宁沿海经济带建设。

## （二）共同促进基础设施网络联通

基础设施互联互通是推动东北地区陆海联动开放的重要支撑。只有继续按照补短板、推进供给侧结构性改革的总体要求，把加强基础设施对接摆在更加突出的位置，整体谋划东北地区基础设施布局，大力推进交通、水利、能源、信息等基础设施互联互通，才能增强其对东北地区陆海联动开放的支撑和保障能力。

### 1. 畅通交通基础设施网络

陆海联动，交通先行。只有完善蒙东地区路网布局，打通与东北地区的交通联络出口，才能形成蒙东地区之间以及内蒙古与东北地区之间的互联互通大格局。为此，要继续加强交通基础设施网络建设。

铁路通道方面，围绕共建“快速连接、东西畅通、通江达海、联通腹地”的铁路网，重点建设赤峰—京沈高铁连接线、齐齐哈尔—海拉尔—满洲里高速铁路，加快建设长春—西巴彦花、阿荣旗—莫旗、巴彦乌拉—新邱等货运通道，推动通霍铁路、叶赤铁路、通四铁路、京通铁路、两伊铁路等电气化改造和白阿铁路芒罕屯—

伊尔施段扩能改造，推动满洲里—博尔贾、二连浩特—乌兰乌德、二连浩特—扎门乌德—乌兰巴托—伊尔库茨克等铁路电气化改造，建设珠恩嘎达布其—霍特、阿尔山—乔巴山跨境铁路。

公路通道方面，围绕加快形成联通俄蒙、对接东北、城乡连接、安全畅通的高等级干线公路运输网，重点推动大沁他拉—白家湾子（蒙辽界）、赤峰—凌源（蒙辽界）、科右中旗—通榆（蒙吉界）等连接省区间的国家高速公路和国道331线二连浩特—满都拉图、国道332线阿木古郎—额布都格、国道306线乌里雅斯太—珠恩嘎达布其、省道306线阿木古郎—阿日哈沙特等口岸公路建设，推动海拉尔—满洲里、大板—乌兰浩特、二连浩特—赛汗塔拉、霍林郭勒—锡林浩特等连接盟市间的国家高速公路和国道303大板—林西、国道111线哈根庙—白音胡硕、省道304线舍伯吐—大兴、省道202线海拉尔—伊敏普通国省干线公路建设。

航空网方面，围绕构建支线机场、通用机场和国际口岸机场协调发展、联通国内外的多层级航空运输网络，推动正蓝旗、林西、东乌支线机场和海拉尔、阿尔山、通辽、锡林浩特等既有机场改扩建，建设莫旗、西乌旗、满归、奈曼旗、阿尔山五岔沟、阿鲁科尔沁旗、镶黄旗等通用机场，加快推进二连浩特、阿尔山、通辽、锡林浩特机场升级为国际口岸机场。

### 2. 完善水利基础设施网络

水利基础设施网络是蒙东地区经济社会发展的重要基础设施，不仅直接关系东部盟市防洪安全、供水安全、粮食安全，而且关系到经济安全、生态安全。在推进东北地区陆海联动开放过程中，随着经济社会发展和气候影响加剧，蒙东地区资源性缺水和工程性缺水问题将更加突出。因此，要遵循“节水优先、空间均衡、系统治理、两手发力”的新时期治水思路，打造城乡供水、防洪减灾、高效节水、水生态环境和现代管理多功能协同的水网体系。围绕跨流域、跨地区重大引调水，重点推动“引绰济辽”工程建设，推进辽西北供水内蒙支线工程、“引嫩济锡”前期研究工作。围绕提高水源供给能力，重点建设文得根、Z866、东台子、乌布林、晓奇子、嘎海山、琥珀沟等大中型水库。围绕治理重点河流、重点湖泊，推动呼伦湖等重点湖泊和嫩江、辽河等干流综合治理，推进乌兰诺尔、老母山等中型病险水库除险加固建设。围绕保障灌区建设，继续实施尼尔基水利枢纽下游灌区、绰勒水利枢纽下游灌区等工程。

3. 加强能源基础设施网络建设

能源是蒙东地区与东北地区陆海联动开放发展的基本保障。蒙东地区位于祖国北部边疆，煤炭、风能、太阳能等能源资源富集，发展潜力巨大。因此，蒙东地区要贯彻落实“四个革命、一个合作”的能源工作总要求和“节约、清洁、安全”的能源发展战略方针，加快构建清洁低碳、安全高效的能源基础设施网络。加快推进特高压电力外送通道及配套工程建设。加强区域内主干网架建设，形成覆盖除锡林郭勒盟外的东四盟市统一的500千伏坚强网架，锡林郭勒盟完成与蒙西电网两通道4回500千伏超高压电网，加强与东北电网、华北主网联络，实现风、光、火电打捆联合外送。电力通道方面，重点推动赤峰（元宝山）电力外送500千伏交流工程和呼伦贝尔电力外送通道，及锡林郭勒盟至山东、江苏两条特高压输电通道建设，推进扎哈淖尔、岭东等500千伏变电站，及赤峰紫城、珠日和等500千伏风电汇集站建设。能源通道方面，重点推进中俄原油管道二线、中俄东线天然气管道等跨境油气管道和赤峰—辽宁省建平县天然气管道、兴安盟煤化电热一体化示范项目输气管道等跨省区输气管道建设，加快建设旗县通气管道。

4. 推进信息基础设施网络建设

信息化为蒙东地区与东北地区陆海联动开放发展提供技术、产品、系统和服务支撑，而信息基础设施网络是其重要的载体。要大力实施城镇光纤宽带网络和农村牧区宽带、移动通信4G和5G网络、云计算数据中心建设工程，加快推进“三网融合”，构建高速、移动、安全、泛在的新一代信息基础设施。建设满洲里、二连浩特区域性国际互联网转接点，全面推进信息互联互通，打造信息丝绸之路重要节点。实施“互联网+”重大工程，重点推动建设“智慧城市”，发展锡林郭勒盟大数据产业园区、赤峰市东部盟市云计算基地和大数据中心、通辽科技大市场网上交易平台、通辽云计算产业园、通辽大数据中心、呼伦贝尔市海拉尔区大数据中心、呼伦贝尔鄂伦春旗云计算基地等和东部盟市地区电子商务示范项目，构建东部盟市地区涉农涉牧大数据中心，加强东部盟市地区“互联网+”示范园区、示范基地、示范项目建设。

## （三）共同建设现代化产业体系

现代化产业体系是形成东北地区陆海联动开放新格局的主要内涵和战略重点之一。目前东北地区经济发展滞后于中西部的主要原因之一，就在于产业结构调整未能跟上全国产业结构调整的大趋势，重化工依赖发展路径尚未得到根本性缓解，而这种产业结构很容易受到市场需求变化的冲击。为此，蒙东地区必须坚持质量第一、效益优先，以供给侧结构性改革为主线，改造升级传统优势特色产业，培育发展战略性新兴产业，加快发展现代服务业，与东北三省共同构建多元发展、多极支撑、分工协作、协调联动的东北地区现代产业体系，推动陆海联动开放发展质量变革、效率变革、动力变革。

### 1. 共推传统优势特色产业改造升级

（1）**现代农牧业**。蒙东地区同东北三省一样，具有发展现代农牧业得天独厚的条件，农牧业大有可为，在推动形成“东北熟、天下足”和“北粮南运”的格局中发挥着重要作用。尽管蒙东地区具有丰富的农牧业资源和农畜产品规模优势，但仍存在着传统农牧业的规模优势日渐弱化、农牧业产业化水平低、农牧业支撑体系不完善等问题。为此，蒙东地区必须与东北三省共同推进农牧业发展方式转变、农牧业供给侧结构性改革，着力构建现代农牧业产业体系、生产体系、经营体系，合力建设国家重要的现代农业生产基地。共推粮食生产结构调整，实施玉米轮作、“粮改饲”和优质牧草种植工程，扩大优质、高产、高效农作物和饲草料作物种植面积，适当调减非优势区玉米种植，促进粮经饲三元种植结构协调发展。实施“藏粮于地、藏粮于技”战略，实施高标准农田建设工程、粮食良种工程和自主创新工程，建设一批粮食绿色高产高效示范区、现代农业示范区、农业标准化示范区和农业科技园区。共同推进畜牧业转型升级，建设规模化、集约化、标准化畜禽养殖场，扶持牧区生态家庭牧场建设，探索邻近草原地区的农区混合式养殖，推广高品质、高附加值、高成长性的牛羊品种，打造高品质草原肉食基地。探索多种形式适度规模经营，培育新型农业经营主体，完善龙头企业与农牧民的利益联结机制。加强农牧业综合服务体系，健全农牧业保险机制。推动农牧业与旅游休闲、教育文化、健康养生等产业融合发展。推广使用物联网、云计算、大数据等现代信息技术，发展“互联网 +”现代农牧业。全面推行农牧业标准化生产，构建农畜产品质量安全监管追溯信息体系，确保农畜产品安全。

（2）**绿色农畜产品生产加工业**。发展绿色农畜产品生产加工业既是蒙东地区充分发挥工农业优势、提高农畜产品精深加工水平、增加农牧民收入的重要途径，也是与东北三省共同推动农牧业发展方式转变、维护国家粮食安全的重要举措。因此，要加快建设一批绿色农畜产品生产加工产业园区，培育和引进产业领军企业，打造产业集群。以乳、肉、粮油、林下产品等为重点，实施龙头企业培育、品牌建设和产品输出工程，推动农畜产品向绿色化、标准化、精细化发展。加强农畜产品加工技术创新，以“粮头食尾”“农头工尾”为方向，促进农畜产品初加工、精深加工及综合利用加工协调发展，提高农畜产品加工转化率和附加值。大力发展牛羊猪禽养殖加工业，提高农畜产品就地加工转化水平。依托丰富的玉米资源，大力开发高附加值产品，培育玉米生物科技产业集群。实施农畜产品流通体系建设工程，加快冷链物流体系建设，支持优势产区批发市场升级改造。健全农畜产品产地营销体系，推广农超、农企等产销对接模式。积极发展农牧业生产性服务业，鼓励开展代耕代种代收、农机具融资租赁等市场化和专业化服务。

（3）**有色金属生产加工业**。有色金属生产加工业是东北地区制造业的重要基础产业之一，是实现东北地区制造振兴的重要支撑。蒙东地区铜、铅、锌、锡、钼等有色金属矿产资源储量居全国前列，近年来，有色金属生产加工业发展迅速，但与发达省区相比，在资源保障、产业结构、质量效益等方面仍有一定差距。因此，应实施重点成矿带有色金属找矿工程，提高有色矿产资源保障能力。加快铜、铅、锌等有色金属探、采、选、冶、加一体化发展，重点建设霍（林河）—扎（鲁特）—白（音华）煤电铝循环产业基地。引导有色金属产业向新型合金、新型功能材料等精深加工环节延伸，大力发展铝后延伸加工产业，提高电解铝延伸加工率，促进资源综合利用。

2. 共同培育发展战略性新兴产业

（1）**新能源**。新能源是我国能源供应体系的重要组成部分，也是我国推进能源生产和消费革命、推动能源转型的重要举措。东北地区风能、太阳能、生物质能等丰富，共同培育发展新能源产业是东北地区陆海联动开放发展的重要领域之一。因此，要落实东北地区培育发展新兴产业三年行动计划，积极发起设立国家级和自治区级新兴产业创业投资基金，加快发展风能、太阳能、生物质能，建设锡林郭勒、赤峰、通辽、呼伦贝尔（兴安盟）等国家新能源基地。坚持就地消纳和通道外送并举，依托锡林郭勒盟—泰州、扎鲁特—山东特高压直流输电工程，推进锡林郭勒盟南部风电基地、通辽风电基地建设。在通辽市、呼伦贝尔市、兴安盟南部等地区，大力推动光伏发电多元化应用，积极推进太阳能热发电产业化发展，有序规范推进集中式光伏电站建设。在赤峰市、通辽市、兴安盟等粮食主产区及畜禽养殖集中区，大力推动生物天然气规模化发展。

（2）**装备制造业**。装备制造业是国民经济的主体。东北地区是我国的老工业基地，改革开放以来，蒙东地区装备制造业也实现了较快发展，但与国内外先进水平相比，东北地区装备制造业在产业结构水平、信息化程度、自主创新能力、质量效益等方面仍然存在明显差距。因此，在全球新一代信息技术与制造业深度融合、国内外产业竞争格局的背景下，应大力发展制造业，深入落实军民融合发展战略，实施国家高端装备创新工程。大力发展新能源汽车、农牧业机械、矿山机械、电机设备、通用航空等装备制造业，加快推进传统制造业智能化改造，重点建设通辽航空装备产业生产基地。积极争取国家实施重大技术装备首台（套）示范项目。促进信息化与工业化深度融合，建设一批智能工厂和数字化车间，打造低时延、高可靠、广覆盖的工业互联网，发展基于互联网的个性化定制、众包设计、云制造等新型制造模式。鼓励军民两用设备设施、大型科研仪器、重点实验室资源共享，支持建设军民融合公共服务平台，增强先进技术、产业产品等军民共用的协调性。开展质量品牌提升行动，着力提升关键技术装备安全可控能力。

（3）**大数据云计算产业**。大数据云计算浪潮是当今世界信息技术与经济社会融合发展的大趋势，数据流引领技术流、物质流、资金流、人才流，对全球生产、流通、分配、消费以及经济运行机制、社会生活方式等产生的影响愈加重大。加快蒙东地区大数据云计算产业发展，对于推动东北地区产业转型升级和建设智慧城市、“智慧东北”意义重大。因此，要积极参与国家大数据综合试验区建设，重点建设赤峰云计算备份中心，有序建设呼伦贝尔、通辽、锡林郭勒数据中心。大力发展电子商务，支持产业互联网“双创”平台建设，积极推动电子商务向农村牧区延伸，在综合保税区、跨境经济合作区、互市贸易区建设跨境电子商务平台，探索中蒙俄边贸交易新模式。创新“互联网 +”新业态，积极发展供应链物流、互联网医疗、互联网教育等新兴业态。积极发展云计算应用服务产业，加快政务云、环境监测云、物流云、电子商务云等云平台建设。

（4）**生物科技产业**。生物产业是 21 世纪创新最为活跃、影响最为深远的新兴产业，正加速成为继信息经济后新的经济形态。生物科技产业是蒙东地区战略性新兴产业的主攻方向，对于其抢占新一轮科技革命和产业革命制高点，促进东北地区加快壮大新产业、发展新经济、培育新动能具有重要意义。因此，应发挥蒙东地区生物资源、生物产业和生物技术优势，加强技术创新，积极发展生物农牧业、生物制造等特色产业。围绕生物育种、生物农药、生物兽药、生物肥料、生物饲料等领域，重点建设通辽、赤峰、呼伦贝尔、兴安盟等特色生物农牧业基地。发挥动植物资源优势，推动生物基材料、生物基化学品、新型发酵产品等的规模化生产与应用。

（5）**蒙中医药产业**。蒙中医药作为内蒙古独特的卫生资源、潜力巨大的经济资源、原创优势的科技资源、优秀的文化资源和重要的生态资源，不仅在蒙东地区经济社会发展中发挥着重要作用，而且在促进东北地区陆海联动开放发展方面也扮演着重要角色。近些年来，蒙东地区蒙中医药产业总体规模不断扩大，发展水平和服务能力逐步提高，但仍存在蒙中医药资源总量不足、产业集中度低、野生蒙中医药材资源破坏严重、部分蒙中医药材品质下降等问题。因此，要发挥内蒙古蒙医蒙药产业技术创新战略联盟作用，建设内蒙古蒙医药工程技术研究院等国际一流的蒙医药临床研究基地、科研基地、人才培养基地、科技成果转化基地和国际合作基地。扶持建设一批技术研发、产业化、安全评价、临床评价等公共服务平台。推动蒙医药中医药标准化。建设道地药材特色种植基地，重点在赤峰市、通辽市、兴安盟、呼伦贝尔市建设一批蒙中药材种植基地和生产加工基地。支持优势蒙药企业扩大产能、提质增效。

### 3. 加快发展现代服务业

（1）**旅游业**。改革开放以来，东北地区旅游供给实现了从短缺到丰富的历史性跨越，其拉动经济、解决就业、带动脱贫、传播文化、保护生态等的综合功能不断完善，已成为国民经济战略性支柱产业。蒙东地区的大草原、大森林、大湖泊等旅游资源富集，因此必须围绕自治区旅游业“1450”[①]总体布局，立足发展全域旅游、四季旅游，大力实施“+旅游”“旅游+”战略，坚持文旅融合，着力建设林草文化四季全生态旅游片区（呼伦贝尔市、兴安盟、通辽市）、环京津冀草原风情旅游片区（锡林郭勒盟、赤峰市），合作共建黑吉辽蒙、京津冀蒙、满二跨境旅游协同发展区，重点推进品牌景区、精品线路、品牌旅游城镇、文明旅游示范村（嘎查）的点线支撑体系建设。发展生态旅游，集中打造呼伦贝尔、锡林郭勒、科尔沁等草原生态旅游目的地。发展边境旅游，加强满洲里、二连浩特边境口岸城市旅游基础设施建设，打造额尔古纳等边境风情旅游城镇，建设中俄蒙“茶叶之路”等跨境精品旅游线路。发展文化旅游，开发红山文化、辽上京及元上都及辽、金、元、清时期遗址等历史文化遗迹旅游线路。发展冰雪旅游，打造阿尔山—柴河新兴滑雪度假旅游目的地。

**（2）现代物流业。**物流业是融合运输、仓储、货代、信息等产业的复合型服务业，是支撑国民经济发展的基础性、战略性产业。总体上看，蒙东地区同东北三省一样，现代物流业已步入转型升级的新阶段，但是物流业发展总体水平还不高，发展方式比较粗放，主要表现为物流成本高、物流效率低、物流基础设施相对滞后等方面。为此，蒙东地区应与大连、锦州等港口合作共建岸线码头，在赤峰市、通辽市等地建设一批无水港，升级改造通辽内陆港、空港物流园区。推进通辽开发区电子商务产业园、赤峰红山物流园区国家电子商务示范基地、乌兰浩特市陆港园区等物流节点城市物流园区建设，推动赤峰物流核心区、科尔沁综合物流园区等创建国家级示范物流园区。支持跨境物流交易平台建设，重点建设二连浩特跨境电子商务产业基地、二连浩特空港国际物流园、满洲里国际物流园区、呼伦贝尔中俄蒙国际会展中心、海拉尔中俄蒙国际物流园区等。实施物流枢纽建设工程，推进阿尔山口岸国际综合物流园区、二连浩特中蒙跨境经济合作区物流园、内蒙古东部煤炭交易中心等建设。

---

① “1”即以大通道和万里茶道为轴线的“一廊一脉”旅游总格局；“4”即林草文化四季全生态旅游、环京津冀草原风情旅游、敕勒川现代草原文明旅游、水沙胡杨秘境探险旅游等4大优化发展片区；“5”即蒙甘宁、蒙晋陕、京津冀蒙、黑吉辽蒙、满二跨境等5大合作共建协同发展区；“0”即呼和浩特—包头、鄂尔多斯、呼伦贝尔、乌兰察布、锡林郭勒、赤峰、兴安、巴彦淖尔、乌海—阿拉善、通辽等10大特色旅游基地和100个品牌景区、100条精品线路、100个特色旅游城镇、100个文明旅游示范村的“四百”点线支撑体系。

（3）**金融业。**金融是现代经济的核心。金融活，经济活；金融稳，经济稳。发展金融业是关系东北地区陆海联动开放发展全局的一件带有战略性、根本性的大事。为此，蒙东地区必须增强金融服务实体经济能力，吸引各大国有商业银行、股份制银行、保险公司设立分支机构，优先支持符合条件的区内外企业设立民营银行，积极培养具备实力的企业上市直接融资，鼓励各类非上市企业发行企业债券、公司债券、中期票据、短期融资等，有序发展网络金融等新型金融业态，促进多层次资本市场健康发展。规范建立创业投资、产业投资引导基金。建立完善绿色信贷机制，构建项目环境风险及效益评估体系，扩大绿色信贷投放规模。鼓励发展循环经济、能源技术创新和大气、水、土壤等污染防治等领域的金融服务。完善“三农三牧”保险，大力发展对蒙对俄出口信用保险、信用保证保险、对外投资保险、对外投资信用保证保险等金融保险产品。力争将赤峰市、通辽市打造成东部区域金融创新中心。

（4）**文化产业。**发展文化产业是满足东北地区各族人民群众多样化精神文化需求、提高东北地区各族人民群众生活品质和幸福感的重要途径。蒙东地区草原文化、蒙元文化、红山文化、历史文化等资源丰富，大力发展文化产业有利于推动中华传统优秀文化创造性转化和创新性发展，有利于推动中国梦和社会主义核心价值观深入人心，有利于推动地方特色文化走向全国、走向世界。因此，蒙东地区要进一步健全现代文化产业体系和市场体系，深入挖掘民族文化、草原文化、森林文化等文化内涵，加强乌力格尔、蒙古长调、安代、版画等非物质文化遗产保护和利用，开发体现红山文化、契丹辽文化、边疆知青文化、马文化、远古生物地理与考古文化等元素的文化艺术精品和文化产品。培育新型文化业态，运用互联网平台发展智慧文化，宣传草原文化，开发影视、动漫、图书、纪念品等文化产品。加快建设一批国家级文化产业示范基地、自治区级文化产业园区、自治区级文化产业示范基地。

## （四）共同推进生态保护与修复

绿水青山就是金山银山，也是东北地区陆海联动开放的根本要求。党的十九大明确提出，要加快生态文明体制改革，建设美丽中国。推动形成绿色发展方式和生活方式是贯彻新发展理念的必然要求。东北地区生态资源丰富，是我国东北地区和华北地区主要的生态屏障。推动东北地区共保生态环境，是功在当代、利在千秋的事业，要久久为功，继续像保护眼睛一样保护生态环境，像对待生命一样对待生态环境，才能让东北地区天更蓝、山更绿、水更清、环境更优美。因此，必须坚持绿色发展理念，落实坚持节约优先、保护优先、自然恢复为主的方针，形成节约资源和保护环境的空间格局、产业结构、生产方式、生活方式。

1. 共筑生态屏障

蒙东地区是祖国北疆生态屏障的重要组成部分，建设好这道生态屏障既是其神圣的使命，也是其融入东北地区陆海联动开放发展的主要职责。因此，必须坚决守住生态底线，协作实施重大生态修复和建设工程，共同构建完善的东北森林带、北方防沙带等生态屏障骨架，全面提升森林、草原、湿地、湖泊、沙地等自然生态系统稳定性和生态服务功能。共同实施天然林资源保护二期、“三北”防护林五期、新一轮退耕还林还草等重点工程，在公路、城镇、村屯、矿区园区等重点区域开展绿化。划定并严守基本草原红线，继续实施退牧还草工程，落实新一轮草原生态保护补助奖励政策，严格执行基本草原保护、草畜平衡和禁牧休牧轮牧制度，实施退化草原补播改良，规划建设人工草场。加大科尔沁、浑善达克、呼伦贝尔、乌珠穆沁四大沙地治理力度，实施京津风沙源治理二期、通辽河湖连通等防沙治沙重点工程，控制沙漠化扩展，逐步恢复沙地林草植被。推进呼伦湖流域生态和环境综合治理工程。继续实施坡耕地水土流失综合治理、东北黑土区水土流失治理、重点小流域综合治理等国家水土保持重点治理工程。全面禁止湿地开垦，在额尔古纳、达里湖、乌拉盖、科尔沁等自然保护区和锡林河等湿地实施湿地保护工程，遏制湖泊湿地面积萎缩、水质恶化趋势。加强自然保护区建设。对重要自然生态系统、野生生物和自然遗迹实施强制性保护，共同实施界江干流沿岸自然保护区和大小兴安岭自然保护区建设工程。

2. 共治环境污染

环境保护事关东北地区人民群众根本利益，事关东北地区陆海联动开放持续健康发展。因此，要实行最严格的环境保护制度，坚持源头预防、全过程预防和高效治理相结合，坚持政府、企业、公众共治，协作推进循环经济发展和多污染物综合防治，坚决打赢蓝天碧水净土保卫战，共建环境友好型社会。强化跨省区大气污染联防联控，实施大气污染防治工程，加快重点行业脱硫、脱硝、除尘改造，加快燃煤锅炉改造和供热小锅炉淘汰，开展化工企业、加油站挥发性有机物综合整治和扬尘、机动车尾气治理，禁止秸秆露天焚烧。开展流域水污染防治，推进流域机构牵头、各省级涉水部门参加的流域水污染防治协作，加强松花江、西辽河、海滦河流域工业园区和城镇污水处理工程建设，强化饮用水水源环境保护和城镇污水处理能力建设。加大土壤污染防治力度，开展农用地和重污染工矿企业、废弃物堆存场等建设用地污染土壤治理与修复试点，推进有色金属矿采选业、冶炼业等重点行业和企业重金属污染防治。实施能源和水资源消耗、建设用地等总量和强度双控行动，提高资源综合利用效率。推进低碳试点示范，加快赤峰红山经济开发区低碳产业园区建设。

3. 完善生态文明制度

东北地区生态文明建设离不开制度的保驾护航。因此，要落实主体功能区战略，依据主体功能定位发展，合理控制开发强度。围绕自然资源资产管理、生态保护红线、生态补偿、生态环境保护与管理等关键环节，抓紧建立产权清晰、多元参与、激励与约束并重、系统完整的生态文明制度体系，引导、规范和约束各类开发利用自然资源、保护生态环境的行为。以主体功能区规划为基础统筹各类空间性规划，推进“多规合一”。健全自然资源资产产权制度，建立自然资源资产核算体系。科学合理划定生态保护红线、永久基本农田和城镇开发边界“三条红线”。以草原、森林、耕地、河流、湿地、湖泊、地下水等资源为重点，共同推动国家建立体现自然价值和代际补偿的生态补偿制度。建立矿产资源开发使用成本评估机制，将资源所有者权益、生态环境损害等纳入矿产资源及其产品价格形成机制。推行用能权、用水权、排污权、碳排放权、林权交易制度。坚持“谁治理谁受益”和“谁污染谁付费”，建立政府引导、社会资本参与、市场化运作的生态建设和环境保护融资机制，拓宽融资渠道。鼓励有能力的第三方进入污染治理市场，积极推进第三方治理、第三方检测、第三方服务。

## （五）共同深化区域合作

开放是中国经济繁荣发展的必由之路。开放带来进步，封闭必然落后。开放合作是东北地区陆海联动开放的重中之重，其核心是解决发展内外联动问题。因此，要坚持开放发展，以“一带一路”建设为重点，以提高对外开放质量、发展更高层次的开放型经济为目的，坚持“引进来”和“走出去”并重，全方位提升对外开放水平，全面参与全球竞争，推动形成陆海内外联动、沿边沿海双向互济的全方位开放格局。

### 1. 积极参与“一带一路”建设

内蒙古东部盟市外接俄罗斯、蒙古国，具有发展沿边开放的独特优势，与东北三省一样，是我国向北开放前沿的重要组成部分。为此，要对接俄罗斯“欧亚经济联盟”、蒙古国“草原发展之路”倡议，加强东北振兴战略与俄远东开发战略衔接，推进中蒙俄经济走廊建设。协调国家建立健全中蒙俄三方毗邻地区地方政府合作机制，促进政策沟通。联合黑龙江，争取国家共同规划发展中蒙俄三方公路、铁路、航空、港口、口岸等基础设施资源，加强在国际运输通道、边境基础设施和跨境运输组织等方面的合作。推进中欧班列常态化运行，建设一批交通物流枢纽。加强三方在能源矿产资源、高技术、制造业和农林牧等领域合作。积极加强与亚洲基础设施投资银行、金砖国家新开发银行、上海合作组织银行联合体、丝路基金等金融机构的沟通衔接，丰富与俄蒙人文交流层次。开辟跨境跨区域旅游线路。继续深化中俄海关通关便利合作，提升满洲里、二连浩特等口岸功能，深入推进“绿色通道”合作、特定商品监管结果互认、知识产权保护执法合作。加快经济腹地建设，以呼伦贝尔市、赤峰市、通辽市、乌兰浩特市、锡林浩特市等为腹地，加快推进中心城区建设，提高对外开放综合服务保障水平。

### 2. 建设多元化开放合作平台

开放合作平台是蒙东地区积极融入“一带一路”和中蒙俄经济走廊建设的重要载体，也是推动东北地区陆海联动开放的重要抓手。因此，蒙东地区必须加快建设不同形式的开放合作平台。加强口岸基础设施建设，继续实施满洲里和二连浩特电子口岸升级工程，推动阿日哈沙特、额布都格等季节性口岸升格为常年开放口岸，完善口岸公共卫生体系。加快满洲里、二连浩特国家重点开发开放试验区建设。支持呼伦贝尔中俄蒙合作先导区建设。推进赤峰内陆港申建综合保税区、通辽内陆港申建升级。积极申报中国（内蒙古）自由贸易试验区。推动二连浩特—扎门乌德等跨境经济合作区、阿尔山—松贝尔绿色农畜产品生产加工跨境经济合作区建设，打造跨境产业链和产业聚集带。合作开发建设阿尔山—松贝尔、新巴尔虎左旗—哈拉哈苏木和额尔古纳河、贝尔湖等跨境旅游合作区。积极打造边境经济合作区、综合保税区等和境外产业合作平台。组织好乌兰巴托中国商品展暨投资贸易洽谈会、中国·二连浩特中蒙俄经贸合作洽谈会、中国·海拉尔中俄蒙经贸洽谈会。加强在蒙俄营销网络建设，积极发展跨境电子商务、市场采购贸易等新型贸易方式。

### 3. 拓宽对外合作领域

东北地区陆海联动开放的目标是提高对外开放质量、发展更高层次的开放型经济。为此，蒙东地区应把中央推动东北全面振兴、全方位振兴的政策与“一带一路”建设机遇、自身比较优势等融通激活，不断扩大开放范围，加深开放层次。支持企业采取绿地投资、并购投资、联合投资等方式，参与蒙俄电力、交通等基础设施建设和矿产油气资源开发，鼓励农牧业龙头企业参与蒙俄境外等农牧业合作区建设。鼓励和支持钢铁、水泥、玻璃、电解铝、木材加工等企业“走出去”，与蒙俄、中亚企业深度合作，建设海外加工基地。引导企业在境外设立研发中心，支持有实力企业直接切入设计、研发、营销等价值链高端环节。优化对外贸易结构，提高先进技术设备、关键零部件、能源原材料等进口比重，扩大建材、果蔬、轻纺产品、乘用汽车、矿用车、铁路车辆及铁轨、风光发电设备、农牧机械、高新技术产品等和蒙中医、信息服务等特色服务出口，促进钢铁、有色金属生产加工、石油化工、纺织服装、农畜产品加工等加工贸易转型升级，大力发展边民互市贸易。优化利用外资结构，大力引进国外高层次人才、先进技术、创新成果、管理经验。鼓励院校扩大联合办学和互派教师、留学生规模。利用“中国政府奖学金”“内蒙古政府奖学金”，依托中心城市和口岸城市，为蒙俄学生提供留学教育。开展与蒙古国、俄罗斯青少年交流互访活动。加强与国外高等院校和科研机构合作。推进“茶叶之路”沿线国家和地区联合申遗。加强与“一带一路”沿线国家在防沙治沙、沙尘暴和荒漠化防治等领域合作。

## 四、增强内蒙古推动东北地区陆海内外联动发展的活力

跨区域协同创新是区域协调的高级路径，需要理念、空间条件、技术梯度、市场及文化等诸多方面的特定要素和条件支撑，并通过区域间技术链的扩散、产业链的分工与价值链的互动，最终实现大区域创新网络的一体化与协同化。对东北四省区而言，联动开放发展的根本动力在于以主动创新来破除人才、技术、管理、项目等方面旧约束，释放高质量联动发展的新动能。从现状看，创新水平整体较低是制约四省区发展的突出短板，尤其在协同创新方面，虽然初步建立了互动协调机制、取得了一些共识，但多流于文件和表面，实际推进中仍是各成体系，远未形成“相互开放、协同一体、合作共赢”的创新网络。现有的协调机制也更多关注要素优势互补，没有着眼于区域整体创新资源的系统规划和整合，难以从根本上实现区域协同创新。推动四省区创新协同发展，关键在于打破行业、地域、部门的界限，切实整合、提高各种资源的配置能力及综合创新能力，通过产业链融合、价值链互动、创新链分工等关键环节，统筹谋划，精准发力，增强区域协调发展的内生动力，真正实现均衡发展、可持续发展。对内蒙古而言，深度融入四省区协同创新，需要在技术、企业、市场、管理等方面做好对接文章，形成内部有序、外部协同的组合动力。

### （一）推进科技协同创新

提升与东北三省科技创新开放合作水平，构建以企业为主体、市场为导向、产学研相结合的科技创新协同体系，推动东北四省区跨地区、跨领域、跨学科、跨行业科技协同创新，促进科技与经济深度融合。

**（1）推动创新服务平台优化升级。**一是抓好创新基础平台建设。积极与国家创新发展战略相对接，加大与东北三省合作共建创新平台力度，合理布局在企业、科研机构、高等院校建设的重点实验室、工程技术研究中心、企业技术中心、院士工作站等创新平台，形成一批具有核心竞争力的区域自主创新基地。利用“双一流”“双特色”大学建设有利时机，支持区内大学与吉林大学、黑龙江大学、辽宁大学等院校合作培育优势和特色学科专业，联合建设一批优势特色学科的技术研究平台。共建一批“双创”示范基地和众创空间，孵化培育创新型小微企业，提升东北四省区知识创新和科技服务区域经济的支撑能力。二是推进高新区转型升级发

展。充分发挥国家级高新区的先导示范作用，加强与东北三省创新资源的合作、创新集群的培育，把区域内国家级高新区建成区域创新驱动发展的主平台。借鉴东北三省中俄、中德、中以科技园等国际合作园区建设经验，建设一批国际科技合作产业园，着力引进关键核心技术和高层次人才。三是加快军民融合平台建设。立足东北四省区军工企业和产业发展需求，充分挖掘军工单位、地方企业、科研院所和高校各自的优势和作用，推动建立军民融合协同创新中心或组建产业技术创新联盟，为军民两用技术和成果转化提供孵化平台服务。

（2）**强化前瞻性战略科技力量布局。**聚焦高质量发展，围绕区域特色以及国家战略发展需要，布局战略性科技力量，强化内蒙古科技创新供给。一是聚焦特色领域，布局战略科技力量。围绕内蒙古优势产业和重点产业发展需要，在稀土、煤化工、重型装备、蒙医药、乳业、肉业、沙产业等优势特色领域，开展前沿技术探索提升区域自主创新能力。推动与吉林省在新能源汽车、电子信息等领域的科技合作；推动与黑龙江省在特色农产品产业、高端装备制造业、精细化工产业、新能源与新材料产业、绿色食品加工业等领域的科技合作；推动与辽宁省在高端装备制造、石油化工产业、电子设备制造业等领域的科技合作，强化前瞻性部署，为产业发展提供源头性供给。二是聚焦“三大攻坚战”，布局科技力量。找准科技扶贫与乡村振兴战略结合点，抓好农牧业科技产业化，加快先进适用技术转化应用，为实现农牧业增值增效、农牧民持续稳定增收，提供更加坚实的产业支撑，激活贫困地区自我发展潜力。坚持污染防治和改善生态“双管齐下”，推动与东北三省在天然林保护、水土流失综合防治、湿地保护与恢复和矿山环境整治等生态工程建设方面的科技合作，加大科技供给，助力打赢污染防治攻坚战和改善生态环境。

（3）**加快科技协同创新体制机制改革。**深化科技体制机制改革是东北四省区构建良好创新创业生态系统、成为创新创业沃土的前提。要加快转变政府科技管理职能，全面系统深化科技项目形成、项目实施、成果转化、研发开放合作等方面的体制改革和机制构建，积极推动科技资源开放共享，增强创新活力。一是加快科技体制改革步伐。分类指导建设和发展不同类型科研机构，完善科研机构管理办法，建立综合评价机制。稳定支持一批公益类科研机构，增强公益技术研究能力。推动开发类转制科研院所的市场化、企业化改革。推进科技投入和经费管理改革，修改完善评价方法和评价体系，确保项目实施效果。二是完善高校和科研院所绩效考核办法。积极推进高校、科研院所实行增加知识价值为导向的分配政策改革，在核定的绩效工资总量内可采取年薪制、协议工资、项目工资等灵活多样的分配形式和办法。三是建立促进科技成果转化的有效机制。探索知识产权综合监管执法体制，建立集知识产权快速审查、快速确权于一体的知识产权保护中心，开展一站式综合服务。推动与东北三省合作共建知识产权中介服务体系，以政府购买社会服务的方式，为创新主体提供多元化服务，拓展、丰富和提升知识产权服务内容和供给品质。探索建立科技成果限时转化制度，率先在高校、科研院所开展利用财政资金形成的科技成果限时转化制度建设试点。

## （二）推进产业协同创新

从服务转型、引领高质量发展上发力，重点围绕传统产业升级、新兴产业构建、环境污染治理、自然生态保护等方面部署资源，不断加强科技供给，持续推动东北四省区高质量创新发展。

**（1）推动传统产业转型升级。**绿色发展、循环发展、低碳发展是内蒙古传统产业高质量发展的基本途径，要大力发展清洁、绿色、循环经济。一是推动传统工业提质增效。以产业链延伸为主线，瞄准技术前沿、终端消费，推动与东北三省产业创新协同，实现能源、有色、化工等传统产业创新发展。持续开展风电、光电、核能开发与利用研究，在风电装备、太阳能光伏利用等领域形成一定的技术优势，协同推进内蒙古重要能源基地建设和吉林省能源工业基地协同建设；推进稀土材料基因组计划，加强稀土材料核心技术研究，协同推进内蒙古有色金属和新材料生产加工基地以及辽宁省装备制造业基地建设。通过推动传统产业协同创新发展，共建具有国际竞争力的产业研发和生产基地。二是打造现代畜牧业。围绕乳业、肉羊、肉牛、绒山羊、草业等主导产业和马、骆驼、生物饲料等特色产业，以遗传育种、品种培育、杂交改良、高新生物技术及深加工技术开发应用为重点，开展与东北三省种质资源保护和利用、优质品种的选育和新型畜产品加工技术的合作研究开发，力争突破和掌握一批关键核心技术，加强技术的集成和组装，提升自主创新能力。推动与东北三省饲养管理、疫病防控、污染防控和风险预警等技术与畜产品溯源体系的合作开发，综合应用新品种、新技术、新方法、新设备，为畜牧业生产实现质和量的提升打好基础、提供支撑。

（2）**大力培育新兴产业。**推动与东北三省在节能环保、文化旅游、电子信息等领域关键技术攻关合作，对新兴产业进行重点科技扶持。一是推动工业新兴产业向价值链高端延伸。围绕稀土、石墨烯、节能环保、新能源汽车、云计算大数据等新产业开展合作，打造一批战略性新兴产业基地和特色优势产业集群。推动与东北三省生态环境保护技术合作开发，开展荒漠化防治产业化科技创新示范，形成生态修复、水生态环境、水土保持、生态产业等区域生态保护与修复发展模式。推进北方生态屏障保障功能提升合作，形成理论和技术优势。深入“三废”资源利用技术合作研究，突破工业领域“三废”的减量化、资源化和无害化技术开发与应用。二是推动生活性服务业向精细化、高品质转变。围绕服务消费、信息消费、绿色消费、时尚消费、品质消费等新型消费需求，增加有效服务供给。依托文化、生态、旅游资源优势，着力推动与东北三省合作开展全域旅游、四季旅游、跨境旅游，实施“旅游 +”战略；强化大旅游、大生态、大健康的联动整合作用，推动发展中蒙医养生养老服务产业，打造东北四省区旅居康养品牌。三是推动产业发展与信息化深度融合。合作推进和东北三省“互联网 +”与经济社会各领域的融合，促进云计算、大数据、移动互联网、物联网、微电子与光电子等新一代信息技术的开发和应用。围绕大数据采集、传输、存储、管理、处理、分析、应用、可视化和安全等关键技术加大支持力度，促进大数据关键技术产品产业化；合作建设一批大数据企业技术中心、工程（技术）研究中心、重点实验室和应用中心，开展大数据关键技术、解决方案研究，推进大数据分析、理解、预测及决策支持与知识服务等智能数据应用和技术创新。

## （三）推进企业协同创新

据统计，在创新活动活跃的国家或地区，中小微企业具有较强创新活力，掌握了 70% 以上的专利，而大企业在经费、人才等创新资源方面具备优势。推进与东北三省企业创新协同，有利于形成区域内大中小微企业发挥各自优势、协同发展的创新局面，对于促进全民创新、增强经济发展活力、推动区域经济高质量发展，具有重要的战略意义。

（1）**强化企业创新主体地位。**一是实施高新技术企业培育行动。对接国家“创新企业百强工程”，与东北三省联合培育一批科技成果转化能力强的创新型领军企业。开展主导行业龙头企业创新转型试点，促进企业技术创新与管理创新、商业模式创新互动发展。加快科技型中小企业成长培育，推动科技项目、资金、平台等创新资源向企业倾斜，大力推进“中小企业培育工程”，深入实施“创业之星”“成长之星”“小巨人”培育计划，大幅提升科技创新型企业数量。聚焦特色化，加快对小而专、小而强、小而美、小而优的生产性服务业和科技服务业项目的引进、培育、落地，积极引入“互联网 +”等新产业、新业态、新模式，提升企业创新能力。二是以企业为主导开展产学研协同创新。鼓励企业吸引和集聚社会力量，组建新型研发机构和各类创新平台载体，实现大中型企业研发机构全覆盖。支持骨干龙头企业牵头，建设产业技术创新战略联盟和产业共性技术研发基地，推动东北四省区现代能源、现代装备制造、信息技术等重点产业领域关键共性技术攻关。对于符合条件的产业技术创新联盟，可登记为企业法人，按规定享受企业研发费用加计扣除政策，支持其承担自治区科技计划项目。

（2）**积极扶持民营企业发展。**一是强化科技创新资金支持。创新财政投入方式，更多运用财政后补助、政府购买服务、间接投入等方式支持企业开展创新活动。对通过并购国内外高新技术企业或购买核心技术项目增强研发能力的区内企业，在融资、保险、信贷、外汇管理、税费减免等方面提供支持。鼓励和东北三省合作发展众创、众包、众扶、众筹空间，发展天使基金、创业基金、产业投资基金。加快发展科技保险，推进专利保险试点。二是优化创新环境。加大投入力度，优化创新环境，强化保障服务，营造有利于区域创新发展的良好环境。深化行政审批制度改革，围绕“一网通办”“只进一扇门”“最多跑一次”等要求，实施并联审批、容缺受理、帮办服务三项制度，大幅提升政府办事效率。降低准入门槛，系统梳理养老、教育、医疗等社会民生领域审批事项，完善负面清单、权力清单、责任清单等制度，切实解决企业“准入不准营”问题。三是完善创新配套服务。推动与东北三省大型科研仪器设备和研发公共服务平台开放共享。合作创建四省区中小企业公共技术服务示范平台，组织开展技术研发对接服务活动，支持引导企业加快技术改造和两化融合，提高信息化、互联网应用水平和新产品研发能力。支持与东北三省共建孵化机构，打造“众创空间 + 孵化器 + 加速器 + 创业基地 + 产业园区”的全过程孵化服务链条。推动与东北三省合作建设以知识产权质押融资为特色的科技企业融资服务体系。

### （四）推进管理协同创新

东北地区的困难和问题归根结底仍是体制机制问题，解决这些困难和问题根本出路还是要靠深化改革来推动管理创新。蒙东地区与东北三省要本着优势互补、共同发展的原则，树立“对接、互动、共赢”的思想观念，牢牢把握国家新一轮振兴东北老工业基地的政策机遇，健全区域合作机制，形成一批区域创新政策，优化创新软环境，促进创新资源在整个区域层面的合理配置。

（1）**探索协同创新区域制度安排。**加强协同创新区域战略研究，统筹协调政府与市场、中心城市与省市群、开放创新与科技创新等区域创新力量。科学界定区域内各级政府在创新方面的财权和事权，探索建立与创新发展相适应的管理体制，建立与区域创新体系相适应的行政管理与法律框架。在国家有关部委统一指导下，联合制定《东北四省区创新管理条例》《东北四省区科技合作指导意见》等，在区域性法律条例和行政法规方面进行探索。

（2）**实施区域协同创新管理。**强化与国家相关部门的沟通、联动与合作，依托东北四省区行政首长协商机制，探索建立定期的部—区会商机制。改革地方政府绩效考核办法，研究制定区域创新合作指标，并将其作为四省区领导干部考核指标。探索建立国有企业及国有企业负责人创新责任评价及考核。推动四省区现有各类国家级试验区等改革试点联动发展，形成区域创新协同效应。

（3）**构建区域一体化创新政策体系。**梳理区域科技政策，简化审批事项，逐步取消限制条款，促进现有科技创新政策的协调对接，形成统一的税收、土地、金融、人才政策，促进资源无障碍流动。健全区域创新政策体系，推动产业政策、金融政策和科技政策融合，在联合制定、共同实施区域创新政策方面取得突破。推进区域创新体系与地方、国家、国际创新体系融合，使东北四省区创新体系成为国家创新体系的重要一极。

## 五、保障措施

### （一）强化资源保障

充分发挥内蒙古能源富集、矿产资源禀赋较高以及旅游资源独特等优势，全面提升内蒙古在陆海联动发展中的要素支撑能力与互补水平。

（1）**提升能源保障水平。**一方面，加快境外能源资源利用，实施中俄东线天然气管道、中俄原油二线等跨境油气管道建设，进一步补齐境外能源输送网络建设短板，构筑境外大能源输送网络体系。另一方面，加快与东北三省能源输送管网建设，统筹推进内蒙古与东北地区铁路、港口和管道建设，重点推进朝阳—赤峰天然气管道，乌兰浩特—长春—吉林、海拉尔—齐齐哈尔—哈尔滨煤制气管道，锦州—朝阳—赤峰、四平—通辽成品油管道等项目。此外，加快推进内蒙古与东北地区相连电力通道建设，全面提升内蒙古对东北地区的电力保障水平。

（2）**强化矿产资源保障能力。**依托内蒙古境内外丰富的矿产资源和现有的产业基础，坚持保护与开发并重，加大矿产资源勘查开发力度，发展铜、钼、铅、锌、铁、金、铝等金属矿产开采加工；支持企业“走出去”，积极参与境外矿产资源合作开发，在边境地区合作建设矿产资源进出口加工基地，建设东北地区重要的矿产资源深加工基地。引导东北三省积极在蒙东地区发展矿产资源深加工产业，吸引大连、沈阳等中心城市能矿资源加工产业有序向蒙东地区转移，鼓励四省区互设“飞地”，共建产业转移示范园区。

（3）**提升旅游资源的支撑能级。**要依托蒙东地区与东北三省在旅游资源方面的同一性与差异化现状，围绕森林、草原、温泉和冰雪等自然资源，加快推进地区间旅游资源的共存与融合工作，实现旅游资源的错位开发与组合开发，打造特色不同的温泉、森林等生态度假旅游精品，进一步拓展和丰富地区旅游业，明晰地区核心旅游形象，拓展旅游市场，提升整个区域旅游业发展的支撑能级。

## （二）强化要素保障

东北三省技术力量比较雄厚，各类科研院所、大专院校集中，形成不同特点的科研、开发、咨询、信息中心，在冶金、石化、机械、农林、生物工程等方面有较好的基础。而内蒙古特色农牧业、矿产资源和生物资源开发利用前景十分广阔，但在技术方面较为缺乏。基于此，加强技术方面的合作，不仅是东北四省区各自突破发展瓶颈的重要现实选择，同时也可发挥出 1+1>2 的效应。为此，蒙东地区可以统筹东北三省技术方面的优势与自身资源优势及产业基础，一方面，按照专业化分工，与东北三省进行企业联合，合作开发山地、草原、湖泊、河流等资源，开发绿色食品、保健品、中草药产业，逐步形成规模优势，并将产品进一步打入国内外市场；另一方面，探索建立技术交易体系，吸引东北地区直接向蒙东地区输出技术，在带动蒙东地区科技水平提高的同时，实现东北地区技术转让收入与更广泛领域的技术（或产业）布局。

### （三）强化政策保障

（1）**共同争取国家相关政策支持。**以深化四省区重点领域合作为带动，在国家战略规划的编制、重大项目布局以及重要政策出台方面，加强衔接与协同配合，共同争取，实现抱团发展。

（2）**优化和整合现有政策。**蒙东地区具有多重政策叠加优势，除享有与东北三省振兴共同政策支持外，还同时享受国家西部大开发、国务院支持内蒙古发展和内蒙古支持蒙东地区发展等专门性支持政策。与东北地区加强政策方面的梳理、整合和优化，全面提升政策适用面和普惠性，全力激发多重政策支撑的叠加与放大效应。

（3）**共同做好四省区区域合作相关政策制定与储备。**围绕合作重点关键领域，加快研究制定综合性政策，共同加强政策储备，有效衔接国家短期政策和长期政策。

### （四）强化资金保障

提升资金保障水平，建立区域合作资金保障机制，引导社会资本参与区域合作重点项目，鼓励政策性、开发性金融机构和商业银行参与协同发展机制建设。联合搭建内外联动投融资平台，推动四省区企业和政府联合设立国际产能与装备制造合作产业投资基金，探索建立四省区共同参与的股份制合作金融机构，以有效解决企业在“走出去”过程中面临融资难、融资贵的问题。

### （五）强化人才保障

蒙东地区教育层次较低，人力资源存量大但专业化人才较为短缺，而东北三省在人力资源和教育方面具有明显的优势。一是加强区域间各级教育机构间的合作，根据地区经济与社会发展对人力资源的需求，推进研究生和各类高层次应用型人才培养模式与机制的创新，建立健全区域性高校合作育人和合作办学机制，不断提高人才培养质量。根据本区域经济社会发展的实际需求，率先探索开展中等职业教育、专科层次高等职业教育、本科层次高等职业教育和专业学位研究生教育的应用型人才一体化培养模式改革试点；探索区域性职业教育与职业技能鉴定的互通互认，引导建立区域性校企双方人才资源优化机制，创新产教融合、校企合作、工学结合的人才培养模式；探索职业院校异地办学的模式，通过合作，全面提升人力资源存量与质量支撑水平。二是强化区域间智库合作，推动东北四省区各级智库间合作，力求在政府与实业界之间搭建桥梁，形成官产学相结合的纽带；通过智库合作促进落实各国政府达成的区域合作协议，将其尽快转化为合作成果。同时，通过智库协商为区域经济合作提出前瞻性的合作模式与方案，预先加强沟通与协调，消除合作障碍，提高合作效率。三是提升人力资源要素流动与配置水平，建立健全内蒙古东部与东北三省人力资源市场体系和流动机制，引导东北四省区间人力资源加快流动，全面补充和提升地区间人力资源和专业人才保障水平。

### （六）强化机制保障

**（1）加快合作机制创新。**一是共同推进制度建设创新。坚持跨行政区发展导向，消除阻碍生产要素自由流动的行政壁垒和体制机制障碍，努力做到一个标准、一个流程、一张网，推动形成地区一体化的创新型制度。二是共同推进科技发展创新。推进三地区联合建立健全符合科技进步规律的体制机制和政策法规，共同组建区域联合科技银行、联合创投基金、科创联盟，共建技术创新链和区域协同创新体系等。三是共同推进产业园区合作创新。探索在邻界区域设立联合发展园区，进行“捆绑式”共建共享。加强区域内各个园区的深度合作，通过园区共建或园区联盟的方式，形成区域内梯度发展、产业链合作的整体态势。四是共同推进公共服务共享创新。以区域内公共服务共建共享为目标，加强社会保障、医疗卫生、公共文化、教育、养老等一体化项目和载体建设的政策协调，共建公共服务、成本分担和利益共享机制。

**（2）健全合作考核机制。**一是创新组织体制，搭建跨行政区域的地方政府间合作组织。在招商引资、土地批租、外贸出口、人才流动、技术研发、信息共享等方面，营造无特别差异的政策环境，实现区域制度架构的融合统一；探索创建跨行政区域的地方政府间合作组织，积极协调并公平仲裁各成员政府之间的摩擦与矛盾，公平公正地仲裁跨域经济区经济纠纷。二是完善地方政府间合作的政策执行制度，尝试推行区域内行政管理管辖权的让渡。建议在不改变既有几个省区行政边界的前提下，尝试实行上述地区行政管辖权的让渡，把本来属于几个省区的行政管辖权由所设立的功能性特区统一行使。三是建立有效的政策支持机制，设计科学的绩效考核体系。探索设计一套科学、可量化的干部政绩考核指标体系，指标和依据不仅包括地方经济发展的程度、规模和水平，而且包括与其毗邻地区经济合作的程度。该指标体系不仅要有跨域性质的经济发展、社会就业、疾病控制以及社会秩序与安全等可以量化的“硬指标”，还要包括跨域性质的生产要素流动、文化旅游发展、生态环境治理、政府服务质量、社会文明水平、公民社会建设状况以及国土空间规划与开发等“软指标”。

# 推动东北地区陆海内外联动开放发展的黑龙江思考与建议

2017年以来，黑、吉、辽、蒙四省区的政府发展研究中心，立足于整合东北地区的整体资源和条件，共同谋划设计四省区对外开放的协调合作、发展互动。全面参与东北地区对外开放的协同合作，是黑龙江省提升对外开放建设水平的一次重要机遇。为此，黑龙江贯彻习近平新时代中国特色社会主义思想，落实习近平总书记2018年9月25日至26日考察黑龙江时重要讲话精神以及在第四届东方经济论坛上提出的四点主张，特别是深入推进东北振兴座谈会上的指示精神，按照2019年政府工作报告提出“推动全方位对外开放，培育国际经济合作和竞争新优势”的发展思路，贯彻黑龙江省委第十二届二次全会“主动融入‘一带一路’建设，加快基础设施互联互通，打开对外开放大通道，全方位开放格局初步形成”的指示精神，开阔思路，跳出黑龙江的地域限制，借助东北地区沿海沿边联合互动的合作模式，以大东北、大开放的视角，全面梳理黑龙江省对外开放的基础优势，比较整理黑龙江省的区域互补能力，分析预判对外开放发展前景，提出整合区域资源、合作发展对外开放的对策建议，供社会各界参考。

## 一、黑龙江省参与东北四省区对外开放合作意义重大

东北四省区实施对外开放合作，是一项十分有益、可预期的改革尝试，符合市场经济规律，适应东北各省区的发展要求，是四省区共同扩大对外开放优势、带

动经济整体快速发展的重大机遇。黑龙江省参与这一区域对外开放合作，可以极大扩展对外开放的资源依托，有效增强境内外市场的开拓能力，充分发挥对俄开放优势，有利于突破制约外向型经济的发展障碍，加快形成“打造一个窗口、建设四个区”（简称“一窗四区”）的对外开放格局，特别是加快形成以对俄合作为重点的全方位对外开放新格局，凝聚壮大实现黑龙江全面振兴、全方位振兴的发展动力，使黑龙江省成为推动“一带一路”和中蒙俄经济走廊建设的“先手棋”和“排头兵”。

## （一）有利于黑龙江省中蒙俄经济走廊核心区建设

**（1）为打造向北开放“重要窗口”带来资源和动力。**黑龙江省可通过积极参与东北四省区联合对外开放，整合政策优势、资源优势、产业优势、条件优势、口岸和港口优势以及俄远东地区的政策、资源、发展条件等，突出东北地区的自贸区政策、综合保税政策、重点开发开放试验区政策以及跨境经济合作和物流运输的特色优势。借助东北地区对外开放合作的资源共享、项目共建，以更充分的资源和更强大的实力，来共同打造我国向北开放的“重要窗口”，向北开放窗口建设将得到快速推进，黑龙江省势必成为东北四省区对俄开放的核心。

**（2）为黑龙江省“一窗四区”建设带来巨大支撑。**当前东北地区推进对外开放的主攻方向，是适应东北老工业基地振兴和俄远东开发战略需要，参与、推动东北亚区域国际市场的构建和发展。由此，东北四省区实施对外开放合作，开放的重点对象就是俄罗斯市场，最终还要落实在经济整合和产业发展、贸易合作上，东北地区的投资、产业、技术、物流、市场等发展要素会集中向对俄开放边境地区流动。黑龙江省要重点实施“四个区”建设，就要承载起东北四省区的对俄合作基地功能，发展前景将不断扩展，建设条件将有效充实，产业优势将快速形成，国际合作空间将进一步扩大。

**（3）为哈尔滨打造对外开放核心城市创造有利条件。**从东北四省区对外开放的区域和国家来看，俄罗斯是合作的重点。哈尔滨市是全国对俄合作中心城市，直接连接各个对俄通道和众多对俄口岸，物流集散、产业支持、配套服务的核心枢纽作用优势凸显，无可替代。哈尔滨市作为黑龙江的省会城市，一方面可依托东北四省区对俄合作的资源流入、技术集结、人才会聚、贸易融合，快速完善提升国际化中心城市的功能建设，打造经济文化对外开放服务体系，形成区域都市品牌；另一方面可以充分发挥对俄合作的渠道条件、平台优势，以及综合保税、哈尔滨新区、物流枢纽、科技合作、人才培养等平台环境优势，为东北四省区的对外开放提供更全面、更系统的服务支持。

### （二）黑龙江省将成为东北地区对外开放陆路支点

东北四省区的对外开放合作，最具意义的是要发挥连接国际市场的海陆双向通道优势，辽宁港口群是东北地区的出海端口，黑龙江、吉林和内蒙古区段的沿边口岸是东北地区的陆路出境端口。东北四省区对外开放中的资源整合，出海要共同借助辽宁港口，对朝合作要共同利用吉林口岸，对蒙合作要共同利用内蒙古口岸，对俄经贸合作必然要共同使用黑龙江沿边口岸通道。由于俄罗斯是东北地区邻近的最大市场，对俄合作是东北地区对外开放的主打方向，黑龙江省的通道价值就显得尤为重要。如果说辽宁海港是东北地区通往广阔世界的海上门户，黑龙江省沿边口岸自然就要成为东北地区对外开放新格局中的陆路支点。

（1）**将推动黑龙江省跨境陆路通道建设。**东北四省区要联合开发俄罗斯市场，就对域内的中俄跨境通道、物流设施条件提出了更高的要求。由于东北四省区的开放需求形成了有力的建设驱动，使得黑龙江境内的黑河跨境公路大桥加快建设施工，已于 2019 年 5 月 31 日实现合龙；同江跨境铁路大桥建设也加速进行，已于 2019 年 3 月 20 日实现合龙；绥芬河过境铁路改造、通关设施建设将进一步升级完善。届时经黑河到俄布拉戈维申斯克将十分便利，经同江至俄远东各州区及哈巴罗夫斯克的货物进出口运输效率将大幅提升，经绥满铁路到俄远东符拉迪沃斯托克港口的货物周转运输效率将有更大改善，人员出入境时间成本也将大大压缩。

（2）**将加快贯穿东北地区路网建设。**东北四省区的对外开放合作，将导致东北地区域内的物流、人流周转速度加快，规模放大，东北地区跨行政区的路网连通状况和快捷通行水平必须要全面改善。东北四省区会依照共同的发展需要，联合争取政策、实施联合规划建设、加强投资合作，推动东北地区的路网贯通建设、升级改造。黑龙江省可以就此进一步推动黑河至哈尔滨、佳木斯至同江快速铁路项目，与现有的哈尔滨至大连高铁连接，形成连接俄布拉戈维申斯克、哈巴罗夫斯克—黑河、抚远、同江—佳木斯—哈尔滨—长春—沈阳—营口—大连的贯穿南北的陆路大通道。打通建设牡丹江—敦化快速铁路，形成贯通东北东部地区大宗货物快速运输通道。延伸哈齐高铁至满洲里段，共同建设绥芬河至符拉迪沃斯托克高速铁路，全面改善升级中蒙俄经济走廊过境陆路通道。

**（3）将促进哈尔滨市物流枢纽中心建设。**通过东北四省区对外开放合作，同时借助国家新一轮振兴东北的政策时机，哈尔滨市区域核心城市的发展建设必然会不断加速。在原有基础上，哈尔滨的铁路运输编组功能、公路集散周转设施、航空运输调度组织能力、货物商品仓储条件、经贸旅游配套服务、连接口岸及境内外市场节点的网络通信系统等都会在政策、市场、投资的催动下，不断完善。国家确定建设哈尔滨国际航空枢纽，对于加快东北老工业基地振兴、促进区域协调发展、助推国家“一带一路”建设意义重大，哈尔滨市在东北地区国际经贸物流中心枢纽功能格局将快速形成。加快把哈尔滨机场打造为辐射东北亚、连通美欧的国际航空枢纽和东北对外开放的现代综合交通枢纽，为黑龙江省“打造一个窗口、建设四个区”的建设发展定位提供强有力的航空网络支撑。

### （三）黑龙江省口岸经济将获得更大发展空间

口岸开通建设，不仅对进出口贸易和出入境人员提供便利，而且会对口岸区域的经济社会发展带来根本性的影响，历史上很多著名的经贸文化都市都是起源于海岸港口、商道要冲。口岸的发展与口岸区域的经济发展具有相互配套、相互促进的连带作用，口岸发展建设水平的提升会直接带动当地经济的繁荣，口岸地区经济的不断发展也会在口岸建设中发挥重要的补充和配套作用。

**（1）沿边口岸基础设施将得到升级完善。**东北四省区对外开放合作，将带来黑龙江省沿边口岸的经贸往来和人员出入境的流量增加，现有的进出口货物通关设施、人员出入境监管设施不能满足未来发展需要。随着四省区对俄合作的不断发展，黑龙江对俄口岸的通关设施将随之升级，海关检验检疫设备技术实现更新，出入境便利化设施加快完善，境内外货物转运、人员分流的配套衔接条件得到相应的补充发展。一些重点口岸还将以东北各省区共建共管的方式，推进完善基础设施建设、配套服务设施建设，更好地弥补口岸基础设施短板缺项，保证口岸功能的充分发挥，促进东北四省区对外开放共同发展。

**（2）口岸区域经济将得到有力驱动。**目前，黑龙江省 15 个对俄边境口岸的发展状况很不平衡，绥芬河、黑河、东宁、抚远边境出入境游客量、货物进出口量均排在前4位，口岸区域的整体经济发展也比较繁荣；其他口岸的发展比较滞后，进出口贸易量很小，甚至有常年无过货、无出入境的情况，区域经济也没有得到口岸的有效带动。随着东北四省区联合对外开放和对俄合作的展开，以及同江大桥、黑河大桥、东宁大桥和黑瞎子岛开发建设的实施完成，黑龙江省沿边口岸的边境贸易、区域经济，将迎来发展资源的大量注入，口岸经济会进入全面繁荣的发展时期。

**（3）口岸将成为外向型优势经济发育成长基础。**口岸地区因为存在各种跨境贸易和人员往来，边境小额贸易、涉外服务业成为最普遍的主导产业。黑龙江省沿边口岸的中俄边境贸易、边境旅游、跨境经贸的餐饮住宿、金融换汇、商务中介等服务业比较繁荣。随着东北四省区对外开放合作的展开实施，黑龙江省各口岸的进出口物流、出入境人员会显著增加，涉外贸易种类、规模也会大幅增长，随着口岸地区发展环境的不断优化、经济容量的持续增加，一定会围绕口岸特色催生一批新的优势经济。同时，这些新兴优势经济会在境内外两种资源、两个市场的刺激作用下，得到有效培育、快速成长，成为边境地区经济发展主导力量，进而带动更大范围的经济发展。

## （四）有助于跨境经济快速发展壮大

沿边开放不同于沿海开放，最突出的缺点是市场辐射距离受限，最明显的优点是境内外资源和市场紧密相连。黑龙江省作为沿边开放大省，推进对外开放的重点要放在整合境内外两种资源、两个市场来发展跨境经济上，这是全省发展对外开放的基础优势决定的，也是黑龙江省在东北四省区对外开放合作中应该承担的主要任务和必须展现的特色优势。

**（1）四省区共建跨境合作平台有利于资源有效配置。**东北地区产业结构相似，发展基础差异不大，面临的困难类似，发展需求、协同效率都可以保持一致。借助对外开放合作，四省区共同搭建跨境合作平台，整合的资金、技术、人才等，将汇聚东北地区最优势资源，提供东北地区的腹地支持。这样建设起来的对外合作平台，具有更合理的资源组织功能、配置效率，协调更大的发展潜能和更多市场要素，以更充沛的实力共同参与境外开发与合作，从而吸引到境外更优质的合作资源和发展条件，确保跨境经济的健康快速发展。以黑龙江省对俄跨境经济发展需要来说，东北四省区共同建设对俄出口贸易平台、境外资源开发合作平台、进出口物流配送平台、科技成果跨境转让平台、金融跨境结算平台等，将为对俄跨境经济合作带来巨大的发展动力。

**（2）四省区共同推动对俄产能合作前景广阔。**近年来，中俄两国政治经济战略合作关系不断升级，东北亚经济形势逐渐好转，俄远东开发开放节奏加快的国际环境，给东北地区发展对俄经济合作创造了有利环境。俄罗斯远东地区地广人稀，资源富集，面积有616万平方公里，但人口只有622万。东北四省区发展对俄合作，低水平开发区域消费市场空间有限，整合俄方优势资源和国内的工业实力，通过产能合作形成跨境产业优势，才是对俄开放合作正确选择。对俄产能合作是需要大投入和大整合的发展布局，黑龙江省虽地处对俄最前沿，但自身投资能力、产业输出能力都十分有限，通过东北四省区合作，集中东北产业、技术、投资、人才实力，必将有效推动对俄产能合作的发展。四省区合作发展对俄产能合作，不仅可以形成强大的区域市场优势，带动东北老工业基地的振兴发展，而且有可能在国际市场中创立出新的合作模式和发展标杆。

**（3）四省区合建将满足境外园区发展迫切需要。**黑龙江省投建的境外园区，大多是依托境外农林矿产资源的种养、加工产业，受当地政策制约和市场条件限制，投资大、周期长，难以依靠企业独自能力持续投入，快速做大做强。有了东北四省区合作机制，就可以通过合作共建、产业协作、项目参股等方式，共同发展建设境外经济园区，从而有效加快境外园区的产业聚集、经营升级，做大规模、形成优势，提升园区建设水平，争取为当地提供更好的发展条件，增强市场竞争实力，扩大资源整合范围和市场拓展空间，创建更有未来的发展前景。同时，四省区联合发展境外园区，不仅可以为园区建设引入更好的发展理念、精英人才、市场渠道，而且可以在更大范围内实现产业协同、发展配套，减少同质化市场竞争，提高投资效率，加快发展速度。

**（4）四省区联合可以加大俄罗斯市场开发力度。**近年来，俄罗斯加快远东开发开放步伐，辟建超前发展区和符拉迪沃斯托克自由港，税收、社保基金、签证制度、劳务政策和医疗教育许可制度等优惠政策，这对东北地区的对外开放是一系列的利好。但从俄方的实施情况来看，其设计起点很高、发展目标很大，东北各省区都曾尝试过积极介入其中，但事实证明，单打独斗的实力有限，很难取得有分量的收获。东北四省区通过对外合作，联合开发俄罗斯市场，不仅实力大增，而且易于得到我国中央政府的支持与配合，尽早介入俄罗斯远东开发的大市场，抢占东北亚新兴经济高地，就会事半功倍、大有可为了。

**（5）四省区合作有利于对蒙、朝、日、韩等全方位对外开放。**东北四省区作为区域整体，相邻、相近的国家除俄罗斯以外，还有蒙古国、韩国、日本、朝鲜，从辽宁出海后，也与东南亚、非洲、欧洲、美洲等全球市场相通。东北地区的对外开放合作应是全方位的合作、全视角的对外开放。多年以来，各省区都有自己的对外开放合作目标，关注的邻近国家也各有不同。通过实施对外开放合作，东北四省区将以平等合作的方式共同开发境外周边市场和全球重点市场。这样，黑龙江省对外开放的合作对象就会从对俄合作一份独大的状态，迅速向周边市场均衡布局、对外合作远近衔接的格局调整转变。积极参与东北四省区对外开放合作，有助于黑龙江省构建形成面向蒙、朝、日、韩等邻近国家及全球市场的对外开放新格局。

## 二、黑龙江省参与东北四省区开放合作优势

黑龙江省是国家重点沿边开放省份、对俄开放前沿，对外开放一直是全省工作重点。2018 年黑龙江省外贸进出口总额 1747.7 亿元，同比增长 36.4%，增速高于全国平均水平 26.7 个百分点。其中，出口完成 294.0 亿元，下降 16.7%；进口完成 1453.7 亿元，增长 56.5%。全省实际利用外资 58.7 亿美元，增长 0.6%；实际利用省外资金 4940.1 亿元，增长 2.5%。国家“一带一路”倡议启动后，黑龙江省成为中蒙俄经济走廊建设的核心区。2017 年 8 月召开的全省“一带一路”建设领导小组会议，明确了“打造一个窗口，建设四个区”的总体布局，以参与中蒙俄经济走廊建设为重点，积极构建黑龙江省对外开放新格局。着眼于东北地区的开放合作，黑龙江省突出的区位、条件和基础优势，既是促进四省区发展合作的有力支持，也是带动黑龙江省开放优势快速壮大的基础保证。

### （一）黑龙江省对外开放区位优势突出

黑龙江省位于我国最北端，毗邻俄罗斯远东地区，地处东北亚内陆中心，欧亚通道的核心段，有 25 个国家一类口岸，是我国最早的修建铁路地区，与欧亚众多国家有百年以上的交流合作历史，哈尔滨更是历史有名的国际化都市。黑龙江省的

国际交流、对外合作特别是对俄合作的区位优势十分明显。

（1）**国家定位黑龙江省为对俄开放前沿。**改革开放以来，国家将黑龙江省作为对俄沿边开放的重点地区，设有15个边境口岸以及连通境内外的多条铁路、公路、水路和跨境航班。随着改革开放的不断发展，黑龙江省对俄经贸合作快速达到全国的1/4，形成中俄经贸合作的重要桥头堡。近年来，国家又批准建设哈尔滨综合保税区、绥芬河综合保税区、绥芬河—东宁重点开发开放试验区、哈尔滨新区等国家级开放园区，哈洽会升格为“中国—俄罗斯博览会”，黑龙江省对外开放的知名度和影响力显著提升，对俄合作的平台和窗口作用日益提升。

（2）**黑龙江省地处中蒙俄经济走廊核心区段。**黑龙江省是欧亚陆路通道的枢纽，是中蒙俄经济走廊经贸物流、文化交往中心，与俄罗斯西伯利亚铁路衔接的铁路网，通过边境口岸的公路、水路通道，形成了远东地区货物进出口、人员出入境的最繁忙区域。2018年全省进出境客运量360.1万人次，同比增长4.0%。2018年，全省对俄货物贸易实现1220.6亿元，同比增长64.7%，占全国对俄贸易总额的17.25%，较2017年提高4.15个百分点，是跨境电商对俄出口数量和货值最多的省份；对蒙古国贸易实现9.64亿元，同比增长52.5%，占全国对蒙古国贸易总额的21.3%。

（3）**黑龙江省是东北物流区域中心和北方门户。**黑龙江省是东北主要铁路干线哈长铁路、哈大铁路、绥满铁路的起止点和交会点，也是东北公路网的北部核心、东北最大的航空枢纽之一、东北北部的商品集散中心。同时，黑龙江省拥有东北最长的陆地国境线，毗邻东北地区最大邻国俄罗斯。境内绥满铁路双向连通俄罗斯西伯利亚大铁路，可抵达俄罗斯远东海港、蒙古国、俄罗斯欧洲部分。15个沿边口岸有铁路、公路、水路通向境外，哈尔滨航空口岸可以直接与俄罗斯多个城市直航。黑龙江省具有整合东北全境物流的组织条件，通往俄罗斯，连接蒙古国、韩国、日本市场的窗口功能。

## （二）黑龙江省具有良好沿边开放通道条件

东北四省区具有沿海开放和沿边开放的双重优势，是我国对俄、蒙、韩、日、朝开放合作的主要区域。基于东北各地经济实力有限、境内外区域市场发育不完善的现实，必须联合发挥四省区与相邻国家陆路联通、海上相望的通道潜力，资源共享、通道共用、产业协同、市场共建，来全面提升东北地区的对外开放水平，打造我国向北开放优势。黑龙江省在四省区联合对外开放中的通道优势主要体现在过货多、条件好、出境快。

（1）**黑龙江省在东北地区陆地边境线最长。**黑龙江省有2981公里的中俄边境线，占东北三省及内蒙古东部国境线的1/2，约为全国陆上边境线的1/7。省内共有河运口岸15个、公路口岸4个、航空口岸4个、铁路口岸2个，口岸类型齐全，是全国边境口岸数量较多的省份，在对俄合作、兴边富民方面起到了重要作用。黑河市与远东第三大城市阿穆尔州首府布拉戈维申斯克市隔江相望，素有“一江两城”的美称。绥芬河是我国最大的铁路出境口岸之一，与俄远东最大的港口城市符拉迪沃斯托克陆路距离230公里。抚远口岸的出入境货物、人流虽通行在江上，但距俄远东枢纽城市哈巴罗夫斯克只有55公里。

（2）**黑龙江省连通境内境外出口多、交通便利。**哈尔滨市距满洲里口岸公路里程约950公里，距离营口港约750公里，距离大连港980公里。境内货物铁路列车，在口岸经快速换轨后即可进入俄罗斯铁路网，开往俄罗斯符拉迪沃斯托克港、莫斯科、彼得堡。通过满洲里出境也可以在俄罗斯赤塔转运蒙古国，或转运欧洲各国。省内开通了口岸出境的11条水上客运航线、10条公路（含冬季冰上）客运线路、2条铁路客运线路，7条固定、18条不定期国际航空线路，通往俄罗斯、日本、韩国、中国香港等20多个国家和地区。开辟了冰封期汽车运输、明水期轮渡运输、流冰期气垫船运输、季节性直升机运输，及江海联运、陆海联运等跨境联程运输方式。

（3）**黑龙江省跨境通道条件不断改进完善。**以“三桥一岛”为重点的跨境通道设施和出入境配套工程，正在有序推进建设。同江至俄罗斯下列宁斯阔耶铁路大桥是跨黑龙江唯一的铁路专用桥。中方一侧主体工程已经完工，并已完成了各项验收和安全评估工作。黑龙江同江大桥建成后，使我国东北铁路网直接与俄罗斯西伯利亚大铁路连通，极大地改善了中俄两国贸易运输条件。黑河至俄罗斯布拉戈维申斯克市的黑龙江公路大桥是我国北方高纬度寒冷地区第一座斜拉桥，大桥建成后，可形成新的国际公路大通道，预计到2020年客运量可达140万人次，货运量可达300万吨。东宁界河桥与俄方签订了建设协定，黑瞎子岛开设陆路口岸工作正在推进。中俄380亿立方米天然气管道工程开工，中俄1500万吨输油管道二线正式运营。哈齐、哈佳快速铁路建成通车，哈牡高速铁路于2018年年底通车运营。哈尔滨铁路国际集装箱中心站投入使用，哈尔滨至莫斯科的公路货运开通。中邮集团哈尔滨对俄邮件集散中心建成使用，亚马逊等大型电商企业入驻黑龙江省，哈尔滨市成为我国最大的对俄跨境电商基地。

## （三）黑龙江省具有长期对俄合作发展基础

黑龙江省对俄交流和经贸合作有上百年的实践积累。改革开放40多年来，随着中俄战略合作伙伴关系的不断密切，对俄开放合作的成果日益丰富，形成了良好的对俄人文交流机制、经贸合作渠道和对俄合作人才储备、支持服务平台，为今后继续扩大对俄经贸合作奠定了坚实的基础。

（1）**对外开放经验成熟，对俄合作成果丰富。**经过多年来的不懈努力，黑龙江省的对外开放保持稳定发展，改革开放的40多年间，全省进出口总额增长了1600倍。2018年黑龙江省外贸进出口总额1747.7亿元，同比增长36.4%；实际利用外资58.7亿美元，同比增长0.6%。进出口贸易结构也在不断优化，一般贸易实现1389.1亿元，同比增长61.5%；加工贸易实现94.2亿元；机电产品出口实现124.38亿元，占出口总额的42.3%。对俄贸易优势不断强化。2018年，与“一带一路”沿线国家和地区实现贸易额1240.0亿元，占全省同期进出口总额的70.95%；实际对俄中方投资1.18亿美元，占全省实际对外投资总额的23.4%。全省在俄远东地区已经建设16个境外园区，累计入区企业146家，其中5家境外园区被俄方纳入跨越式发展区并享受俄方优惠政策。对俄边境旅游、边民互市贸易、境外园区建设、境外农业种植、边境地区生态保护、对俄人才培养以及大黑瞎子岛开发与保护等方面，都取得显著成效。省内高校和科研机构与俄方联合开办了一批合作学院、科研基地、人才交流中心、俄语测试中心，境内外产能合作项目陆续实施。

（2）**对俄协调渠道日益顺畅，合作层次不断提升。**黑龙江省推进对外开放的决心大、力度持久，形成了政府、企业、智库、科技、文化等多层面多渠道的对外交流机制。尤其是沿边市县，拥有众多对俄旅游、经贸、法律、金融等中介服务机构，人文交流活动频繁，人才队伍储备丰富。由黑龙江省和商务部共同承办的“中俄博览会”“哈洽会”影响力不断扩大，参展国家达到59个、1000多家企业，已经成为东北亚最大的国际经贸合作对接平台。黑龙江省是俄罗斯以外的最大俄语教育中心，哈尔滨每年接待6000多万国内外游客，其中境外游客300多万人次，常年到访和演出的俄罗斯等境外文化、艺术团体在100个以上。俄罗斯领事馆、俄罗斯远东发展局办事处正在筹建中。黑龙江省经常举办中国、蒙古国、俄罗斯、乌克兰、日本、韩国等国家和地区的智库交流活动，“俄罗斯文化大集”等专场文化活动和中俄政府机构的会商交流活动。

**（3）开放发展定位明确，推进实施路径清晰。**黑龙江省推进开放建设的战略定位是：全面对接“一带一路”倡议，积极参与中蒙俄经济走廊建设，努力“打造一个窗口，建设四个区”，以全面开放促发展，加快黑龙江全面振兴、全方位振兴。为了推进形成全省对外开放新格局，一是要充分挖掘国家政策潜力，落实到位，形成驱动。以国家批准设立的绥芬河综合保税区、哈尔滨新区、哈尔滨综合保税区、绥芬河—东宁国家重点沿边开发开放试验区为重点，借助政策支持，深化改革、创新机制，形成率先发展的带动优势。二是要整合内部资源，集中发力，重点突破。集中省内力量，有效利用资源，集中推进跨境通道、出口基地、境外园区等重点领域和重点工程建设。三是强化对口和周边合作，增强对外开放的组合实力。在黑龙江省与广东省对口合作框架下，借助广东的技术、资金优势，共同参与俄罗斯远东开发。与东北毗邻省份加强产业、通道和物流合作，共同开发境外周边市场。

## 三、黑龙江省推进东北四省区对外开放合作任务及对策建议

长期以来，黑龙江省对外开放建设取得了相当丰硕的成果，但比照沿海发达地区，差距仍十分巨大。依2018年的数据，黑龙江省进出口总额只占全国的0.57%，列各省区市的第21位，分别相当于广东省的2.44%、浙江省的6.13%、山东省的9.05%、河南省的31.70%。导致黑龙江省对外开放水平滞后的原因是多方面的，既有市场环境、产业基础、技术水平、投资能力等客观因素，也有开拓意识和经营理念等主观因素。加入东北四省区对外开放合作，既是践行习近平总书记在深入推进东北振兴座谈会上关于构建协调发展新格局及加强重点区域和重点领域合作的指示精神，又可促进转变开放意识、扩展开放视野、增强开放实力、加快开放建设步伐。为确保黑龙江省顺利有效地加入东北四省区对外开放合作，建议黑龙江省在推进过程中把握好以下环节。

## （一）强化四省区沟通协调机制

（1）**推动四省区建立沟通协调机制。**联合四省区政府就对外开放合作，设立省区政府牵头，各省区商务、交通、发改等部门共同参与的工作联席会议。形成工作制度，定期协调工作规划，沟通相关政策、举措，实现各省区间政策、信息、举措等方面的资源共享，形成对外开放发展合力，避免同质化竞争和政策错位。共同谋划“向北开放窗口”建设、俄蒙朝日韩市场开发、协调产业协同和项目合作，承接产业转移，推动形成对外开放整体优势。

（2）**构建四省区对外开放一体化推进体系。**倡议发起东北四省区对外开放合作的一体化推进体系建设，争取四省区共同建立由发改部门牵头，商务、交通、工信、文化、旅游等部门组成的一体化对外开放建设的工作班子并制定发展规划。在定位明确、方向一致、原则同意的顶层设计下，实现各省区推进落实工作的相互协调、分工推进、合作共赢。重点是制定统一的对外开放发展规划，保证内蒙古对蒙优势、辽宁港口优势、黑龙江对俄优势、吉林对朝优势等资源共享，促进四省区的产业协同、开放政策对接。同时，整合四省区对俄、对朝、对日、对韩、对蒙经贸合作优势，秉承互惠互助、资源共享、合作共赢的原则，共同打造四省区面向东北亚的对外开放新格局。

（3）**联合申建或扩建自贸区。**黑龙江省应通过东北四省区对外开放合作，争取以四省区共同名义联合成立自贸区申建小组，共同向国家申请在东北对俄、对朝边境地区设立新自贸区，同时，扩大辽宁自贸区的片区范围和自贸区政策适用范围。跨省合作自贸区，可以跨省分布片区。成立各省区联合管委会，再下设片区管委会，统一运营，分级管理。

## （二）完善对外开放基础设施建设

（1）**支持四省区交通联网建设。**在现有铁路、公路、水路运输基础上，依照各省区对外开放需要，共同争取推动东北各省区的道路联网建设。重点建设改造东北三省与内蒙古间的物流通道，东北东部快速运输通道，各省区口岸、港口的铁路、公路运输网络。特别是四省区联合向国家争取，构建连接满洲里—黑河—同江—绥芬河—珲春—丹东—大连的沿边铁路网络，进一步激发东北四省区口岸发展活力，提升各口岸、港口利用效率。倡议施行东北运输道路的通行监管收费一体化、一卡制，为整合东北区域物流创造条件。

（2）**落实口岸错位发展建设规划。**根据四省区对外开放建设的共同需要，提议四省区从区域条件和市场环境出发，统一规划东北港口、口岸的功能定位和建设规划，在合理、高效的原则下，科学论证港口和口岸发展方向、设施配置，实现各港口、口岸保持特色、壮大优势、错位发展，同时针对东北四省区内进出口企业利用港口、口岸通道给予相应优惠措施，降低企业运输成本，最终实现区域共享。

（3）**联合争取国家对东北地区基础设施增加投入。**倡议四省区联合编制"东北四省区对外开放基础设施建设规划"，规划设计东北基础设施建设的重点工程。联合向国家争取对东北地区交通设施、物流设施、港口设施、仓储转运设施、口岸通关设施建设的政策扶持、投资支持力度。在东北对外开放设施共用共享的基础上，全面改善东北地区发展对外开放经济的基础环境和设施条件。

### （三）推进对外开放领域体制机制改革创新

（1）**推进口岸通关环境优化建设。**借鉴浙江省"同港同标准，多家如一家"经验，提议在东北地区区域内协调海关进行职能整合和流程优化，推进口岸跨部门、跨关区的一体化通关协作，实现通关全方位、立体化、网格化。

（2）**进一步降低通关成本。**借鉴浙江宁波梅山保税港区的关税政策，积极协调国家海关总署和各省税务部门，强化沟通协作和政策统一，提议在东北四省区内推行新的税收及监管政策。通过海关部门的协作，在东北四省区内实行企业从境外进入四省区内的货物免征关税和进口环节税，四省区内企业生产的供区内销售或者运往境外的产品免征增值税和消费税等。

（3）**构建多式联运合作。**在整合四省区各口岸资源基础上，开展口岸通关合作和省际多式联运，四省区签订协议，加强口岸通关和服务保障等方面的合作，实现进出口货物跨省直通放行。

（4）**探索境外园区共建共享。**针对各省区在俄罗斯、蒙古国建设境外园区经验，共同谋划设计境外园区联合共建的合作机制和运行体制。挖掘园区所在国当地资源条件，发挥各省区产业优势，按照取长补短、合作共赢的原则，尝试探索园区共建共管、产业化市场协作、项目参股经营等合作模式，共同发展跨境经济，建设境外园区，形成境内外经济发展互动。

### （四）打造四省区联合开放平台

（1）**打造东北区域资源共享平台。**联合四省区共同打造东北地区公共资源联合交易平台，实现网上项目登记、电子文件传输、网上招投标、网上缴费、网上交割、网上监管等交易信息化操作。建立公共资源交易的动态监督、防范预警和协同监管机制，降低公共资源交易成本，提高交易效率，实现东北地区公共资源集中、统一、透明、规范管理。

（2）**建立联合招商引资平台。**协调四省区共同打造东北地区招商引资平台，组建专业团队，发挥各自优势联合招商。整合各省区招商引资政策，集中发布，信息共享。以聚焦重点企业、重点项目、重点产业、重点园区、重点地区为基本原则，在四省区推广运用委托招商、代理招商、专业招商、联合招商以及“小分队”招商、敲门式招商等各种“专而精”市场化招商方式。创新建立“专班＋园区”“目标＋考核”的招商引资新机制。建立各省区间的商务信息即时交换机制，扩展招商项目和投资的选择机会、合作空间。创新联合招商引资模式，发展“飞地经济”，实现各省区资源利用最大化。同时，四省区联合制定出台相关配套鼓励政策，鼓励各省间的招商引资互动。

（3）**构建产业发展合作平台。**提议四省区集中各地优势资源、特色产业，有计划地联合向市场推介。招商操作中要维护区域内的各自产业布局，强化产业发展协同，逐步形成东北地区各地优势产业错位发展、优势联合，避免恶性竞争和同质化竞争，增强东北地区产业的整体竞争实力。

（4）**建设民间外交沟通平台。**建议四省区联合建立跨省区、跨部门的协调机制，增设民间外交专业沟通窗口，建设民间外交沟通平台。联合制定相关政策，共同支持基础好、潜力大的商会和专业协会，与“一带一路”沿线国家和地区建立对口商会、协会。四省区联合举办展销活动、专业互访等，拓展交流渠道。同时，针对四省区联合举办的大型活动，共同向国家争取资金支持。

### （五）推动区域产业协作发展

（1）**梳理东北四省区产业优势布局。**建议由四省区相关部门组成联合小组，将东北四省区产业发展作为一个整体，进行统一、集中梳理，突出特色和发展基础，对各省区产业发展优势进行综合评价。同时，认真梳理多年来国家给予东北地区对外开放发展方面的相关政策并进行分析研判，对具有普惠性质的政策要积极扩大效应，对不适用或不具有普惠性质的政策，四省区集中意见向国家提出相应修订建议。

（2）**支持优势产业强强联合**。通过对四省区相关政策和产业发展情况进行梳理，找准各自发展定位，发挥各自在区域发展中的功能，整合各省区相关产业，制定出台相关政策，采取合并同类项的方式，将各省区优势产业整合，形成产业集聚效应，增强东北地区产业竞争实力。尤其针对从俄罗斯进口的原油、天然气资源，依托黑龙江与辽宁的石化产业基础，发挥优势、整合资源，共同谋划大项目，推动更多的俄罗斯油气资源落地并精深加工，带动黑、辽两省石化产业大发展。

（3）**引导企业实现错位发展**。通过四省区产业整合，各省区可依托自身产业发展的特色优势，集中东北其他省区资源和条件，重点发展相关产业，实现各省区间错位发展，解决在东北地区内部的产业发展雷同和恶性竞争等突出问题。

（4）**提升产业发展配套水平**。东北四省区的产业门类很多都是相同或相近的，产业配套能力很强。建议东北四省区在联合发展对外开放过程中，以重点产业为核心，打破省际限制，推行跨省、跨境产业配套，以增强核心产品的市场优势，带动整个产业体系的快速发展。

## （六）协力推进同东北亚国家和地区经贸合作

（1）**扩大对俄全方位合作**。黑龙江省应充分发挥对俄合作基础雄厚、交流渠道广泛、合作机制健全等优势，为吉林、辽宁和内蒙古扩大对俄合作搭建平台，尤其是要在东北老工业基地振兴与俄罗斯远东开发互动对接中更好地发挥桥梁纽带作用。通过外力牵引，推动东北老工业基地全面振兴、全方位振兴。同时，发挥黑龙江地缘优势，联合其他省区共同谋划对俄旅游项目合作，带动黑龙江边境地区经济发展和兴边、固边。

（2）**吸引日韩对东北地区投资**。借助中日、中韩关系转暖的有利时机，充分利用“中俄博览会”“东北亚博览会”等展会平台，更大力度宣传介绍黑龙江省的各种优势和老工业基地改造的政策环境，吸引日韩在环境产业、服务业和新兴产业领域的投资合作。

（3）**发展对朝旅游和农业合作。**密切关注半岛局势的变化，整合黑龙江省东南部地区与吉林、辽宁东部地区的对朝合作资源，提前谋划合作领域，力争在对朝旅游和农业领域取得率先突破。

（4）**深化对蒙古国合作。**近年来在矿产资源开发和农牧业领域的对蒙投资合作机会增多，黑、吉、辽三省应借助内蒙古的优势与合作渠道，拓展各自省份的对蒙合作空间，实现对外贸易市场的多元化。鼓励企业积极参与蒙古国电力改造、农业种植与养殖、石油勘探开发、房地产建筑、旅游等领域的投资合作。

## （七）创新人才引进和管理办法

（1）**创新人才引进办法。**建议东北四省区联合制定外向型人才培养、引进政策，突破现行制度限制，人才政策东北全区通用，相关待遇可异地兑现，尝试实行行政职务和企业化薪资复合报酬制度。借助黑龙江省“头雁行动”，扩大“头雁效应”范围至东北四省区。通过“固巢留凤”和“筑巢引凤”，留住科技领军人才，稳住科教的四梁八柱，以更加积极、开放、有力的政策措施留住、用好各方面高端人才，给骨干优秀人才提供更大舞台、更宽松的空间，充分调动其工作的积极性、主动性和创造性。

（2）**整合科研及培训实力。**集中东北四省区内高校和科研机构力量，整合各省区内同行业或研究方向相近的科研机构，组建东北地区的联合科研机构，建立一支高水平科研队伍，共同研究对外开放领域相关政策、培养对外开放领域人才。

（3）**共同培育壮大对外人才队伍。**建议东北四省区针对对外开放的发展需要，重点合作建设一批外语人才培养、科技研发、对外中介、跨境金融、涉外法律等专业机构。通过这些机构与市场衔接、与对外企业合作，培养壮大对外交流、跨境经营、国际科技合作、涉外服务等专业人才队伍。

（4）**营造尊贤爱才新环境。**遵循服务人才至上理念，着力营造东北四省区尊重人才的社会环境、积极有效的政策环境、后顾无忧的生活环境，尤其是要落实好国家支持边境地区发展的人才政策。积极借助电视、报纸、网站及微信公众号等载体，大力宣传人才政策、人才业绩和人才典型，推动形成人才创新创业的良好舆论环境。

（5）**多渠道培养创新人才。**加强政府、高校、研究机构与企业的合作，促进官产学研一体化。加大项目资金支持力度，依托国家、省重大人才计划和科研、工程、产业攻关等项目，在创新实践中培养人才。发挥政府职能，提供产学研发展与合作的政策环境、经费来源和法律保障。加强高校、科研机构与企业的技术合作、技术转让和技术服务，发挥高校和研究机构的人才培养优势、基础科学优势和科技创新优势，为企业提供技术支持。企业要发挥资金优势，为高校和研究机构提供经费。

## 参考文献

[1] 决胜全面建成小康社会 夺取新时代中国特色社会主义伟大胜利，2017-10-18.

[2] 人民日报评论员：发挥优势，把握东北振兴重点任务——论学习贯彻习近平总书记在深入推进东北振兴座谈会上重要讲话 . 中华人民共和国中央人民政府网，2018-10-08.

[3] 国家发展改革委 . 东北振兴“十三五”规划，2016-12-19.

[4] 中共中央国务院 . 关于全面振兴东北地区等老工业基地的若干意见，2016-04-26.

[5] 关于深入推进实施新一轮东北振兴战略 加快推动东北地区经济企稳向好若干重要举措的意见，2016-11-01.

[6] 内蒙古自治区党委，自治区人民政府 . 关于落实新一轮东北振兴战略 推动东部盟市跨越发展的实施意见，2017-06-23.

[7] 董伟俊 . 加快中蒙俄经济走廊建设 助推老工业基地振兴 . 北方经济，2017（6）.

[8] 田永祥 . 东北地区与俄罗斯开展大项目合作的战略思考 . 西伯利亚研究，2017，44（5）：7-8+15.

[9] 朱军，曾兆勇 . 充分发挥辽宁省开放优势 深度融入共建中蒙俄经济走廊 . 北方经济，2019（7）：43-46.

[10] 包思勤 . 关于促进内蒙古全面对外开放若干问题的研究 . 北方经济，2018（5）.

[11] 李寅权，侯玲，李奉芪 . 吉林省融入“一带一路”发展战略深化与俄蒙合作的思考 . 北方经济，2016（10）：52-55.

[12] 辽宁省人民政府发展研究中心课题组，刘晓丹，张仁信，洪英，刘永刚，王锦红 . 辽宁省也应高度重视，积极参与“一带一路”发展战略——思考与建议 . 辽宁经济，2014（12）：4-8.

[13] 魏婉滢，李红星 . 关于东北地区沿边经济发展的思考与对策 . 商业经济，2015（12）：1-2+8.

[14] 刘国斌，宋瑾泽 ."一带一路"倡议与东北地区振兴联动发展战略研究 . 东北亚经济研究，2018，2（6）：5-15.

[15] 阙澄宇，马斌 . 加快东北三省沿边对外开放的制约因素与应对之策 . 国际贸易,2014（6）：10-15.

[16] 程铭，王勇 . 中蒙俄经济走廊建设助推中国东北地区深化对俄合作 . 经济师，2018（5）：152-153+155.

[17] 李光辉 . 东北地区沿边开放与融入东北亚区域合作 . 西伯利亚研究，2019（2）：5-9.

# 推动东北地区陆海内外联动开放发展的吉林思考与建议

2020年是东北振兴战略提出的17周年，在中央新一轮振兴东北战略驱动下，东北地区正处于新一轮振兴发展新阶段。以东北振兴战略为契机，贯彻新发展理念，围绕“一带一路”建设，发挥东北地区既沿海又沿边的区位优势，深入推进“借港出海”，对于吉林省构建开放型经济新体制和全方位大开放新格局，推动东北全面振兴、全方位振兴发展具有重要意义。

## 一、吉林省陆海联动实施推进情况

### （一）从“陆”的方面看，加快推进对外通道和开放平台建设，陆海联动基础不断强化

**（1）省委、省政府强化顶层设计。**主动融入国家“一带一路”倡议，全面对接东北振兴战略及国家相关重大规划，提出打造“一主六双”区域协调发展格局，其中“双带”和“双通道”等建设为陆海联动的推进提供了重要支撑。

**（2）跨境陆路通道进一步畅通。**“长满欧”中欧国际班列运量逆势增长。截至2020年3月18日，承运货物3.25万吨，同比增长140%，货值约9亿元，同比增长28%；珲马铁路双向多品种运输步入常态化；口岸建设稳步推进，珲春铁路口岸国际换装站扩能改造二期工程竣工，对朝现有国道丹阿线（G302）珲春至圈河段二

级公路、省道（S503）珲春至沙坨子口岸三级公路等，中朝圈河—元汀界河公路大桥建成投入使用。

（3）**沿着“丝路吉林”大通道，初步形成三个开放高地。**一是长吉腹地，长春兴隆综保区获批设立国家级口岸并实现保税货物铁海联运零的突破，长春新区地区生产总值和固定资产投资双双突破了1000亿元大关，吉林市中新吉林食品区被认定为中国农业对外开放合作试验区建设试点，吉林市保税物流中心（B型）通过国家联合验收。二是珲春国际合作示范区已成为产值近百亿元的国际海产品加工集散基地，正在积极创建国家海洋创新发展示范区。三是通化作为向南开放窗口，国际内陆港务区公路集装箱中心站投入使用，保税物流中心（B型）主体封闭，货物吞吐量突破500万吨。

### （二）从“海”的方面看，吉林省与周边主要出海口合作不断深化，陆海联动取得突破性进展

（1）**与环渤海主要港口合作不断深入，与长三角港口合作积极推进。**2018年海关总署批复，允许在现有上海港、宁波港、黄埔港、泉州港、汕头港、洋浦港的基础上，新增虎门港、南沙港、盐田港、蛇口港、福州港、湛江港、厦门港、太仓港等南方港口为吉林省内贸货物跨境运输入境口岸。一是深化与丹东港合作。2016年9月，通化内陆港与丹东港集团合资成立了通化港集团股份有限公司，同时，丹东港提供3个泊位、100万平方米后方堆场和2条铁路专用线供通化内陆港使用。二是与大连港合作。2016年，一汽物流参股大连港汽车码头，实现“港口物流＋汽车工业”的“跨界合作”。大连港与长春市政府、大连市政府、沈阳铁路局共同参与长春内陆港建设，实现了区域间物流合作的一体化及铁海联运和陆港联动。三是与营口港合作。目前，营口港在长春市和吉林市拥有陆港，吉林省大量内贸货物选择了成本更低的营口港。四是与浙江舟山港合作。通化内陆港与宁波舟山港拟开展粮食、矿泉水、木材、钢材等领域的物流合作；珲春—扎鲁比诺港—宁波舟山港内贸货物跨境运输航线已正式启动。

（2）**陆海联运航线运营取得突破性进展。**一是俄堪察加线。2010年吉林省与俄方共同组建了扎鲁比诺港国际合资有限公司（简称扎港），目前，扎港已能满足装卸、运输、储藏各尺寸集装箱的配套设施要求，初步具备了实施跨境陆海联运的运输条

件。堪察加海域—扎鲁比诺港—珲春航线的开通，为长吉图开发开放打造一条东北亚地区的远洋渔业通道。二是朝鲜罗津线。2010 年吉林省取得罗津港 10 年租用权，由珲春经朝鲜罗津港至上海、宁波的内贸货物跨境运输陆海联运航线正式开通运行。因联合国制裁朝鲜，航线被迫停航至今。三是日本线。推动珲春—扎鲁比诺港—新潟航线建设，构建对日跨境交通通道；正积极推动珲春—扎鲁比诺—日本西海岸的航线的常态化运行。四是韩国线。珲春—扎鲁比诺—釜山铁海联运航线运营状况良好，累计平稳运营 120 航次，打通了吉林省连接韩国全境，中转至欧美各国的运输通道。

**（3）国际内陆港建设初见成效。**一是吉林通化国际内陆港务区建设成效初显。目前，通化内陆港已开通上海、宁波、广州、韩国、日本、东南亚、欧洲等集装箱航线。2019 年货物吞吐量达 900 万吨，同比增长 20%。二是长春陆港围绕中欧班列发展机遇，继续完善“公空铁海”多式联运物流体系建设，形成“中欧班列 + 卡车航班 + 海铁联运 + 公路集疏运”的综合物流体系。目前，该区域不仅实现了全国内陆口岸中少有的“无缝衔接、区港联动”，同时其周边已经聚集了如招商局物流、中外运、普洛斯、际华、顺丰等一大批国内外知名的物流企业，形成了极具优势的物流产业集群。三是在现有吉林、松原等内陆港建设基础上，深度谋划四平、延吉等内陆港项目。

**（4）东北两个海洋经济区域优势互补，与吉林、黑龙江、内蒙古等省区的互联互通日趋紧密。**以珲春为核心的图们江海洋经济区域和以大连为核心的辽宁海洋经济区域，构成东北两个海洋经济区域，是东北地区开展区域合作、推进陆海联动的基础条件。一是图们江海洋经济区域，以珲春为核心，辐射吉林省全境、黑龙江省绥芬河、牡丹江、东宁和内蒙古兴安盟阿尔山，包括俄罗斯滨海边疆区、哈巴罗夫斯克边疆区，参与图们江国际合作的陆海接壤区域。该区域经过 20 多年的国际合作开发，跨境公路、跨境大桥、口岸等基础设施建设不断加快，珲春作为国际航运城市的各种软硬件设施条件日趋完善，已经成为一个双向的陆海枢纽，为推动带动吉林、黑龙江、内蒙古的合作发展提供了重要条件。二是辽宁海洋经济区，以大连为核心，包括丹东、锦州、营口、盘锦、葫芦岛等沿海城市，处于东北地区的前沿、渤海湾地区的中心和东北亚经济圈的关键地带，是东北地区唯一的沿海区域。区域内有成熟的港口群，海洋经济优势明显，是东北区域加强与国内发达省份合作、推进国际合作重要的区域枢纽。

## 二、主要问题

### （一）从“陆”的方面看，基础设施建设缓慢，政策协调难度较大

一是对外通道“通而不畅”问题，特别是俄方口岸功能不全，基础设施陈旧，效率低下，收费过高；对朝制裁导致口岸通关量逐年下降，目前降幅达90%以上。二是对外通道建设协调推进难度较大，跨国联系相关部门程序复杂、烦琐，审批用时长。三是通化内陆港面临诸多问题，腹地纵深不大，货源资源有限，运营团队专业性不强，丹东港流动性出现问题等。四是珲春国际合作示范区发展面临困境，产业布局单一，产业基础较差，产业链条不完善，国际竞争力不高。五是东北四省区之间协调联动发展难度大，从机制上看，缺乏常态化的联动机制；从规划上看，缺乏东北四省区之间的统筹协调。

### （二）从“海”的方面看，尚未形成与至国内外相关港口之间的协调推进机制，政策支持力度仍不够

一是国外港口问题。朝鲜罗津港受半岛局势影响，难以实现港口运营的常态化和制度化。同时，设施不完善、作业效率低、装卸能力弱、通关服务不完善等问题制约发展。与扎港合作的公司间互相不信任，难以形成合力。“滨海2号”目前陆海联运基础设施配套不足，主体运营企业运营能力有限。二是国内港口问题。与大连港距离较远、成本较高；丹东港遭遇流动性危机，且为东北排名靠后的区域性散杂货支线港；与珠三角相关港口合作没有突破。三是海运航线补贴资金不足。黑龙江每年提供5000万元专项资金支持跨境1号线陆海联运，远高于吉林省3年1700万元的水平。目前，吉林省还未出台对海运航线资金补贴政策，仅靠地方财政难以支付高额的航线补贴资金。四是东北地区区域协调联动、一体化发展的机制尚未形成。基础设施共建共享、产业联动发展、资源要素自由流动等领域未取得实质性进展，政府间协作能力较弱，民间、企业间的区域协作机制、产业统筹布局、企业跨区域重组等也未形成趋势。

## 三、推进措施和建议

### （一）对接“一主六双”中的“双通道”规划，共同谋划建设重大对外通道

结合吉林省“丝路吉林”和“双通道”规划，进一步加强东北四省区内外沟通与合作，全面贯通“东边道”、两山铁路、滨海国际运输走廊等交通运输线，打通陆海双向通道。

**（1）长白通（丹）大通道。**立足吉林省通化内陆港与辽宁丹东港特殊的区位特点和出海优势，充分发挥交通运输的基础性、先导性和服务性作用，加快完善交通基础设施网络。协同辽宁省、黑龙江省，一是共同推进长通丹出海通道建设；二是加强东北东部铁路吉林和黑龙江段老旧铁路改造；三是以高速公路为重点，有序推进东南部铁路项目建设，加强综合交通枢纽集疏运体系建设。

**（2）长吉珲大通道。**加强与周边国家基础设施互联互通建设，积极开展国际、省际多式联运合作。对内，推进珲春铁路口岸500万吨换装站改造工程；加快建设圈河、三合、图们等口岸配套基础设施；发挥临江中药材进口指定口岸功能，争取临江口岸为药品进口口岸。对俄，推进“两高”（北京—符拉迪沃斯托克高铁、珲春—符拉迪沃斯托克高速）、“两港”（扎鲁比诺港新港建设、旧港改造）、“两路”（珲春—扎鲁比诺港口公路、铁路）建设；推进珲马铁路扩能改造，实现双向多品类货物运输。对朝，推进中朝沙坨子口岸国境桥、图们公路口岸跨境桥、朝方图们江大桥等跨境桥梁建设项目；推进珲春至朝鲜罗津高速公路、省道（S503）珲春至沙坨子口岸公路升为二级等公路建设项目，并争取将后者列入“十四五”规划；加快中朝现有铁路提速改造步伐，如图们铁路口岸朝方境内铁路路基建设，推进南坪至茂山、开山屯至三峰、长白至惠山等国际铁路连接线建设，实现“六路并进”；借鉴《辽宁“一带一路”综合试验区建设总体方案》，协助构建“辽珲俄”铁路通道。

## （二）对接“一主六双”中的“双带”布局，协同打造优质高效开放平台

深入对接黑龙江、辽宁、内蒙古三省区，一是促进区域协同发展，推进空间布局对接、现代化都市圈一体化发展，形成东北地区协同开放合力；二是加强重点产业协作，推动传统产业转型升级，培育壮大新兴产业，促进旅游业等快速发展；三是积极开展开放合作，深度融入共建“一带一路”，协同推进中蒙俄经济走廊建设，加强口岸运营协作和开放平台合作，合力推进沿边开发开放经济带建设；四是共同推动基础设施建设，加快互联互通；五是建立常态化合作机制，夯实全方位合作基础。

**（1）打造沿边开发开放经济带。**一是图们江区域，推进珲春国家级边境经济合作区与中朝罗先经贸区的有效对接；向国家争取设立图们国家开发开放试验区，推进与朝鲜稳城（岛）旅游开发区的对接；建设临港跨境产业园区，构建海陆空综合交通网络，开展与日、韩、俄乃至北美等国家和地区的合作；积极推动延龙图新区建设，加快东北亚特色小镇、磨盘村山城考古遗址公园、延吉环球恐龙度假区等项目建设，全力打造文化旅游新区。二是鸭绿江区域，积极争取国家设立图们等边境经济合作区；推进长白国家重点开发开放试验区批复工作，带动与朝鲜惠山的合作；依托临江公路口岸通道，开展与朝鲜中江郡的合作，积极利用“35 青年铜矿”资源；推进集安边境经济合作区与朝鲜满浦经济开发区和渭源工业开发区的对接；协调辽宁省，统筹部署对朝沿边开放工作，加强口岸协作，形成开放合力。

**（2）加快推进沿中蒙俄通道开发开放经济带建设。**加强四省区一体化互动合作，建立对接机制，在次区域、基础设施、生态建设等领域充分合作。制定区域互动规划，谋划推进经济圈建设，强化重点开发区合作，推动长春经济圈、哈长城市群、沈阳经济区、蒙东地区、白齐兴国家级生态经济跨省合作区、四辽铁通合作区等建设，构建四通八达交通网络，加快已规划的东北四省区之间高铁、高速公路建设，稳定运营“长满欧”、长春—德国汉堡班列，尽快开通“长珲欧”班列，加快谋划“平蒙欧”专列，推进“两山”铁路（阿尔山—霍特铁路）建设，更好服务陆海联动开放合作。加强与黑龙江绥芬河等口岸合作，拓展吉林省对俄通道运营能力，维护公路、铁路、港口、航线、机场的稳定运营；加快中俄扎鲁比诺港和物流

中心建设，积极参与俄罗斯远东地区的其他口岸、物流中心等基础设施建设，探索跨区域多式联运口岸监管的无缝衔接和无障碍流转。

## （三）大力推进"一市多港"建设，强化"陆海联动"主体功能

（1）**培育珲春对外开放区域增长极。**一是以珲春国际合作示范区和综保区为龙头，联动发展长吉腹地，强化国际合作，带动吉林省外向型产业的发展。调整省与珲春国际合作示范区收入划分比例，珲春国际合作示范区增值税、企业所得税和个人所得税继续执行营改增试点期间政策不变。二是推动珲春国际合作示范区与扎鲁比诺港"超前发展区"联动发展，加快推进跨境合作区，在空间布局、产业规划、项目建设等方面实现协调联动。三是加快对外口岸基础设施建设，构建全方位、多元化的口岸经济格局。四是支持珲春引进东南亚等国技能人才，帮助协调中国驻外使馆，在入境身份认证和签证等方面给予便利，省级主管部门在就业证、居住许可审批等方面给予优先办理。

（2）**推进长春国际陆港建设。**结合"区港联动"优势，以长春兴隆综合保税区及长春国际陆港（铁路口岸）为核心，围绕"国际陆港＋虚拟空港＋智慧公路港＋综合保税区"的"三港一区"，打造"东北亚国际多式联运中心"，形成"以港兴市"发展新格局。一是延长铁路口岸临时开放时限，加快铁路专用线、集装箱站、关检查验平台等基础设施建设。二是加快物流港建设，完成铁路综合货场工程建设，加快建设国际集装箱堆场、铁路特货、监管作业场所、查验平台配套基础设施。三是着力构建开放型现代产业体系，推动建设跨境电商产业孵化园区，打造外贸转型升级基地和跨境电商孵化培训基地。

（3）**推进通化国际陆港建设。**发挥政府在陆港建设中的引导作用。从省级层面，协调国家，在强化国际物流、保税物流功能等方面加强支持力度。加大专项资金、贷款贴息、土地出让金等政策支持力度。引导并支持通化陆港与丹东港、大连港等沿海港口合作。同时，加快推进四平等内陆港的选址、规划和建设工作，积极申报相关的内陆港海关监管功能平台。

（4）**以图们江海洋经济区和辽宁海洋经济区为依托，推进东北四省区开展开放合作。**充分发挥两个海洋经济区的优势，实现优势互补、互利共赢。发挥珲春、大连等城市的核心作用，联动发展丹东、锦州、营口等节点城市，发挥图们江海洋经

济区、辽宁海洋经济区对于东北四省区的带动作用，加快贯通东北东部铁路，强化长吉图开发开放先导区、哈长城市群、哈大齐等区域的腹地支撑作用，通过重点区域的突破，带动东北四省区互动合作，真正实现陆海统筹联动发展，形成网络化整体发展新格局。

## （四）参股控股相关港口建设，深化“五个合作”

**（1）加强俄扎鲁比诺港投资利用。**扎鲁比诺港是吉林省出海的首选战略性港口。一是探索研究成立分为国、省、州、市不同级别的工作机制，解决内贸外运政策匹配事宜。争取获得国家在内贸外运政策方面更加开放的政策支持，放开内贸外运货物品类限制。二是妥善解决资金融通。充分利用国开行、丝路基金及省内大型金融机构，针对万能港项目及围绕项目本身的配套基础设施建设项目给予投融资支持。三是组织企业投资俄方查验和基础设施。

**（2）投资沿海港口。**抓住港口整合机遇，积极洽谈协商，采取多城共港模式和多城多港、一企多港模式，以参股、控股、并购等形式，取得长三角、珠三角、东南沿海、环渤海主要港口的经营权。目前，丹东港遭遇流动性危机，可组织省内投资平台，积极参与丹东港重组，实现多方共赢。

## （五）加大谋划力度，拓展“陆海联运”新航线

**（1）强化顶层设计，优化陆海联动布局。**按照规划、建设、管理“一盘棋”，交通、物流、信息“一张网”，通道、航道、资源开发保护“一张图”的原则，推进形成以珲春为重要节点，多路并进，陆海联动发展的新格局。即向东对接环日本海，以珲春—扎鲁比诺港、珲春—罗津港、珲春—清津港为主体，借港出海，通往环日本海经济圈；向南对接环渤海，连接我国南方沿海港口城市，融入环渤海经济圈；向北穿越北冰洋航线，融入世界经济大循环。同时，加快内陆港建设，推进长春国际陆港（铁路口岸）与兴隆综合保税区的“区港联动”，以港兴市；推进通化国际陆港—丹东港建设，以及与大连港、营口港、威海港、宁波舟山港等“陆海合作”；联动发展吉林、松原等陆港港口，并积极对接环渤海、东南沿海、珠三角、长三角港口群。

**（2）积极拓展“陆海联运”新航线。**一是利用现有航线，拓展新的航线触角。

推进珲春经罗津港至上海、宁波的内贸货物跨境运输陆海联运航线的复航工作，待朝鲜局势趋于好转重新起航。支持珲春—扎鲁比诺—釜山航线稳定发展，充分发挥“釜山中转港”的最大功效，通过釜山中转港，开通珲春—釜山—马来西亚、越南等东南亚区域转口业务。二是开通新的南北内贸货物跨境运输航线。利用好吉浙两省对口合作机遇，开发丹东港—宁波舟山港—头门港班轮，打通通化港到头门港之间的双向物流通道；申请开通通化港—丹东港—威海港客滚航线；积极推动开通珲春—扎鲁比诺港、罗津港、清津港等港口到我国东南沿海如上海、汕头、福州、厦门等港口的新内贸外运航线。三是太平洋线。打造中国珲春—俄罗斯扎鲁比诺港—韩国东海—日本敦贺四国环线旅游航线，发展区域旅游产业。

### （六）完善工作机制，强化政策扶持

**（1）建立四省区层面的制度化协作。**一是要进一步完善东北四省区行政首长协商机制，定期研究协调跨省区重大基础设施项目建设、产业布局，以及区域协调发展等问题，初步形成省际合理的利益协调机制。二是要完善跨省区的临界城市双边或多边的政府联席会议制度和城际联席会议制度等。三是要推进规划一体化或专项规划的跨省衔接，借鉴已有的《东北地区振兴规划》《东北地区综合交通运输规划》《东北地区物流业发展规划》《东北地区旅游业发展规划》等区域发展规划的编制经验，打破传统行政思维、开展顶层设计，共建智库联盟，统筹推进东北区域规划合作，加强四省区各类规划对接，适时启动四省区共同编制面向东北亚协同发展规划、构建陆海联动开放新格局发展规划等，通过共同规划统筹解决区域合作发展的重大问题。吉林省层面，借鉴浙江经验，建立陆海联动工作领导机制。强化顶层设计，制定总体规划和实施方案，谋划重点项目和工程，推进项目实施，对接辽宁、内蒙古、黑龙江，推动东北四省区合作纵深化、常态化、立体化，加快构建协调发展新格局；同时做好俄罗斯、朝鲜、韩国、日本等东北亚国家的协调衔接工作。

**（2）强化政策扶持。**一是产业支持政策。重大产业布局调整重点向沿图们江鸭绿江开发开放经济带、沿中蒙俄开发开放经济带以及长春经济圈倾斜。二是金融扶持政策。鼓励设立产业投资基金、创业风险投资基金，组建地方性金融机构。三是基础设施建设政策。对重点基础设施项目、工程或企业给予重点扶持，适当向二类口岸建设和通关环境改善倾斜。四是财政支持政策。视财力情况适当增加口岸专项

资金规模；通过探索地方铁路国有化，减免部分高速公路费用；设立海运航线补贴专项资金，对重点航线或企业给予扶持，维持各航线常态化运营。

**（3）积极申请国家层面支持。**一是协调四省区联合申请设立东北东部重点开发开放试验区。支持东北东部互联互通基础设施建设，加快东北东部铁路全线升级改造，建设东北东部客运专线；加快 G11 高速公路连接东部县（市、区）。设立东北东部产业合作基金，支持降低跨区域合作的陆海物流成本。二是将吉林省重点基础设施项目纳入国家沿边开发开放和“一带一路”建设规划；协调东北高速公路管理公司，在吉林段对陆海联运货车实行减免高速公路通行费政策，并协调辽宁省也实行该政策；协调海关总署，对于通关贸易、边境贸易等企业给予适当进口关税减免政策，申请通关一体化试点。

## 参考文献

[1] 张海涛 . 投资利用俄罗斯扎鲁比诺港的基本问题探究. 东北亚经济研究，2017，1（4）.

[2] 张腾飞 . 罗津港与扎鲁比诺港港口物流竞争力比较研究. 延边大学硕士学位论文，2013.

[3] 谢袁芳 . 港口合作竞争模式研究. 中国水运（学术版），2007（11）.

[4] 吉林省委，省政府 . 关于进一步优化区域协调发展空间布局的意见，2018-08-30.

[5] 中国铁路总公司 . 中欧班列建设发展规划（2016—2020 年），2016-10-08.

[6] 中国主要港口情况介绍梳理 . http：//www.sinotf.com/gb/logistics/1120/2015-02-12/3nmdawmde4nzm3nw.html.

# 推动东北地区陆海内外联动开放发展的辽宁思考与建议

东北地处东北亚中心地带，既沿海又沿边地缘优势独特，承载着“一带一路”六大通道之一的中蒙俄经济走廊的建设与发展。然而，受地缘政治、气候条件和经济结构等因素影响，东北对外开放层次和水平较低。2018 年，东北四省区外贸进出口总额占全国比重仅为 3.8%，低于地区生产总值占比（8.6%），其中，内蒙古、黑龙江、吉林三省区外贸进出口总额仅占整个东北地区的 35.5%，沿边开放优势尚未显现。2018 年 9 月 25 日至 28 日，习近平总书记在东北三省考察并主持召开深入推进东北振兴座谈会时指出，东北振兴面临着“四个短板”，开放合作短板是其中之一。[①] 改革开放 40 多年的实践证明，开放才能进步，封闭必然落后，东北经济增长乏力不仅仅是市场活力和增长动力的缺失，一定程度上也是对外开放水平滞后所致。习近平总书记曾多次强调，中国的开放大门不会关闭，只会越开越大。加强东北四省区的合作与协同发展，共同推进中蒙俄经济走廊建设，不仅是振兴东北和“一带一路”倡议的内在要求，也是我国参与东北亚区域合作、构建对外开放新格局的战略需要，特别是在当前中美间贸易摩擦不断升级之际，更加凸显了其战略意义。

“一带一路”倡议的提出，标志着由过去单一的以沿海开放为主转向海陆并重，沿边开放地位得到了前所未有的提升，从开放末梢走向了开放前沿。辽宁是东北四

---

① 姜伟：《打造开放新前沿 振兴发展谱新篇》，人民网，http://ln.people.com.cn/n2/2019/0930/c378317-33403451.html。

省区唯一沿海开放省份，多年来在利用沿海优势扩大开放上下足了功夫，但相比东北其他三省份，沿边优势不明显，发展不充分。作为参与“一带一路”建设的18个重点省份之一，辽宁在立足沿海经济带开发开放、推进“海上丝绸之路经济带”建设的同时，应加强与东北内陆及沿边地区互动，以中蒙俄经济走廊建设为载体，推进整个东北陆海联动发展，构建全面开放新格局。

## 一、推进陆海联动发展是新时代赋予东北的新使命，是全面振兴东北的内在要求

改革开放以来，我国实施的对外开放政策基本上是从沿海开始起步的，并不断向内陆推进。东北第一个经济技术开发区，第一个保税区，第一个保税港区，第一个出口加工区以及第一个自由贸易试验区都设在沿海省份辽宁。长期以来，国家对内陆和沿边开放重视程度不够，尤其是东北地区受地缘政治、自然条件和经济发展水平等因素影响，沿边与沿海开放差距更为明显。改革开放40多年来，内蒙古、黑龙江、吉林三省区的外贸进出口总额之和不及辽宁一省之多，最多时也只占80%。“一带一路”倡议赋予了东北对外开放新的内涵和使命，根据《推动共建丝绸之路经济带和21世纪海上丝绸之路的愿景与行动》，“一带一路”六大通道之一的中蒙俄经济走廊布局在东北，而辽宁又是“海上丝绸之路”的重要节点。虽然从历史足迹和经贸往来上看，中蒙俄经济走廊没有新亚欧大陆桥经济走廊影响力大，但该通道途经国家少，地缘政治和国别差异相比之下并不复杂，通关效率较高。更为重要的是，中蒙俄经济走廊与蒙古国“草原之路”和俄罗斯欧亚大陆通道及“欧亚经济联盟”相吻合，发展潜力巨大。党的十九大报告在此基础上明确提出要推动形成全面开放新格局，即以“一带一路”建设为重点，坚持“引进来”和“走出去”并重，遵循共商共建共享原则，加强创新能力开放合作，形成陆海内外联动、沿边沿海双向互济的开放新格局。《中共中央 国务院关于全面振兴东北地区等老工业基地的若干意见》（中发〔2016〕7号）也明确提出，要主动融入、积极参与“一带一路”建设，努力将东北地区打造成为我国向北开放的重要窗口和东北亚地区合作的中心枢纽。

以中蒙俄经济走廊建设为载体，推进东北陆海联动发展，对东北乃至全国意

义重大，不仅将大幅提升东北四省区对外开放品质和能级，推动老工业基地转型发展，同时对促进整个东北亚地区繁荣稳定也将起到至关重要作用。特别是在当前朝鲜半岛形势趋于稳定和中美贸易摩擦不断升级并行的国际环境下，加快推进东北陆海联动发展，将为我国拓展对外合作空间和领域、创建对外开放新高地发挥重要作用。

## 二、推动东北陆海联动发展对辽宁意义重大

### （一）弥补对外开放不足的短板

辽宁虽是我国最早对外开放的沿海省份之一，但相比东部发达省份，开放型经济发展依然不够充分，甚至成为制约经济增长的短板。辽宁外贸依存度近十年来一直低于全国平均水平。2019 年，辽宁外贸进出口总额仅占全国的 2.3%，实际利用外资和新设外商投资企业数量较广东、江苏、浙江等发达省份差距明显。据海关数据统计，近十年来，辽宁外贸进出口总额较多的国家和地区主要是日本、韩国、东盟、美国、德国，俄罗斯、蒙古国占比不大。推动东北四省区陆海联动发展，将有力地推进辽宁向北开放，不仅可以扩大同俄罗斯、蒙古国的经贸往来与合作，同时还可借助中蒙俄经济走廊建设，推动日、韩等国与俄、蒙之间经贸往来，大力发展面向东北亚各国的转口贸易，有效释放东北亚地区开放潜能。

### （二）推动装备制造业由大变强

辽宁是装备制造业大省，但却不是装备制造业强省，传统产业占比高达 70% 以上，多数装备制造企业缺少核心技术，产品附加值低，产业国际化程度不高，企业全球化经营能力不足；加之近年来江苏、浙江、四川、湖南等省份装备制造业实力不断增强，辽宁装备制造业面临前所未有的竞争压力。加快推进东北陆海联动发展，可联合吉林、黑龙江装备制造企业抱团发展，通过强强联合或兼并重组，加强在技术、市场、生产性服务等方面合作，打造辐射整个东北乃至全国的全产业链，推动装备制造业高端化、品牌化、国际化。与此同时，还可加强与俄罗斯在核心技术领域的合作，联合开发高新技术产品，推动科技成果转化。

### （三）提升城市群竞争力和影响力

推动东北地区陆海联动发展，加快中蒙俄经济走廊建设，必将形成具有较强竞争力和影响力的城市群、城市带，支撑东北区域快速发展。现阶段东北地区有两大城市群，即哈长城市群和辽中南城市群，均为我国 9 大区域性城市群。2016 年 2 月 23 日，国务院批复哈长城市群规划，并与黑龙江、吉林两省的区域发展规划相协调、相一致，有力推动区域一体化发展。而以沈阳、大连为中心的辽中南城市群规划尚未形成，也未能同现阶段的辽宁“五大区域发展战略”协调推进，其国内影响力也在不断下降。推进东北陆海联动发展，将加快以沈阳为中心的沈阳经济区和以大连为中心的沿海经济带两大板块紧密协作，提升辽中南城市群整体竞争力。同时还将推动辽中南城市群和哈长城市群协同发展，强化哈大发展主轴，形成支撑整个东北、影响全国的增长极、增长带。

### （四）全面对接“一带一路”倡议

根据《推动共建丝绸之路经济带和 21 世纪海上丝绸之路的愿景与行动》，辽宁是参与“一带一路”的 18 个重点省份之一，既是“海上丝绸之路”的重要节点，也是中蒙俄经济走廊的重要组成部分。过去 40 多年，辽宁对外开放主要依托沿海，尤其是辽宁沿海经济带上升为国家战略后，转身向海的指向更为明确。但这种单一模式的开放发展是不平衡、不完整的，也不符合新时代全面开放新要求。加快推进东北陆海联动发展，携手共建中蒙俄经济走廊，恰恰是对新时代构建全面开放新格局的有效补充。

## 三、辽宁推动东北陆海联动发展的优势与挑战

### （一）优势基础

1. 区位优势

辽宁是我国沿海省份之一，也是东北唯一沿海省份和出海大通道，是对接东北亚、沟通欧亚大陆桥的前沿地带，是推动“冰上丝绸之路”建设的核心区域和重要

起点。沿海气候宜人，拥有“北方明珠”之称的大连是东北内陆居民和俄罗斯人向往的宜居之地。沿海港口林立，拥有万吨级以上生产性泊位227个，其中30万吨级4个，2017年，港口吞吐量达10.5亿吨，位居国内沿海省份第4位。辽宁拥有东北地区最为发达、齐全的运输系统，除港口外，还有沈阳、大连两大国际性空港，高速公路和铁路密度东北最大，海铁联运量位居全国之首。依托港口资源优势，辽宁积极融入“一带一路”，构建了以港口为核心的“辽满欧”“辽蒙欧”“辽海欧”三条国际运输大通道，开通了经满洲里的中欧集装箱班列。2017年，“辽满欧”中欧班列占满洲里出境班列50%以上，并实现了双向开行。

2. 平台优势

辽宁拥有东北地区唯一的自由贸易试验区，是迄今为止国内开放层次最高的功能区。2017年4月10日自贸试验区挂牌以来，深入落实“三互”大通关、加快建设国际贸易“单一窗口”2.0版，全面实施负面清单管理模式，积极推进现代服务业开放创新，在推动政府职能转变、投资领域改革、贸易便利化、金融创新改革等方面取得了丰硕成果。到2019年7月末，辽宁自贸试验区新增注册企业4.3万家，实现进出口总额3500亿元，累计实际利用外资36亿美元。在新增注册企业中，来自黑龙江、吉林、内蒙古的企业8300余家，占比20%，东北振兴“孵化器”作用正在显现。辽宁还拥有东北地区唯一的国家自主创新示范区、全面创新改革试验区和国家级跨境电子商务综合试验区，以及国家级经济技术开发区、保税区、国家级新区等多个层次较高的对外开放合作平台，在体制机制创新、吸引外资和对外合作上发挥着重要作用，不仅是拉动经济增长的新引擎，也是扩大对外开放的新高地。

3. 产业优势

辽宁是共和国工业的摇篮，工业基础雄厚，先后创造了共和国工业史上1000余个第一。20世纪50年代，辽宁工业总产值占全国的近1/5，居全国第2位。经过改革开放以来的转型升级和调整改造，辽宁工业优势基础得到进一步巩固，形成了装备制造、冶金、石化和农产品深加工四大支柱产业，智能装备与制造、飞机制造、海洋工程、新材料、汽车、电子信息等新兴产业发展前景广阔，机器人、高档数控机床、输变电设备、燃气轮机等多个领域核心技术和产品居于国内外领先水平。辽宁工业拥有苏联工业“基因”，结构上和技术应用上与当今的俄罗斯及部分中东欧国家较为相似，具备了广泛的合作空间和基础，在下游产业链上，也可与蒙古国相衔接、相配套。

4. 专业批发市场优势

辽宁专业批发市场得天独厚，拥有一批以西柳服装、南台箱包、佟二堡皮草、兴城泳装等为代表的集生产、加工、销售于一体的大型专业批发市场。这些大型专业批发市场都是伴随着改革开放和市场化进程逐渐成长起来的，规模均为东北地区最大，并在国内具有较强影响力，必将成为中蒙俄经济走廊重要的商贸流通平台和载体，极大促进俄、蒙两国商贸流通。近年来，省、市、县各级政府充分利用这些专业市场起步早、规模大、影响面广的独特优势，积极融入“一带一路”建设，通过建立国内外友好城市、参加各类大型展会和经贸洽谈活动、开辟物流专线等举措，不断扩大产品出口份额，推动规模化、品牌化发展。随着大连、沈阳的国家级跨境电子商务综合试验区相继获批，利用跨境电商平台新模式拓展对外贸易，这些专业批发市场的功能和地位将进一步放大。

5. 城市群优势

以沈阳、大连为中心，包括鞍山、抚顺、本溪、营口、辽阳、盘锦、铁岭 9 个城市的辽中南城市群是被公认的我国 9 大区域性城市群之一。早在 20 世纪 50—60 年代就已经形成，曾一度与京津唐城市群、沪宁杭城市群并列为我国三大增长极。区域内大城市、特大城市高度密集，国内罕见，是支撑全省乃至东北经济发展的核心组成部分。2018 年，辽中南城市群人口占全省比重 70.9%，占东三省的 28.6%；地区生产总值占全省比重 86.1%，占东三省的 37.2%。沈阳是东北政治、文化中心和商贸物流中心，是规划中的国家中心城市。中国北部战区司令部、人民银行沈阳分行等多个中央直属机构在此汇集，负责协调管理整个东三省相关事务；美、俄、德、法、日、韩、朝 7 个国家在沈阳设有领事馆，涵盖除蒙古国以外的所有东北亚国家，数量为东北地区最多。大连是东北对外开放的龙头，是“一带一路”建设的重要节点城市。大连港是东北地区规模最大、地位最高的出海口，对外贸易涉及 50 多个国家和地区。近十几年来，大连市外贸进出口总额占辽宁比重达 70%，占东三省近50%。

## （二）面临的主要问题与挑战

### 1. 港口同质化竞争较为严重，与东北腹地合作不够密切

辽宁港口分布较为密集，正在规划和投入运营中的亿吨级港区有12个，而到2019年底，仅有大连大窑湾、营口鲅鱼圈、丹东大东港和锦州笔架山四大港区吞吐量超过或接近1亿吨，其余港区距离1亿吨相差甚远，有的仍然停留在建设阶段。虽然从吞吐量上看，各港区每年均有不同程度地增长，但附加值并不高，近年来，在粮食、矿石、木材、煤炭、钢材等散货运输上竞争尤为激烈，甚至不计成本地相互杀价。港口腹地重叠严重，与东北腹地合作不够密切，更为重要的是，黑龙江和吉林两省在各自的战略规划中都有“借道出海”之意，试图通过租用俄罗斯（符拉迪沃斯托克、扎鲁比诺）和朝鲜（罗津）港口，降低运输成本。特别是当前朝鲜半岛和东北亚局势趋于缓和，外部环境的骤然改变极有可能助推吉林、黑龙江两省的“借道出海”取得实质性突破，这将对辽宁港口发展带来极大挑战。

### 2. 平台功能发挥不突出，辐射带动作用不强

辽宁对外开放平台多、层级高，但没能有效发挥示范和带动作用。一是自贸试验区先行先试作用没有有效发挥。自贸试验区虽然完成了挂牌初期各项任务，但在具体政策落实上还存在许多困难和问题。在一些具体创新举措上，与国家部委沟通对接力度不够，很难突破现行法律法规和制度标准。在“单一窗口”建设、事中事后监管和日常考核等“放管服”改革上，与上海、福建等地自贸试验区尚有一定差距。多数企业普遍反映自贸试验区各项制度创新和优惠政策并不“解渴”。二是经济技术开发区发展水平不高。随着自贸试验区、国家级新区、自主创新示范区、全面创新改革试验区等一批重要国家级平台成立，传统意义上的经济技术开发区对外开放优势地位和功能逐渐丧失。一些开发区功能定位不清晰、资源配置效率低、产业布局雷同，有的管理体制回归、机构臃肿，有的经济增速甚至低于所在的地级市。三是会展平台发挥不充分。辽宁不仅缺少面向俄罗斯、蒙古国的大型国际展会，也缺少面向日本、韩国的大型国际展会。近几年，受多个因素影响，辽宁省、市两级政府较少举办大型国际性展会活动，仅有的两个国家级展

会“制博会”和“软交会”影响力也在逐年减弱，而黑龙江的“中国—俄罗斯博览会”、内蒙古的“中国—蒙古博览会”、山东的“中日韩产业博览会”、广西的“中国—东盟博览会”等对外开放平台影响力则逐年提高，并与“一带一路”相互融合、相互促进。

### 3. 大通道建设推进缓慢，尚未真正实现互联互通

受资金、技术、地理环境等多方面因素影响，中蒙俄经济走廊基础设施规而未建、建而未通、通而不畅的现象较为普遍。一是沿边基础设施建设较为滞后，口岸通达性较差。“辽蒙欧”铁路大通道建设任重道远，内蒙古巴彦乌拉至珠恩噶达布其口岸铁路正在建设当中，珠恩噶达布其至蒙古国乔巴山段铁路更是遥遥无期。东北东部经济带丹东至吉林通化、白山、延边自治州的铁路运能较差，尚不具备开通跨境班列运输条件。二是“辽满欧”班列经营欠佳。自2013年9月“苏满欧”班列成功开行以来至2018年底，经满洲里铁路口岸出境班列线路已达55条，覆盖19个省（自治区、直辖市）60个城市，仅辽宁省就有来自大连、营口、沈阳、盘锦、锦州5个城市开通了中欧班列，内蒙古、黑龙江、吉林都有各自的中欧班列，并且在线路上与“辽满欧”高度重叠。目前各地区“×满欧”班列货源争夺和运价方面竞争尤为激烈，在没有政府补贴情况下，基本上处于亏损状态。截至2018年初，辽宁省仅有大连至俄罗斯沃尔西诺班列维持每周一班常态化运营，其余线路班列或已停运（如“盘满欧”“锦满欧”），或已合并（“营满欧”和“沈满欧”）。三是通关一体化改革任务繁重，通关效率有待进一步提高。尽管2015年5月1日起，东北四省区启动了通关一体化改革，但仍处于整合初期，“三互”大通关建设任务依然繁重，部分监管设施陈旧老化，检查装备现代化水平不高，查验场所设施共享力度不够，监管流程有待进一步优化整合。

### 4. 营商环境有待进一步改善，“投资不过山海关”的沉疴旧疾未能得到根治

近几年，辽宁虽然狠抓营商环境建设，并取得了积极成效，但同国内先进地区相比，差距仍然较大。据《中国分省企业经营环境指数2017年报告》数据显示，2016年辽宁企业经营指数排名全国第17位，在东北四省区中仅高于内蒙古；政府

审批手续简便易行指数不仅大幅低于东部其他沿海省份，在东北四省区中也是最低。政府“放管服”改革依然不够深入，未能从企业和百姓实际需要出发，取消和下放的项目多为行政处罚或国家要求的资质审批，一些含金量高的权力依然下放不到位，或在下放过程中承接不到位，审批事项标准化流程尚未健全和优化，部门间信息交换尚未完整，办事难、乱收费等问题时有发生。一些地方政府招商引资重承诺、轻落实，政策缺乏连续性和稳定性，缺乏诚信，部分领导干部责任心不强，不作为、懒作为、慢作为等思想较为严重。除此之外，吉林长生生物疫苗事件、黑龙江亚布力滑雪场事件、内蒙古鸿茅药酒事件、辽宁基层医院骗保事件等轰动全国的大事件，严重损害了整个东北的营商环境和政府形象，尽管各地政府想尽一切办法严肃查处、吸取教训，尽可能降低和消除不良影响，但仍然形成了一损俱损的蝴蝶效应，客观上为辽宁营商环境的改善带来难度。

5.“走出去”企业抱团意识不强，准备不充分

辽宁“走出去”的企业中，民营企业多，国有企业少。民营经济发展规模普遍偏小，且盈利能力不强，抗风险能力不足。一些企业对他国政治、经济、法律、社会、文化习俗等了解不够，有效信息缺乏，而且抱团合作意识不强，极易在对外投资和贸易合作中“吃亏”。企业融资能力不强，融资难、融资贵的问题非常突出。近年来，金融机构对外贸企业提高了融资贷款门槛，外贸企业所获得的出口信贷期限较短、贷款额度低；“两优”贷款审批手续多、时间长。企业境外资产不能作为国内融资抵押物，贷款利率一般高于外资银行 2 ~ 4 个百分点。

6. 区域合作机制有待进一步巩固完善

目前，推进东北区域合作的协调机制呈局部化、非常态化和松散化状态。2010 年发起成立的以研究协调跨省重大基础设施建设、产业布局、生态建设、对外开放、市场一体化及区域协调发展等为内容的东北四省区行政首长联席会议，经四年轮流举办，2014 年以后处于停办状态。市级层面，哈尔滨、长春、沈阳、大连四市虽然早在 2004 年就联合发起市长峰会，并签署了《东北四城市协同合作全面推动东北老工业基地振兴意见》，但合作模式较为松散，协议约束力不强，鲜有实质性的合作。2005 年，东北东部 12 个城市发起东北东部经济带区域合作，经过 14 年的

努力，已成功举办了 8 次区域合作圆桌会议，区域合作取得了积极成效，是目前东北三省合作推进力度最大、参与度最高的区域性合作组织，但合作范围较窄，虽然推动了东北东部陆海联动发展，但由于缺少内蒙古沿边城市的参与，没有形成东北东部区域沿海沿边互动格局。

## 四、加快推动东北陆海联动发展的几点建议

推进东北陆海联动发展、建设中蒙俄经济走廊，应坚持对内、对外开放并举。认真落实辽宁省委、省政府《关于加快构建开放新格局 以全面开放引领全面振兴的意见》和《辽宁“一带一路”综合试验区建设总体方案》，牢固树立省外就是“外”的发展理念，推动东北四省区陆海统筹、内外联动发展，构筑全方位、多领域的开放新格局。

### （一）加快港口资源整合，提升港口服务功能

港口是辽宁推进全面开放的着力点，是加强东北内陆与东部沿海地区联系的关键节点。要利用引进招商局集团整合港口的契机，优化港口布局，提升港口服务功能，大力发展港口经济和临港产业。一是顺应国内外港口整合大趋势，加快推进辽宁港口全面整合。加快推进招商局集团对辽宁丹东港、锦州港的整合，积极引进东北其他省份战略投资者参与辽宁港口资源整合。推进海港、陆港、空港融合发展，培育打造融“港产城创”于一体的东北亚“新蛇口”。二是进一步优化辽宁港口在东北内陆布局。围绕辽宁沿海经济带规划，立足港口群实现中、西、东三线布局。加快大连港、营口港向哈大干线城市布局，加快物流、人流、资金流、信息流汇聚，夯实“辽满欧”大通道建设；加快锦州港、盘锦港向辽西、蒙东地区布局，构建“辽蒙欧”大通道；加快丹东港向吉林、黑龙江东部地区布局，推进东北东部经济带建设。大力发展多式联运物流体系，强化各类交通运输体系衔接，形成设施先进、网络完善、运行高效的集疏运体系。三是加快大连港、营口港等主要港口与俄罗斯远东地区合作，大力发展跨境物流。推进辽宁港口集团与俄罗斯远东运输集团合作，开辟跨境直达运输班列和新运输航线，通过发展跨境物流，实现东北四省区物流协同发展。加大对俄罗斯远东地区港口、铁路等基础设施投资力度，全方位推

进资本、服务和管理输出，推动与俄罗斯、朝鲜、韩国等主要港口组建东北亚港口联盟。四是大力发展港口经济，优化港口服务。大力发展港航物流、船舶交易、船舶检验、航运金融等港口服务业。大力发展港航信息业，发展航运大数据产业，建设航运服务资源数据中心，推动整合东北地区交通体系数据平台，创建“‘辽满欧’集装箱指数”。

## （二）加快自由贸易试验区等重要国家级平台体制机制创新和经验复制推广

用足用好各类国家级平台，推动先行先试和创新发展，形成对外开放新优势。一是以自由贸易试验区为牵引，创建东北亚对外开放新高地。按照国家赋予的辽宁自贸区定位要求，在风险可控的前提下，大胆试、大胆闯、自主改，努力在负面清单、国资国企改革、“放管服”等方面取得辽字号经验。加快国际贸易“单一窗口”建设，积极争取创建大连自由港，推动辽宁自贸试验区改革创新向纵深发展。加快自贸试验区与蒙古国、俄罗斯两国国际产能和装备制造合作，构建双向投资合作新机制。二是加快国家级开发区、高新区、国家级新区等平台创新发展。进一步理顺开发区管理体制，建立健全“管委会＋公司”的运营机制。以金普新区、沈抚改革创新示范区为先导，加大体制机制改革和创新力度，打造辽宁对外开放的新高地和营商环境建设的样板标兵，在全省范围内形成示范作用。依托沈大自主创新示范区，布局和建设一批面向俄罗斯和中东欧国家的科技交流中心、技术转移平台和高科技企业孵化基地，推动科技成果转化。三是积极创建“一带一路”综合试验区和中国—中东欧“17+1”经贸合作示范区，在更大范围、更高水平、更高层次构建对外开放新格局，加快装备制造业与俄罗斯、中东欧国家对接合作，努力补齐装备制造业发展中面临的人才和技术瓶颈。

## （三）推进互联互通建设

围绕“辽满欧”“辽蒙欧”“辽海欧”“辽珲俄”四条国际大通道建设，构建集海港、陆港、空港、信息港于一体的面向东北亚的多式联运国际物流体系。一是加强交通基础设施建设，强化“硬联通”。进一步加强“辽满欧”公路、铁路、水运物流基础设施建设衔接，加快高速公路扩容改造，着力解决集疏运节点问题。加快“辽蒙欧”既有铁路通道闲置区段及支线线路扩能改造，打通断头路段，尽早形成跨境运输能力。加快东北东部快速铁路建设和东北东部老旧铁路改造，构建以丹东港为起点的“辽珲俄”国际运输通道。推进“辽海欧”海上运输通道建设，逐步实现季节性常态化运营。二是进一步提升“辽满欧”班列整体竞争力。在确保现有班列稳定和常态化运营基础上，综合各市产业基础和布局、储运条件、外贸需求和开发区优惠政策等，开设特色精品班列。充分利用朝韩两国合作的有利时机，适时推动“韩（朝）满欧”跨境运输班列，连通首尔、平壤、丹东、沈阳、长春、哈尔滨、满洲里等主要城市，为朝、韩两国开辟通往欧洲陆路运输通道，构筑“辽满欧”国际中转功能。加大与铁路总公司合作力度，推进东北两大铁路集团协同发展，统一规划、统一部署，力争对高度重叠的线路进行整合，最大限度地降低运输成本，创造四省区中欧班列良性健康发展的市场环境。三是进一步推进“三互”大通关建设。进一步拓展港口服务功能，加强港口与内陆口岸物流合作，扩大“三互”合作区域，开展一次性联合检查，建立口岸风险联防联控机制。全力推进汇总征税、税费电子支付、自报自缴、通关作业无纸化改革，最大限度减少货物周转，提高运输效率。四是创建“一带一路”信息枢纽，强化“软联通”。以电子口岸、第三（四）方物流平台为主体，对接国家交通物流公共信息平台，实现与“一带一路”沿线国家和地区物流平台及物流数据的互联互通，提升物流配送等服务功能。推进四省区经贸信息网络平台和对外经贸合作信息平台互联互通，定期相互通报投资意向、信息、项目、规划等，开展大数据挖掘与应用，为政府和企业提供决策咨询和信息服务。

### （四）推进城市群、城市带建设，统筹区域协调发展

牢固树立协调发展理念，以推进东北陆海统筹、内外联动为契机，加快城市群、城市带建设，有效破解辽宁区域发展不协调、不充分的突出问题，构建全省经济快速发展的增长极，加快融入中蒙俄经济走廊整体空间架构。在深入实施“五大区域发展战略”的同时，构建“三点一轴三带”空间格局，统筹区域协调发展。“三点”，即沈阳、大连、锦州，沈阳要以建设国家中心城市为目标，加快建设东北亚国际化中心城市、科技创新中心、先进装备智能制造中心、高品质公共服务中心，推进全面创新改革试验，引领沈阳经济区一体化发展。大连要加

快推进东北亚国际航运中心、国际物流中心和区域性金融中心建设，推进产业结构优化的先导区和经济社会发展的先行区建设与发展，带动沿海其他5市开放发展。锦州要以建设辽西区域性中心城市为目标，在立足沿海开放的同时，带动辽西北区域快速发展。“一轴”，即哈（尔滨）大（连）发展主轴辽宁段，承载“辽满欧”，加快建设辽中南城市群，使之成为辽宁省的经济重心、城市重心、创新重心，成为带动全省高质量发展的主引擎。推动辽中南城市群与哈长城市群协同发展，构建以大连、沈阳、长春、哈尔滨为核心的东北东部城市群、城市带。“三带”，即“东北东部经济带”，以鹤大高速公路、丹大快速铁路和建设中的东北东部快速铁路为依托，承载“辽珲俄”，带动北黄海区域和长白山脉协调发展，重点发展生态经济和临港产业，加大丹东与吉林珲春、黑龙江绥芬河等重要口岸对接合作，夯实东北东部出海通道，构建沿边开放新优势；“辽西北经济带”，以沈彰、铁朝高速公路和建设中的京沈高铁为依托，连通内蒙古通辽、赤峰，对接京津冀，承载“辽蒙欧”，重点发展新能源和农产品深加工等产业；“沈山经济带”，以京沈高速公路、沈山铁路为依托，承载“辽蒙欧”“辽连（二连浩特）欧”“沈新欧”及东北地区以外的“× 满欧”，是联结辽中南和京津冀两大城市群的重要纽带，重点发展现代物流和电子商务等产业。

### （五）积极培育发展外贸新业态、新模式

充分发挥大连、沈阳国家跨境电子商务综合试验区和大型专业批发市场优势，大力发展跨境电子商务、市场采购等新型贸易方式，促进外贸结构优化与产业转型升级联动，形成外贸竞争新优势。一是引进和培育一批有影响力的跨境电商平台，积极培育大连天呈、大连越洋物语、葫芦岛方得等跨境电商平台企业，推进与国内外知名跨境电商平台开展战略合作，共同打造“辽宁网上丝路”。支持“出口时代网”综合电子商务平台和葫芦岛泳装跨境电子商务平台的业务拓展，大力发展B2C、C2C、B2B等多种形式的跨境电子商务进出口模式。二是积极发展市场采购贸易，做大做强鞍山西柳内外贸结合试点，加大对俄罗斯、蒙古国及中东欧国家市场拓展，培育发展鞍山南台、辽阳佟二堡、葫芦岛兴城等内外贸结合试点，加快建设跨境电子商务平台，拓展出口新渠道。三是利用沈阳国家大数据综合试验区先行先试条件，加快整合辽宁及东北电子商贸基础信息资源，规范电子

商务数据标准，建立辐射整个东北及东北亚的跨境电商综合数据服务中心。四是充分发挥沿海地缘优势，大力发展面向东北亚各国转口贸易。加快落实中资非五星旗沿海捎带业务政策，积极吸引日、韩等国货物到大连自贸试验区开展出口集拼、进口分拨、转口集拼等业务。充分发挥大连、营口多式联运海关监管中心功能，加强铁路、公路、空港与港口航运对接，提高疏港和货运效率，吸引东北内陆和俄、蒙两国更多货源选择辽宁省港口转运出境，吸引日、韩两国货物更多搭乘“辽满欧”班列运往欧洲。

### （六）进一步扩大旅游业开放，拓展合作领域和空间

旅游业是当前拉动经济快速增长的重要产业之一，是拓展区域合作、加强人文交流的重要抓手，要借助“一带一路”和中蒙俄经济走廊建设，进一步扩大旅游业对外开放，以旅游产业大发展带动辽宁经济企稳向好，提高国际知名度和影响力。一是综合考虑自然条件、人文历史、交通和城市功能等，打造若干具有辽宁特色的国际精品旅游线路和旅游产品，如滨海旅游线路、辽东山区高句丽文化及生态旅游线路、辽西北佛教文化及生态旅游线路等。进一步推动辽宁旅游投资集团组建，大力引进国内外知名旅游集团，探索联合开发、联合经营管理模式，进一步规范旅游市场秩序，提升服务质量，树立辽宁形象。二是推动文化和旅游融合发展。以景区为载体，对全省文化遗产资源按照不同历史时期、不同地域、不同民俗风格进行梳理整合，充分挖掘文化遗产本身及背后的历史典故和风俗传说，讲好辽宁故事。加大同韩国、朝鲜文化领域交流与合作，找准契合点，进一步提升辽东山区高句丽文化及相关景区国际知名度和影响力。三是加大与四省区旅游开发与合作，进一步夯实“东北旅游景区联盟”“东北旅游推广联盟”等各类不同层级的旅游联盟，联合开发旅游线路，联合面向东北亚国家开拓境外重点客源市场，推动中、日、韩、俄、蒙文化交流与合作。四是推动旅游业与健康养老产业融合发展。充分利用辽宁省在东北四省区中独特的气候和自然条件，紧盯当前辽宁省人口老龄化不断加剧的发展态势，大力发展健康养老产业，做大做强医养结合新模式。以大连神谷生物科技发展有限公司为龙头，推动辽宁和东北中医药文化和健康养老产业向“一带一路”沿线国家“进军”。加大与日本、韩国优质健康养老企业（集团）合作，拉长产业链条，谋划创建“中日（韩）养老产业合作园”，建立辐射整个东北的现代健

康养老服务基地。

### （七）深入推进营商环境建设

认真履行《辽宁省优化营商环境条例》，对标国内外先进地区，将政府的工作重心由“招商”向“安商”“稳商”“富商”转变，与东北其他省区一道，以“刮骨疗毒”的决心和持之以恒的毅力，共同根治“投资不过山海关”的沉疴旧疾。一是认真落实履行政府各项承诺，树立诚信政府形象。借鉴沈阳市经验，在全省范围内大力推广惠企政策清单，打通政策措施落实的“最后一公里”，确保在落实过程中不拖拉、不打折扣，坚决杜绝“新官不理旧账”现象。二是深入推进“放管服”改革。在按照国家有关规定取消、合并、下放行政审批和经济管理权限的同时，更加注重“放”的质量和效果。从群众和企业反映最强烈、最急迫的环节入手，持续优化服务流程，力争做到“最多跑一次”。三是要大力推进“互联网 + 政府服务”。坚持依托电子、通信、网络、感测、控制等现代电子信息技术，加快运用云计算、大数据、物联网、人工智能等应用服务，建设覆盖全省的“互联网 + 政府服务”平台，推动政务服务模式创新，提升便利化水平。大力推广 24 小时政务超市。四是联合打造诚信东北。一方面要加强学习、相互借鉴，定期交流成果，加快经验复制推广，在“放管服”领域努力做到一个标准、一个流程、一张网。另一方面要深刻反思吉林长生生物、黑龙江亚布力滑雪场等重特大事件的沉痛教训，做到举一反三、防患于未然，努力消除国内外对东北的不良印象。

### （八）创新和巩固东北四省区陆海联动合作机制

建立协调的合作机制是推进东北陆海统筹、携手共建中蒙俄经济走廊的基础和保障。一是充分发挥省外办、商务厅等部门作用，加强与东北亚各国领事馆沟通协调，建立常态化联络机制。积极争取蒙古国在沈阳设立领事馆，使沈阳成为东北亚六国领事级重要的外交事务交流场所，提升辽宁国际化地位。二是创新四省区政府合作机制。推动重建东北四省区行政首长联席会议制度，使之常态化运作，重点协商中蒙俄经济走廊建设中的规划、基础设施、物流运输、生态环境等重大问题。推动“辽满欧”“辽蒙欧”沿线城市建立区域性合作组织，覆盖整个中蒙俄经济走廊。

三是加强与沿边地区合作，共建“飞地经济”。鼓励辽宁有条件的经济技术开发区、海关特殊监管区、高新区在沿边地区建立“园外园”，与当地的区位优势、产业特色、要素资源紧密结合，打造出口加工区、商贸物流园区、高新技术产业园区等，形成联动发展。鼓励有实力的企业在沿边地区投资建设“飞地”产业园，建立以企业为主体的开发模式，加强产业链合作。推动四省区联合共建中俄、中蒙国际合作产业园，加强在科技、人才、能源和关键零部件等领域合作，加快传统优势产业“走出去”。四是推动四省区企业联合抱团“走出去”。推动四省区企业合作建设跨境合作示范区和境外合作示范区。联合搭建中蒙俄经济走廊投融资平台，联合设立国际产能和装备制造合作产业投资基金，有效解决企业在“走出去”过程中面临的融资难、融资贵等问题。

# 案例报告

# 呼伦贝尔中俄蒙合作先导区案例分析报告

党的十八大以来，随着国家提出“一带一路”倡议的外交新理念，我国对外开放进入新局面。五年来，我国已累计与86个国家和国际组织签署了100余份“一带一路”合作文件，深入开展重点区域、重点国别的产能、投资、数字丝绸之路合作，中欧班列累计开行近7000列次。在这样的背景下，呼伦贝尔市作为内蒙古自治区唯一的与俄罗斯、蒙古国毗邻的地区，为积极有效提升对外开放合作水平，推动形成全面开放的新格局，提出建设呼伦贝尔中俄蒙合作先导区。

国务院批准的《中国东北地区面向东北亚区域开放规划纲要（2012—2020年）》中明确提出“支持呼伦贝尔市打造中俄蒙合作先导区”，据此，呼伦贝尔市编制了《呼伦贝尔中俄蒙合作先导区建设规划》，并于2015年获得国家发展改革委等8部委的联合批复。

中俄蒙合作先导区的规划范围为呼伦贝尔市全境，包括呼伦贝尔地区沿中俄、中蒙边境口岸旗市和欧亚大陆桥滨洲沿线旗市区以及一体化联动发展旗市，主要有海拉尔区、满洲里市、额尔古纳市、新左旗、新右旗、陈巴尔虎旗等6个旗（市、区），辐射呼伦贝尔牙克石市、鄂温克族自治旗、根河市、扎兰屯市、阿荣旗、鄂伦春自治旗、莫力达瓦达斡尔族自治旗等7个旗（市）。区域面积25.3万平方公里，总人口272万人。呼伦贝尔市北与俄罗斯接壤、西与蒙古国交界，向北经俄罗斯西伯利亚大铁路可通欧洲，向西取陆路可达蒙古国东部三省及深远腹地，向东沿滨洲线可接我国东北腹地与沿海港口及日韩等国，是我国参与和推动东北亚开发调整的有力支点。

# 一、呼伦贝尔中俄蒙合作先导区缘起

## （一）建设背景

“一带一路”倡议赢得了国际社会的广泛共鸣，国家发布了《推动共建丝绸之路经济带和21世纪海上丝绸之路的愿景与行动》，中俄蒙三国元首批准了《中华人民共和国、俄罗斯联邦、蒙古国发展三方合作中期路线图》，提出“发展在经贸、投资、人文等领域的三方合作，加强在国际和地区事务中相互协调、编制《中蒙俄经济走廊合作规划纲要》、在相互贸易中扩大使用本币结算”等许多有利于推进对外开放的重大事项。

随着中俄与中蒙务实合作层次和水平的不断提升，中俄全面战略协作伙伴关系更加紧密，中蒙提升为全面战略伙伴关系，我国与俄蒙战略互信不断增强。俄罗斯制定了《2025年前远东和贝加尔地区经济社会发展战略》，该战略以经济全球化为背景，发展与我国东北地区以及与东北亚其他国家的经济合作关系，把加快能源和交通基础设施建设作为重点目标。蒙古国准备实施“草原之路”计划，通过运输贸易振兴蒙古国经济，“草原之路”计划建设项目涵盖铁路、高速公路、油气、天然气及电气领域，总投资需求约为500亿美元。

国家高度重视向北开放与东北亚合作。中俄蒙三国首脑签署实施了《中华人民共和国东北地区与俄罗斯联邦远东及东西伯利亚地区合作规划纲要》，国务院批准实施了《中国东北地区面向东北亚区域开放规划纲要》《黑龙江和内蒙古东北部地区沿边开发开放规划》和《满洲里重点开发开放试验区建设实施方案》。2016年，国家发展改革委、外交部、商务部等八部委联合批复《呼伦贝尔中俄蒙合作先导区建设规划》，确定建设呼伦贝尔中俄蒙先导区，给予呼伦贝尔一系列差别化支持政策、先行先试政策和战略定位，赋予在东北亚次区域合作中先行、示范的开放重任。

## （二）建设意义

“一带一路”倡议构想得到了沿线各国的积极响应，赢得了国际社会的广泛共鸣，我国与周边国家基础设施互联互通水平持续提升，对外开放空间和领域不断拓展，先导区作为欧亚大陆桥枢纽的内引外联作用将更加凸显。中蒙俄经济走廊建设得到三国高度关注，中俄全面战略协作伙伴关系更加紧密，中蒙提升为全面战略伙伴关系，我国与俄蒙战略互信不断增强，中俄与中蒙务实合作层次和水平持续提升。在这种环境下，呼伦贝尔中俄蒙合作先导区建设面临有利的环境。

（1）**有利于开放合作、互利共赢。**呼伦贝尔中俄蒙合作先导区的建设可以立足比较优势，不断拓展开放合作的新领域、新途径，深化同俄蒙全方位多层次合作，把“引进来”和“走出去”更好地结合起来，在开放合作中扩大同俄蒙的利益汇合，实现互利互惠、共同发展。

（2）**有利于内引外联、辐射带动。**可以充分利用国内国外两个市场、两种资源，引导和促进要素合理流动与集聚，联通俄蒙、服务东北、辐射全国，形成境内外紧密联系、先导区与腹地协调互动的发展格局，不断提升先导区的平台和枢纽作用。

（3）**有利于统筹推进、重点突破。**呼伦贝尔合作先导区可以以战略思维统筹推进通道建设、产业发展、经贸合作、人文交流、体制创新。坚持从实际出发，通过以点带线、以线带面，最大化彰显先导区建设效果。

（4）**有利于改善民生、保护生态。**牢牢树立以人为本和绿色循环低碳理念，处理好开发开放、经济发展与改善民生、保护生态的关系，保护好草原、湿地、森林、湖泊，防止生态环境的污染和破坏，不断提高各族群众生活水平，使先导区建设成果惠及全市各族人民。

## 二、呼伦贝尔中俄蒙合作先导区建设方案

### （一）呼伦贝尔中俄蒙合作先导区概况

（1）**基础设施基本完备。**呼伦贝尔市目前已初步形成铁路、公路、航空并举的综合交通运输体系和立体口岸体系，两伊铁路竣工通车，滨洲铁路复线全线贯通，海拉尔和满洲里国际机场建成使用，口岸总过货能力达到 7500 万吨 / 年，年出入境人员达到 194 万人次，承担着中俄贸易 70% 以上货运量的陆路运输任务，基础设施对先导区发挥辐射带动作用的支撑力显著增强。

（2）**综合口岸优势突出。**呼伦贝尔市口岸类型比较齐全，拥有对外开放口岸 8

个，占全区对外开放口岸的50%，其中铁路口岸2个、陆路口岸4个、航空口岸2个。目前，海拉尔和满洲里已开通了至俄罗斯、蒙古国、韩国等国家重要城市的国际航线。

（3）**经济互补性较强。**呼伦贝尔市与俄蒙在资源结构、产业结构、技术结构、劳动力结构等方面具有较强互补性。从贸易结构看，内蒙古从俄罗斯、蒙古国进口国家急需的煤炭、铁矿石、木材、铜矿砂等资源性商品，出口俄罗斯和蒙古国市场短缺的建材、机电、轻工、日用品、果蔬等商品。

（4）**边疆和谐稳定。**呼伦贝尔市境内居住着42个民族，辖鄂伦春族、鄂温克族、达斡尔族等3个少数民族自治旗和俄罗斯族、朝鲜族、回族等14个民族乡。多年的民族融合，形成了各族群众和睦相处、团结奋进的良好局面，对内血脉相连、荣辱与共，对外语言相通、习俗相近，为先导区践行丝绸之路经济带建设民心相通要求，提供了有利条件。

（5）**跨境经济合作区逐步完善。**目前，呼伦贝尔市正加快推进建设以海拉尔区为中心，以满洲里为龙头，两翼延伸中蒙阿日哈沙特、额布都格和中俄黑山头、室韦，形成“V”字形对外开放经济带。其中，重点建设了黑山头口岸国际经济技术合作区、室韦口岸国际经济技术合作区、中俄跨境旅游区、中俄（室韦—奥洛契）跨境经济技术合作区、中俄（黑山头—旧粗鲁海图）跨境经济技术合作区、满洲里市俄罗斯工业经济园、满洲里市公路口岸国际物流园区、海拉尔中俄蒙汽车产业园、海拉尔中俄蒙物流园区、中俄达乌利亚农业（工业）园区、海拉尔国际空港物流园区等合作园区，这为对外深化与俄罗斯、蒙古国合作，对外承接发达地区产业转移提供了重要载体。

## （二）呼伦贝尔中俄蒙合作先导区建设任务

### 1. 加强产业合作

立足比较优势，加强与俄蒙产业对接合作，引入国内外优质要素资源，有序发展能源资源加工业，加快发展生物产业、冷资源产业、新型建材、先进装备制造和电子信息等战略性新兴产业，进一步做大做强绿色农畜产品业，大力推动商贸、物流、金融等现代服务业发展，建设国家大型优势特色产业合作基地。

**（1）有序发展能源资源产业。**积极开展与俄蒙、内地在风能、太阳能、生物质能等新能源以及能效管理等领域的合作，建设呼伦贝尔国家清洁能源输出基地，有序发展产业化生物天然气、非粮原料生物能源产业。实施境内外石油资源整合开发，研究论证在中蒙额布都格跨境经济合作区与蒙古国进行石油炼化合作可能性。在严格保护环境的前提下，在相关工业园区有序进行现代煤化工、PVC 系列产品、氯碱化工生产合作。利用现有木材加工产业园区及木材加工企业基础，加强技术改造与产销合作，推进满洲里进口木材加工交易基地等木材加工园区建设，进行家具门窗、指接板材、木屋组装等产品精深加工。鼓励企业“走出去”参与俄蒙毗邻地区森林资源及铅、锌、铜等有色金属矿藏开发合作，推进与俄罗斯别列佐夫铁矿、蒙古国乌兰铅锌矿等金属矿合作项目建设，支持参与境外矿产综合加工园区与配套基础设施投资建设。

**（2）积极发展战略性新兴产业。**依托东北地区丰富的生物资源，支持企业与俄蒙、内地在生物农业、生物医药、生物制造等领域开展合作，研究开发生物饲料、生物农药、生物基材料产品，培育完善蒙中药产业链。利用区域冷资源优势，积极进行冷资源产业合作研究与发展，重点推进极寒地区生物育种、保健食品、汽车与船舶机械测试、互联网数据存储、毛皮动物养殖等特色产业，建设国家冷资源产业基地，打造东北亚地区产业“冷谷”。积极发展牧业机械、矿山机械、化工机械、数控机床等先进装备制造业，以适应毗邻地区矿山机械需求量快速增长趋势。支持企业开发生产新型墙体材料、保温隔热材料、防水密封材料和装饰装修材料等适应俄蒙市场和内地市场需求的新型建材产品。鼓励蒙西集团等企业“走出去”，与俄蒙进行水泥建材等产业合作，扩大生产规模，促进深度加工，提高合作层次。培育电子元器件、配电柜、光伏电池等电子信息产品。夯实互联网基础设施，积极引入国内外知名企业，联合启动呼伦贝尔云计算数据存储加工项目，提高云存储及数据加工能力。培育和扶持污水处理、垃圾处置、土壤修复、生态恢复等领域的环保企业。

**（3）做大做强绿色农畜产品业。**发挥当地农垦集团优势，建设“粮、油、薯、乳、肉、特”六大基地。发展绿色农畜产品精深加工业，推进乳肉、粮油、蔬菜等农产品规模化经营，提高综合加工率。加快海拉尔区、满洲里市、牙克石市、阿荣旗、扎兰屯市、额尔古纳市、陈巴尔虎旗等地区设施农业建设，培育绿色优质果蔬出口基地，发展订单农业，保障新鲜果蔬产品对俄蒙出口。重点推进中俄达乌利亚农业合作区、中蒙哈拉哈农业合作区等境外合作产业区建设，积极发展中俄边境地区油菜籽种植、加工业，打造东北亚区域绿色农畜产品生产加工输出基地。加强边境地区动物疾病联防联控工作和信息共享机制。

（4）**大力发展物流等现代服务业。**围绕煤炭、化工、有色、农畜产品等重点领域，引进和培育一批物流龙头企业，加快开展仓储、加工、分拨配送、中转等高增值物流服务，提高口岸经济的附加值。积极发展国内外货代、仓储等物流配套服务体系。依托高端商贸服务，培育形成先导区接单、腹地生产、俄蒙销售的新模式，扩大对外贸易。大力发展跨境电子商务，鼓励发展云计算、服务外包、信息咨询等科技服务业。积极发展地方银行等金融机构，完善中小企业信用担保体系，鼓励国内外商业银行、证券公司等各类金融机构在先导区设立分支机构，构建各业并举、内外资并存和多种融资工具并用的金融服务体系。拓展国际金融服务业务，扩大人民币在跨境贸易和投资中应用，在海拉尔国际机场研究开展卢布等货币的自由兑换业务。大力发展教育、健康、餐饮、体育、旅游等生活性服务业，鼓励发展科技、会计、法律、审计、评估、咨询等生产性服务业，完善服务业体系。

### 2. 提升基础设施建设

坚持统筹规划、有序推进、突出重点的原则，加快边境与跨境铁路、公路、航空、管道等基础设施建设，逐步建成联通俄蒙、畅通东北、连接内地、贯通市域的运输通道和综合立体交通网络。强化先导区电网、城镇、信息、园区、口岸等基础设施和服务功能建设，不断提升先导区的综合承载力和辐射带动力。

（1）**构建高效能综合交通运输体系。**综合利用铁路、公路、航空等交通运输方式，以海拉尔为中心节点，布局建设 3 条经满洲里、黑山头、室韦等口岸的对俄开放通道，规划建设 2 条经阿日哈沙特、额布都格等口岸的对蒙开放通道，推动建设 2 条经滨洲线和伊敏线、伊阿线连接东北华北及大连、天津、锦州和图们等出海口的对内运输大通道。加强与俄罗斯、蒙古协调，积极推动莫尔道嘎—室韦、海拉尔—黑山头及伊尔施—道劳杜—阿日哈沙特口岸铁路，建设奇乾—室韦—黑山头、阿拉坦额莫勒—阿日哈沙特等口岸边境公路，探索参与阿日哈沙特—乔巴山等跨境公路境外段建设。适时启动哈齐客运快速铁路线延伸至满洲里、满洲里—新右旗铁路、伊敏线和伊阿线扩能改造工程的前期研究工作，积极推动满归—漠河铁路、阿荣旗—莫旗铁路等项目建设。加快建设那吉屯—尼尔基、阿里河—根河、海拉尔—拉布达林、满洲里—阿拉坦额莫勒—阿木古郎等干线公路，形成功能完善、布局合理的公路网和铁路网。加快推进铁路枢纽、换装站扩能改造，提升经满洲里出境的通往中亚和欧洲班列的运营规模和效率，研究增开旅游列车和货运专列，提高铁路客货运输能力。完善海拉尔、满洲里机场口岸功能，鼓励国内外航空公司增加至赤塔、伊尔库茨克等航班密度，推进开通至乌兰乌德、乌兰巴托、新西伯利亚、克拉斯诺亚尔斯克、雅库茨克等地的国际航线，新增与日本、韩国等国家的国际航线，增加至北京及国内大中城市航班。新建扎兰屯支线机场和莫旗、新右旗等通用机场，支持机场之间开通航线，形成一小时航空经济圈。加快额尔古纳河、嫩江等重要航道及码头等基础设施建设，打通水运通道。加强与大连、锦州、天津、图们等港口衔接，积极发展陆海联运。

（2）**加强口岸与信息基础设施建设。**高标准建设口岸基础设施，做好口岸的相互衔接，提高货物、人员的通过能力。加快满洲里铁路换装和公路口岸通关设施改造，研究建设室韦铁路口岸可行性。推进黑山头、室韦、阿日哈沙特和额布都格口岸基础设施和设备、双向过货通道和物流场地的建设和升级改造。加快海拉尔、满洲里国际机场候机厅、联检楼等相关场所与设施的改扩建。加强口岸数字化建设，实现通关、物流等信息资源共享，全面提高口岸信息化水平。加强跨境电子商务平台、通信网络运行管理平台、数据中心等信息基础设施建设，开展面向俄蒙与东北亚地区数据储存、计算和租赁业务，与俄蒙毗邻地区建成跨境直达陆地光缆，扩容完善满洲里—外贝加尔斯克中俄跨境光缆，将先导区打造成为欧亚电信传输的重要节点。加快光纤网络建设，推动“三网”融合，提高通信、广电、计算机骨干网络的覆盖度。

（3）**加快城市与园区基础设施建设。**按照国家能源基地建设规划的总体安排，着力建设电力外送通道，加快先导区电网智能化建设和改造，提高电力输送能力和城乡电网的安全性、稳定性和可靠性，进一步提高供电能力和水平。适时推进送往东北三省相关地区的交流与直流输变电通道建设工程，重点建设伊敏—兴安—乌兰浩特 500 千伏交流输变电工程和岭东—牙克石—满洲里 500 千伏输变电工程。加大防洪堤防工程、高效节水灌溉工程建设力度，推动国际界河护岸工程建设。不断提高城乡供水保障水平，加快修筑直供园区、城区输水管道，实施农村牧区饮水提质增效工程。加强给排水、供热、供气、道路、环卫、生活垃圾与污水污染物处理、园林绿化等城镇市政公用基础设施建设，提高城镇对产业和人口的承载能力。高标准、高起点规划建设园区基础设施，促进工业向园区集中，产业向园区集聚，建设大基地、大园区、大企业、大集群。

3. 深化各领域交流合作

依托先导区地缘相连、人文相通优势，深化与俄蒙在文化教育、医疗卫生、跨境旅游、生态环保等领域的交流合作，不断拓展合作空间和提高合作层次，增进三国间相互了解和友谊，把先导区建成人文丝路、绿色丝路、和谐丝路的中坚力量和重要支撑，为维护北疆安全稳定做出新贡献。

**（1）扩大人文交流合作。**在已有的合作基础上，完善政府间和民间交流机制，在文化会展、教育科技、体育赛事、医疗卫生等方面进一步拓展合作范围、深挖合作潜力。充分挖掘当地“蒙古之源”及鄂伦春、俄罗斯族等少数民族文化，开展三地文艺团体的互访以及展览、交流。在经贸展会、文化展览、图书翻译发行等方面深化合作，积极培育和发展中俄蒙国际会展和论坛活动，扩大规模和影响力，继续办好海拉尔中俄蒙经贸洽谈暨产品展销会、呼伦贝尔中俄蒙国际矿山机械博览会和中俄蒙旅游合作论坛等，研究探索举办新的会展和论坛活动。依托历史往来基础，拓宽先导区与俄蒙在高等教育教学、科技研发、人员交流等领域的合作，编制中俄蒙次区域合作科技交流与人才培养规划，打造中俄蒙教育科技交流合作平台。鼓励呼伦贝尔学院、内蒙古大学满洲里学院等高校，培养中俄蒙合作紧缺型和应用型技术人才，设立俄罗斯和蒙古国研究中心，支持三国高等院校互派留学生。支持先导区中小学与俄蒙两国毗邻地区相关学校结为友好院校，共同举办少儿文艺演出、中小学运动会、夏（冬）令营等活动。加强与俄罗斯科学院东西伯利亚分院及俄蒙毗邻地区科研机构合作，积极与国内科研院校和企业合作，提高科技成果转化、产业技术研发和自主创新能力。鼓励开展国际式摔跤、射箭、冰球、拳击、柔道、艺术体操等体育赛事交流活动，创建中俄蒙区域性体育赛事与交流活动中心。密切与俄蒙两国卫生部门和医院的友好往来，互派医护人员交流培训。开展中蒙医药学术交流、专家互访和义诊活动，促进中蒙医药养生保健服务发展，扩大中医药和蒙医药的国际影响。加强中蒙医药品安全管理和研发、蒙医药研究与交流及蒙药材安全管理，促进相关学术研究和临床应用新成果、新技术、新方法的交流。借助我国中医药及蒙医学优势，与蒙古国共同建立人才培养和引进机制，为蒙医药等传统医学发展提供人才支撑。加强中俄蒙三方边境地区传染病及其媒介生物的联合监测与控制，扩大对传染病病种研究的交流合作，健全传染病联合防控机制和卫生应急救治联动机制。鼓励有条件的医疗机构和企业开展远程医疗服务，把先导区建设成为“海赤乔”次区域疾病防疫联防、联治示范区。

**（2）拓展跨境旅游合作。**建立和完善与俄蒙地方政府、旅游协会和有关企业的多层次合作协调机制，共同打造具有“海赤乔”次区域特色的国际知名旅游产品。鼓励优势企业开展境内外经营活动，与俄蒙共同开发跨境旅游资源，依托中俄额尔古纳界河、中蒙哈拉哈界河等边境地区的自然风光、异国风情，发挥满洲里、黑山头、室韦、阿日哈沙特、额布都格等口岸通道作用，推动跨境旅游区、跨境旅游线路建设与合作。依托丰富旅游资源，加快旅游景区与基础设施建设，创建一批国际知名旅游景区，把先导区建成体现草原文化、独具北疆特色的旅游观光休闲度假基地。加快建设海拉尔区旅游集散中心，研究建设呼伦贝尔国际生态旅游区或国际旅游特区。

**（3）加强生态环保合作。**完善与俄罗斯和蒙古国的跨国生态环保合作机制，共同保护森林、草原、河流、湖泊、湿地等生态系统。加强自然保护区规划与建设，推进黄羊等野生动植物保护。加强森林草原防火和林业有害生物防治联防建设，加强环境影响评价和跨界环境影响评估，建立环境监控信息平台。坚持点上开发、面上保护，科学有序开发和利用资源，开展主体功能区适应性评价。完善生态环保监管机制和保护措施，对产业园区规划和重大工程项目，同时开展环境影响评价。对相关产业规划及重大项目的布局进行规划水资源论证，注重节能减排和环境治理。由地方在平等协商的基础上，探索建立生态补偿机制，实现绿色发展、美丽发展和可持续发展，建设祖国北疆生态安全屏障典范区和国家生态文明示范区。

### （三）呼伦贝尔中俄蒙合作先导区建设目标

到 2025 年，先导区要在对外通道、口岸城镇、产业体系、合作模式、体制机制等方面基本成形，先行、引导、示范和带动作用充分体现，成为我国对俄蒙开放合作和参与东北亚开发调整的重要枢纽，率先建成小康社会。

（1）**与俄蒙合作取得实质性进展。**基础设施互联互通取得突破，形成铁路、公路、航空立体对外开放通道体系，合作平台更加完善，经贸投资人文合作层次提升，与俄蒙地方政府交流对话机制化，探索出一种互利共赢的次区域国际合作新模式，在丝绸之路经济带建设中发挥重要作用。

（2）**对内对外开放水平显著提高。**境外合作投资、进出口总额和口岸贸易过货量增长两倍以上，外向型经济比重提高 30% 以上，利用域外资金年均增长 20% 以上，贸易投资便利化水平明显提升，有力牵引东北地区扩大向东北亚开放，基本建成我国向西向北开放的战略高地。

（3）**特色优势产业体系基本形成。**建成国家清洁能源和煤基产品加工输出基地，生物科技、有色金属加工、装备制造等新型产业基地，绿色农畜产品生产加工输出基地，国际原生态多民俗休闲旅游区，物流、金融等现代服务业加速发展，自我发展能力显著增强，为东北全面振兴做出新贡献。

（4）**发展的质量和效益不断提升。**发展方式实现战略性转变，经济实现平稳较快增长，可持续发展能力进一步增强。城镇化率达到 70% 以上，基本公共服务体系更加完善，生态环境保护成效显著，建成祖国北疆多民族和谐幸福家园、重要的生态安全屏障和安全稳定屏障。

至 2030 年左右，先导区引领示范作用、带动传导能力、典型先导效应明显增强，作为丝绸之路经济带上经贸港、信息港、资金港、人文港的作用凸显，成为东北亚产业分工体系中的重要节点，建成联通欧亚、辐射两洋的物流和贸易枢纽，在中蒙俄经济走廊建设中充分发挥通道和枢纽作用。综合经济实力明显增强，现代化、国际化、市场化、低碳化水平显著提升，生态文明建设水平明显提高，探索出一条多民族边境城市跨越发展、和谐进步的新路径，为我国与周边国家和地区交流合作及完善全方位开放型经济体系不断做出新贡献。

## 三、实践模式

### （一）运作模式

通过对内构筑“一轴两翼”开发开放布局，对外推进“海赤乔”次区域国际合作金三角建设，依托陆海国际通道拓展开放合作领域，在先导区内形成特色鲜明、高效联动的合作功能区，先导区明确区域内发展思路，创新与俄蒙三国次区域合作方式，强化与腹地的协作联系，形成内有支撑、外有通道的发展格局。

1. 构筑先导区“一轴两翼”开发开放布局

按照以开放促开发、以开发促发展的思路，以产城融合、完善功能、联动发展、服务合作为要求，提升城镇综合服务功能和辐射带动能力，构建一个核心、一个龙头、一个主轴、两翼互动的先导区开发开放布局。

**（1）以海拉尔区为核心。**依托中心城区条件和产业园区基础，发展集约化产业集群，建设现代服务业集聚区，打造先导区物流中心、旅游集散中心和商贸中心。立足中俄蒙多元合作需要，提升综合服务功能和城市品位，打造区域特色突出、产业布局合理、生态环境优美的魅力海拉尔。积极承接博览会、多双边论坛等大型涉外活动，提高俄蒙两国对先导区的认知度。发挥中心城区辐射带动作用，实施海拉尔区与毗邻巴彦托海、宝日希勒等城镇一体化发展，增强先导区核心区的集聚力、辐射力和承载力。

**（2）以满洲里市重点开发开放试验区为龙头。**依托公路、铁路、航空立体口岸优势，完善欧亚大陆桥大通道建设，加快国际物流中心建设，丰富提升边境经济合作区、中俄互市贸易区功能。建设国际贸易基地、能源开发转化基地、进出口加工制造基地和跨境旅游基地，打造先导区与俄蒙全方位对接合作的龙头。突出中俄蒙文化交汇融合特色，完善建筑、街道、景观和商业设施，进一步提升旅游与公共服务水平，打造国际口岸型名城。加强满洲里与周边旗市在招商引资、口岸协作、人才引进等方面的合作，形成对俄蒙组团开放态势。

**（3）沿滨洲线各旗市铺设主轴。**由西向东依次展开满洲里市、陈巴尔虎旗、鄂温克自治旗、海拉尔区、牙克石市、扎兰屯市和阿荣旗，远衔欧洲、西接俄蒙、东连东北腹地，形成龙头带动、核心支撑、主轴串联、内外互动的开放发展态势。夯实现代交通和物流发展基础，降低贸易和投资成本，构建和延长产业链条，将先导区主轴建成人口和产业的集聚带，不断提升辐射带动能力。加强中心城、副中心城、中心镇和重点镇协调发展，增强中心城辐射带动城镇能力，构建沿边口岸、文化旅游、绿色农牧业、产业集聚等特色型城镇，为扩大对内对外开放提供多点多极支撑。

（4）**沿中俄、中蒙边境线展开两翼。**沿中俄边境黑山头、室韦等口岸和额尔古纳市展开北翼；沿中蒙边境阿日哈沙特、额布都格等口岸和新巴尔虎右旗、新巴尔虎左旗展开南翼。依托对外通道便捷、生态环境优美和俄蒙毗邻地区资源丰富等优势条件，大力发展物流、旅游、资源加工等产业。积极开展贸易投资合作和人文交流，促进先导区与俄蒙多点对接、多层交流、多元合作。加强两翼与一轴之间的交通联系，促进要素自由流动、资源高效配置、市场深度融合，以一轴为两翼提供要素产业支撑，以两翼为一轴提供对外开放通道。通过一轴两翼互动，不断拓展中俄蒙合作的深度和广度，带动根河市、鄂伦春自治旗、莫力达瓦达斡尔族自治旗共同发展。

### 2. 打造“海赤乔”次区域国际合作金三角

依托区位地缘优势和友好合作关系，以先导区核心区海拉尔区、蒙古国东方省首府乔巴山市、俄罗斯外贝加尔边疆区首府赤塔市为支点，通过加强基础设施互联互通、深化多层次合作、建立健全合作机制，打造“海赤乔”次区域国际合作金三角，辐射蒙古国东部三省区、毗邻俄罗斯三个州区和我国东北地区，有力支撑丝绸之路经济带建设。

（1）**巩固提升先导区对俄合作。**突出先导区合作平台作用，依托俄罗斯远东及西伯利亚地区森林、能源、矿产资源丰富优势，重点开展木材加工、有色金属、跨境旅游、服务贸易、农业开发、果蔬供应等合作，研究建设俄罗斯经满洲里进入内地的石油管道。深化教育科技、文化旅游和医药卫生等交流，积极探索在冷资源产业、生物资源产业和电子信息产业等新兴领域开展合作。

（2）**积极推进先导区对蒙合作。**发挥地域相连、民俗相近、语言相通优势，突出抓好中蒙口岸和跨境合作园区建设，积极开展基础设施、能源矿产、产业园区等大型项目合作共建，深化畜牧业、饲草业、种植业合作，加强牧业机械、防沙治沙、科技教育、卫生环保、边境旅游、体育赛事等交流合作。发展转口贸易，扩大对蒙劳务、技术和商品输出。

（3）**建立健全次区域国际合作机制。**以常态化和机制化为要求，以三方地方政府为主体，充分借助“大图们倡议”等次区域合作平台，逐步在基础设施、口岸管理、政策对接、金融货币、边境事务、领事合作等方面建立次区域合作框架，促进要素自由流动和中蒙俄经济走廊建设。以各种产业园区为平台，加快建立次区域招商引资和产业发展合作机制，实现联手谋划项目、共同建设基地、合作打造品牌、联合开拓市场，通过资源深度整合实现共同繁荣发展。加强呼伦贝尔市与赤塔市、乔巴山市的多层次交流合作，巩固提升先导区与俄蒙毗邻地区的友好关系，增强相互信任、扩大利益汇合，推动次区域合作向纵深发展。完善与俄蒙毗邻地区协调联络工作机制，深化抢险救灾等边境事务合作。

### 3. 依托陆海国际通道，拓展开放合作领域

通过滨洲线、两伊线、满伊线连接东北华北及图们、大连、锦州、天津等出海口，贯通陆海相连、南北相接、内外相通的国际大通道，深化与东北地区及国内深远腹地合作，积极开展与日韩合作，不断拓展开放合作的领域和途径。

**（1）优化扩大与东北地区合作。**发挥先导区平台作用，夯实现代产业和物流发展基础，向东连接哈大齐工业走廊，向南衔接长吉图经济区、沈阳经济区和辽宁沿海经济带，为东北地区和俄蒙间要素资源流动提供综合服务。以沿边开放带动内陆扩大开放和提升沿海开放水平，促进东北地区主要板块融合发展。依托先导区地缘、资源和开放优势，强化与东北地区运输通道、能源管网、生态环保等对接协作，加强能源矿产、装备制造、农畜产品加工、生物制药、冶金建材、新型化工、商贸物流、文化旅游等领域合作，提升东北地区面向东北亚开放的层次和水平。依托东北四省（区）合作机制，加强与辽吉黑三省在规划、政策、制度等领域的协调。

**（2）加强与国内腹地的对接协作。**依托贯通陆海国际大通道，加强与长三角、珠三角和环渤海经济圈协作，拓展与中西部地区合作领域，支持“苏满欧”“粤满欧”“豫满欧”等货运专列的开通和运营，建立健全与沿海港口的协作机制，促进协同推进丝绸之路经济带和“21世纪海上丝绸之路”建设。利用要素北上西进机遇，积极承接国内产业转移，创新“飞地园区”模式、投资管理方式、财税分配比例和指标统计方法，深化与天津滨海新区、苏州、东莞等国内腹地能源资源、电子信息、轻工产品等领域的加工与贸易合作，大力发展边境贸易、转口贸易和服务贸易，实现以开放合作促转型发展。

（3）**积极推进与日韩合作。**利用日韩等国科技、教育、资金优势，重点推动装备制造、新能源利用、生物产业、电子技术、休闲旅游、论坛会展、文化创意、科技环保等领域交流合作。谋划一批龙头项目，加强产业配套能力建设，吸引日韩先进技术和生产要素向先导区转移和集聚，支持外资企业建立生产基地、研发中心和地区总部。

4. 建设特色鲜明、高效联动的合作功能区

综合考虑资源环境承载能力、现有开发基础和未来发展潜力等因素，按照内引外联、互动发展的思路，统筹推进多元合作平台建设，重点规划建设以下 8 个功能区。

（1）**国际商贸物流区。**依托主要口岸和交通干线，在海拉尔、满洲里、牙克石、扎兰屯等中心城市，大力发展仓储物流、国际货运、第三方物流等产业，积极发展边境贸易、跨境电子商务贸易和服务贸易，加快发展金融、咨询、会展、信息、总部经济等产业。重点建设海拉尔中俄蒙国际物流园区，统筹推进中俄满洲里—后贝加尔边民互市贸易区、海拉尔中俄蒙商品展销中心、大兴安国际物流中心和呼伦贝尔进出口商品网络交易平台建设。研究建设海拉尔空港保税仓库和机场出境免税店。

（2）**循环经济产业示范区。**按照点状布局、集约设置、循环利用、协作发展的要求，以呼伦贝尔经济技术开发区为核心，联动呼伦贝尔岭东工业园区、阿荣旗工业园区和牙克石产业集聚区，开展园区循环化改造，构建循环型产业体系。进一步增强配套服务能力和优化发展环境，重点发展能源化工、有色金属、生物制药、装备制造、农畜产品加工、高新技术、新型建材等产业。研究建设呼伦贝尔经济技术开发区保税仓库。

（3）**跨境经济合作区。**在主要边境口岸，建设面向东北亚、服务国内腹地的资源转化型园区、合作加工型园区和进出口加工型园区，重点发展资源落地转化、轻工产品加工、机电产品装配、日用产品与果蔬出口等产业。积极推进中蒙跨境经济合作区建设，探索与俄共建跨境经济合作区的可行性。

（4）**境外产业合作园区。**以次区域范围内俄蒙农业和矿业资源富集地为重点，鼓励国内有实力的企业对外投资，与俄蒙合作建设资源开采加工、建材生产、农

业开发等产业园区。重点推进俄罗斯伊尔库茨克木材产业园区、赤塔建材产业园区、达乌利亚农业合作园区和蒙古国哈拉哈农业合作园区、哈比日嘎产业合作园区等建设。

**（5）绿色农牧业区。**采用国际先进技术，整合农牧业资源，发展科技型农业和生态型畜牧业。在陈巴尔虎旗、新巴尔虎左旗、新巴尔虎右旗和鄂温克族自治旗，重点建设优质牛羊肉输出基地；在根河市、扎兰屯市和鄂伦春自治旗，重点发展黑木耳等经济作物；在牙克石市、扎兰屯市、阿荣旗和莫力达瓦达斡尔族自治旗，重点发展马铃薯、大豆和油菜种植业。树立绿色农畜产品形象，打造“呼伦贝尔”绿色农牧业品牌。

**（6）人文科技交流合作示范区。**充分挖掘中俄蒙三国人文资源，以中心城市为主体，以特色城镇为补充，发挥呼伦贝尔学院、满洲里俄语职业学校、海拉尔牧业机械研究所等平台作用，积极开展技术研发、合作办学、文艺演出、医疗服务、体育赛事、互派留学生等合作，促进中俄蒙民心相通。

**（7）国际休闲旅游区。**依托主要口岸，在界河附近双方商定区域内，整合草原、森林、湿地、民俗等旅游资源，研究共建跨境旅游合作区。依托俄蒙毗邻边境地区丰富旅游资源，对接俄蒙管理部门，积极稳妥发展边境旅游。整合旅游线路，有效衔接跨境游、边境游和国内游，建设独具异域风情的原生态多民俗国际休闲旅游区。

**（8）生态环保产业园区。**依托园区建设环保技术研究交流中心、展览展示中心和咨询服务基地，组织开展与俄蒙的政策交流、人员培训、示范项目以及技术合作等活动，促进国内环保理念、技术和产业“走出去”。

## （二）重要经验和做法

### 1. 积极完善域内交通基础设施建设

在先导区获得批复后，先导区加大对区域内交通等基础设施的投入力度，积极构建对俄、对蒙、与内地的运输大通道。截至目前，国道306线阿拉坦额莫勒至阿日哈沙特口岸段二级公路项目、国道332线阿木古郎至额布都格口岸段二级公路项目已完工；海拉尔机场改扩建工程顺利完工，新建阿荣旗、莫旗、陈巴尔虎旗、新右旗、根河满归等通用机场并开通互相之间航线，形成一小时航空经济圈；积极推进伊敏—兴安—乌兰浩特 500 千伏交流输变电工程，加强区域内坚强网架。

### 2. 加强三国间文化交流合作

鼓励有条件的院校和语言类培训机构，开办俄罗斯语、蒙古国斯拉夫语教学，扩大汉语国际教育，建设汉语留学基地。2017 年，呼伦贝尔学院招收俄蒙留学生 56 人，聘请 8 名俄罗斯籍教师、3 名蒙古国籍教师。内蒙古大学满洲里学院在俄罗斯后贝加尔国立大学建立了汉语文化中心，并开设汉语零基础课程和汉语会话课程。

呼伦贝尔高校、科研院所与俄蒙开展智库建设、学科研究、合作办学、互派留学生等方面合作。呼伦贝尔学院每年定期与俄罗斯后贝加尔国立大学举行国际学术研讨会，共同出版论文集；与俄罗斯社会科学院西伯利亚分院、蒙古国成吉思汗大学共同开展了蒙古学、佛藏学以及三少民族研究。2017 年呼伦贝尔学院派员参加在俄举行的“中俄蒙国际母语大学生教学技能大赛”，4 名学生获两个一等奖、一个二等奖和一个三等奖。内蒙古大学满洲里学院与俄罗斯后贝加尔国立大学“2+3 合作办学”项目进展顺利，2017 年中方共有 5 名学生顺利毕业并获得俄罗斯国家本科毕业证书。内蒙古大学满洲里学院与鄂木斯克国立大学启动互派留学生项目，2017 年互相派送学生 21 名。呼伦贝尔职业技术学院与蒙古国传统医学研究院已达成蒙医药学术交流和联合办学的意向并开展相关手续办理工作。

积极培育和发展中俄蒙国际会展和论坛活动，扩大规模和影响力。继续办好已形成规模的海拉尔中俄蒙经贸洽谈暨产品展销会、呼伦贝尔中俄蒙国际矿山机械博览会、满洲里北方国际科技博览会、中俄蒙国际旅游节、冰雪节暨美丽使者大赛等节庆会展活动。成功举办“一带一路”中俄蒙区域合作论坛和“海赤乔”国际合作论坛，具体与蒙古国乔巴山市、俄罗斯赤塔市签订了“海赤乔”战略合作协议，初步就建立健全三边会商合作机制达成共识，为形成中俄蒙区域合作交流常态化机制奠定了基础。

### 3. 强化口岸通关效率

与俄蒙口岸管理部门接洽，商谈推动简化双方口岸整体作业流程，探索实施海关、检验检疫局、边防检查站互认的口岸作业模式。积极与蒙古国东方省海关对接，就推进中蒙海关特定进出口商品实施统一载货清单，目前已经取得双方海关署级层面的共识，实施统一载货清单后将简化口岸海关通关手续。满洲里海关在中蒙关区口岸陆续实施启动该项目。满洲里海关与俄罗斯西伯利亚海关监管结果互认项目已经正式实施启动，已开展监管结果互认项目商品 13 批并陆续扩大实施范围。

推进单一窗口和大数据平台建设，推动口岸管理部门信息互换、监管互认、执法互助，加快口岸大通关。按照国家、自治区《关于落实“三互”推进大通关建设改革的实施意见》中制定的近中远期发展目标，积极配合自治区口岸办在呼伦贝尔市开展电子口岸平台建设和国际贸易“单一窗口”建设任务。按照自治区总体要求，全市“单一窗口”智能卡口已顺利完成前期建设任务；阿日哈沙特、额布都格口岸已完成招投标工作，黑山头、室韦口岸智能卡口项目正在进行网上招标。二级监控指挥系统各口岸已全部安装到位，正在进行调试。

#### 4. 创新口岸监管模式

（1）**海关方面**。在满洲里公路口岸进出境大厅开展海关、国检联合办公，共享监管设备、共用监管图像、共同联合查验。对满洲里铁路口岸、额布都格口岸、阿日哈沙特口岸已开展运输工具联合登临检查的情况进行评估。驻车站办事处与满洲里边防检查站已签订联合登临检查工作合作备忘录，并对共同维护口岸安全作了原则性约定。额布都格口岸针对边民自驾车、进出境货车等不同运输工具，分别采取不同的联合登临检查方式。阿日哈沙特口岸已建立海关与国检、边检联合检查配合机制，商定作业流程，签署合作协议。对满洲里市森富物流园区的企业场地规划建设提出指导性意见，明确提出满足共同查验的场地设置要求，积极推动“三互”由旅检领域扩展到货物通关领域。推进智能化建设。对满洲里公路口岸客运、货运两方面运输工具管理系统进行优化，提交卡口管理业务需求。满洲里公路口岸客运、货运两方面运输工具管理系统已分别于 2017 年 6 月、8 月上线运行。

（2）**出入境检验检疫方面**。创新出口果蔬监管模式，依托产品风险评估，实施即报即放、合格假定等差异化监管模式，满洲里口岸出口果蔬 80% 以上的批次实现了快速验放，货物从申报到放行由原来 1 ~ 2 个工作日缩短到几分钟，基本实现口岸“零等待”“‘秒速通关’已经成为满洲里口岸对俄果蔬贸易发展的‘助推器’”。加强检验检疫通关一体化信息基础保障建设，检验检疫 e-CIQ 主干系统实现了辖区进出口货物在全国范围内一次报检、一次检验检疫、一次放行、“一号到底”。2017年6月15日，启用全国检验检疫无纸化系统，辖区内60余家代理报检企业全面开展无纸化申报业务，其中出境检验检疫业务无纸化覆盖率接近100%，报检提速到“读秒时代”。推进中欧检验检疫通关一体化。设立跨境班列专用通道，实施预约申报、优先查验、优先放行监管措施；推行中欧班列货物出入境全申报和“三通两直”通关放行模式。

（3）**边防检查方面。**主动参与并积极推进口岸智能卡口建设，利用满洲里公路口岸货运检查现场“单一窗口”平台建设，实现出境人员、车辆“并联式”服务和“一站式”查验，有效提升了出入境车辆通关效率。在支持铁路疏运发展上，针对中欧班列推出了重要勤务专勤保障机制，提前迎候列车，全面实施列车诚信查验，最大限度提高通关效率，提升口岸疏运能力。在服务旅游产业发展上，先后开通“边境旅游”“大型团组”“儿童与老年人团组”“互市贸易区”和“需帮扶人员”等7条专用服务通道，推出“简化空港口岸中国旅游团队查验手续”“边检服务微信群”“边境旅游团组优先验放”“政府重要团组免领队”等服务旅游业发展措施，全力确保旅客顺畅通关。在深化中俄涉外合作上，与俄方边检机关就边境旅游高峰期查验事宜进行沟通协商，建立“一日游”流量通报机制，同步开通专用查验通道，保障“一日游”团组顺畅通关。

### 5. 积极推进保税区建设

满洲里综保区目前共有协议入区项目17项，计划总投资4.19亿美元，其中落地项目14项，启动经营项目8项，拟迁出项目6项。截至2017年，满洲里综保区已实现外贸进出口额超过7200万美元，货物品类以芯片、食品、粮油、松子、日用百货为主。积极推进满洲里公路口岸设立进境免税店工作。满洲里市和相关企业密切沟通公路口岸进境免税店申报建设工作，赴自治区财政厅、中免总公司汇报协商，在自治区财政厅的支持下，协调财政部、海关总署及各相关部委解决相关问题，推进满洲里公路口岸进境免税店项目尽快获批。同时，与中免（集团）公司沟通对接，协调落实公路口岸进境免税店选址、设计等工作，为公路口岸进境免税店建设做好前期准备工作。

### （三）主要问题

（1）**国际环境复杂多变。**中俄、中蒙之间尽管建立了战略协作伙伴关系，但俄蒙两国作为不很完全的市场经济国家，经济政治社会受政府影响比较大，与俄蒙的合作受制于国际政治经济环境和国家层面的交往。俄方在对外经贸政策与措施上不规范，关税壁垒和“灰色清关”盛行；蒙古国法律环境相对较差、政策多变，执行政策存在随意性。中俄蒙符合国际惯例的贸易服务体系尚未很好建立起来。目前，在银行结算、贸易仲裁以及出口信用保险等重要领域的合作还不能满足双边经贸合作发展的需要。在合作过程中三方缺少项目工作推进机制，目前尚未形成充分的先导区建设沟通机制。

（2）**基础设施欠账较多。**由于历史和地理位置原因，先导区在口岸基础设施建设上长期滞后、投入不足，基础设施保障能力较差，口岸现代化、信息化程度较低，配套和管理服务较为粗放，仅有满洲里市完成了电子口岸建设。口岸基础设施的落后对通关效率的影响，已经成为制约口岸运输量与双边贸易总额增长的一个重要因素。额布都格互市贸易区建设方案虽然已通过自治区人民政府批复，但场地、监管货仓等硬件基础设施建设仍不完备，验收条件还不具备。

（3）**双边贸易结构单一，合作领域不宽、层次不高。**对俄蒙开放层次低、领域窄。在全部进出口总额中出口额比例极低，其中本地产品出口更是少之又少，并且多以蔬菜、水果、服装、日用百货等初级产品为主；与俄蒙经贸发展较多，而与俄蒙特别是与科技水平较高的俄罗斯开展科技、文化、教育、卫生医疗等方面的合作较少。

（4）**引进和对外投资的项目总量和规模较小。**“走出去”“引进来”力度不大，引进和对外投资的项目总量和规模较小，缺乏外部资金、技术人才和先进管理经验等要素支撑。同时，就呼伦贝尔市而言，与俄罗斯和蒙古国的贸易形成逆差，进口的商品多，本地商品出口少，主要原因是呼伦贝尔市自身能够外贸出口的商品匮乏。

（5）**政策落地的“最后一公里”尚未完全实现。**国家八部委联合批复的《呼伦贝尔中俄蒙合作先导区规划》以及内蒙古自治区人民政府《关于支持呼伦贝尔中俄蒙合作先导区建设的若干意见》（内政发〔2017〕33号）是综合性的利好政策性文件，但诸多利好政策没有及时兑现，涉及的具体政策仍需要呼伦贝尔市相关部门及自治区的推进落实，政策落地的“最后一公里”依然还存在瓶颈。

# 四、实际成效

## （一）对国家或区域发展的成效

俄罗斯和蒙古国是我国重要的北方邻国，在东北亚地区开发调整和共建丝绸之路经济带中具有重要地缘战略地位。在中俄蒙三国交界地区建设呼伦贝尔中俄蒙合作先导区，是以扩大开放促进东北振兴和实现兴边富民、睦邻友好的重要战略举措，对打造全方位主动对外开放新格局、落实国家区域发展总体战略和加快边疆民族地区经济社会发展具有重大意义。

（1）**充实完善丝绸之路经济带建设布局。**建设呼伦贝尔中俄蒙合作先导区可以充分发挥先导区在欧亚大陆桥上外接俄蒙联通欧洲、内接东北通达华北腹地和沿海口岸的重要枢纽作用，加快沿边地区的开发开放，有利于加强丝绸之路经济带同俄罗斯跨欧亚大铁路和蒙古国“草原之路”的对接与协作。

（2）**深度参与东北亚地区的开发调整。**建设呼伦贝尔中俄蒙合作先导区，以深化对俄蒙合作为重点，扩大面向东北亚地区的开放，加强我国与东北亚各国在基础设施建设、资源开发、产业发展等方面的互利合作，有利于优化对外开放格局和深度参与东北亚地区的开发调整。

（3）**进一步推动东北地区全面振兴。**建设呼伦贝尔中俄蒙合作先导区，充分发挥先导区的内引外联和辐射带动作用，积极参与东北亚地区产业分工，探索面向东北、服务内地的沿边经济发展新模式，有利于提升东北地区的对外开放水平和进一步推动东北地区全面振兴。

（4）**积极探索次区域国际合作新模式。**建设呼伦贝尔中俄蒙合作先导区，依托沿边地区在开展跨境合作方面的地缘优势和便捷条件，支持地方政府创新工作思路和方式，因地制宜、灵活务实地开展对外合作，有利于积极探索在地方层面推动次区域国际合作的新模式。

## （二）对案例所在地发展的成效

（1）**成为沿边城市的中心。**呼伦贝尔市在东北亚中俄蒙毗邻地区合作中，发挥区域中心城市作用。打造“海赤乔”国际合作金三角，依托呼伦贝尔区位地缘优势和友好合作关系，以呼伦贝尔中心城区（海拉尔区）、俄罗斯外贝加尔边疆区首府赤塔市、蒙古国东方省首府乔巴山市为城市平台，辐射俄罗斯毗邻三个州区、蒙古国东部三省区和我国内陆地区，借助呼伦贝尔中俄蒙合作先导区政策优势，发挥区域中心城市带动作用，依托满洲里、黑山头、室韦、阿日哈沙特、额布都格等口岸城镇服务功能，推进发展服务贸易和加工贸易集聚发展，提高呼伦贝尔向北开放中心城市的美誉度。

**（2）成为互联互通的枢纽。**已经规划和近期建设的连接俄蒙、对接内地的综合立体运输网络已经构建，中俄三大通道和中蒙两大通道加快建设，中俄经满洲里电气化铁路通道及黑山头口岸、室韦口岸跨境铁路公路通道和中蒙经阿日哈沙特口岸、额布都格口岸跨境铁路公路通道，以及"海—拉—黑、室—莫、满—伊"等边境铁路和滨洲铁路客专扎实推进。"四横五纵十二出口"的高速、一级、二级公路网和边境、林区、垦区等级公路正在全面建设。国家民航局批准建设的呼伦贝尔通用机场群，将形成4个支线10个通用的机场群。下一步，积极促进"中欧""营满欧""鄂满欧"等班列常态化运行，使草原丝绸之路辐射到长三角、珠三角、环渤海地区，为"一带一路"倡议在先导区的深入实施，提供互联互通的重要枢纽作用。

**（3）成为能源资源的基地。**呼伦贝尔市处于得尔布干成矿带和大兴安岭成矿带上，具有能源和资源禀赋，毗邻俄罗斯、蒙古国地区天然气、煤炭、石油等能源和铁、铜、金、铅、锌等有色金属资源富集。为我国统筹利用好境内境外两种资源、两个市场提供了重要保障，特别是为保障国家能源安全提供了重要条件，与国际资源合作开发整合加工，抓住伊敏被列为国家现代煤化工示范基地的机遇，着力建设国家煤电、煤化工生产示范基地。同时，在风能、太阳能等新能源方面，积极开展与俄蒙和内地的合作，建设呼伦贝尔国家新能源基地。鼓励企业"走出去"参与俄蒙毗邻地区林木及铅、锌、铜等有色金属开发合作，支持参与境外矿产综合加工园区与配套基础设施投资建设，加快建设有色金属生产加工基地。

**（4）成为人文交流的窗口。**长期以来，通过多层次、多类型的交流互访，呼伦贝尔市与俄罗斯、蒙古国毗邻地区形成了睦邻友好、互促共进的关系。呼伦贝尔市同俄罗斯、蒙古国结成的友好城市有：呼伦贝尔—俄乌兰乌德市、海拉尔—蒙乔巴山市、满洲里—俄赤塔市、满洲里—俄伊尔库茨克市等。连续多年举办"中俄蒙经贸洽谈会”“中俄蒙三国交界地区旅游节”等大型会展与节庆活动，与俄罗斯赤塔市和蒙古国乔巴山市联合举办国际自行车公路赛、和平跑火炬接力赛各类体育赛事。举行苏军烈士纪念活动，邀请俄罗斯老红军老战士代表前来扫墓，进一步增进了两国民间交往、深化了人民友谊。呼伦贝尔学院与外贝加尔国立人文师范大学开展联合办学，双方师生、学术交流密切。积极承办合作论坛与会展，提高区域合作档次和水平。为“一带一路”倡议在先导区深入实施，提供民心相通的支撑。

**（5）成为产业合作的平台。**呼伦贝尔市在对俄蒙等国际合作和国内协作中，优化环境、完善机制、共建园区，积极发挥产业合作发展平台作用，形成内引外联的经济集聚区。统筹布局建设跨境经济合作区、跨境旅游区、边境经济合作区、综合保税区、进出口加工区，继续完善软硬件条件，积极吸引国内外投资，把先导区建成具有商贸物流、金融服务、产业合作、人文交流等功能的综合性服务平台，加快形成产业集聚效应，打造境内外联动、生产加工、商贸流通为一体的经济聚集区，有力支撑丝绸之路经济带建设。积极先行先试，把满洲里试验区建设成为沿边开发开放的排头兵，大胆探索创新，把呼伦贝尔建设成为向北开放的示范区。

**（6）成为改革创新的先导区。**国家八部委批复的《呼伦贝尔中俄蒙合作先导区建设规划》，重点是赋予了呼伦贝尔推进体制机制改革创新，解放思想、大胆尝试，立足于扩大开放、加快发展和发挥辐射带动作用。在对外合作模式、口岸管理体制、产业促进体系、行政管理体制等方面，有步骤、有重点地推进体制机制改革创新，加快转变经济发展方式，用新体制新机制率先闯出沿边地区扩大开放、跨越发展的新路子。创新思路和方式，因地制宜、灵活务实地开展对外合作，在边境管理、跨境合作、财政税收、金融投资、土地环保、产业准入、行政管理等领域产生先导效应，积极探索在地方层面推动次区域国际合作的新模式。

# 满洲里国家重点开发开放试验区案例分析报告

2010年6月,《中共中央 国务院关于深入实施西部大开发战略的若干意见》（中发〔2010〕11号）明确提出，积极建设广西东兴、云南瑞丽、内蒙古满洲里等重点开发开放试验区。这是党中央、国务院面向新时期、新形势，作出的又一战略部署，是完善我国全方位对外开放格局、深入推进西部大开发的战略举措。

满洲里国家重点开发开放试验区（以下简称满洲里开发开放试验区）启动建设以来，认真落实国家批复的试验区建设实施方案，牢牢把握国家和自治区政策机遇，解放思想、先行先试，在产业发展、对外开放、体制创新等方面实现了一系列新突破，示范引领作用得到充分发挥。

## 一、满洲里开发开放试验区缘起

### （一）建设背景

国家实施西部大开发战略19年，西部地区经济增长、社会进步、城乡面貌焕然一新、人民群众得到实惠，西部地区对国家做出突出贡献。虽然西部大开发取得了巨大成就，但西部地区与东部地区发展水平的差距仍然较大，仍然是我国经济相对落后和欠发达的地区。深入实施西部大开发战略，必须坚持以改革开放为动力，充分发挥市场在资源配置中的决定性作用，大胆探索、先行先试，以改革促开放，以开放促开发，建立起有利于西部地区又好又快发展的体制机制。为加快西部地区沿边开放，国家在西部地区选择几个发展基础较好的沿边口岸作为重点开发开放试验区，给予政策举措支持，通过这些地区的先行先试，引领示范带动西部地区深化对外开放，推动经济社会发展。

中俄全面战略协作伙伴关系不断深化。俄罗斯既是中国的周边大国，也是国际社会中的重要一极。中俄关系开创了新型大国关系的一种特殊方式，建立在平等、互利、互惠、双赢、互相尊重、互不干涉内政的基础之上，在国际政治、地区安全、贸易、能源等方面有着广泛、深入的合作，民间也有着深入交流。中俄双方强化战略互信和相互支持，积极推动发展战略相互对接，不断提高务实合作层次和水平，为试验区全方位扩大对外开放与交流合作营造了良好环境。

国家把沿边开放作为新一轮对外开放的主要内容和工作重点，深入实施“与邻为善、以邻为伴”和“睦邻、安邻、富邻”的周边外交方针，拓展开放领域和空间，提升合作层次和水平，试验区在沿边开放中的前沿作用将更加凸显。“开发开放试验区”是国家从实现全面建成小康社会目标和促进区域协调发展的战略全局出发，旨在全面推进西部地区对内对外开放、提升沿边开发开放水平的重大举措。内蒙古自治区加快建设我国向北开放重要桥头堡和充满活力沿边经济带，把试验区作为龙头，加强对外区域合作、双向投资和人文交流，推进国际通道、对外窗口建设，为试验区经济社会跨越发展提供了有力保障。

### （二）建设意义

满洲里开发开放试验区是我国沿边开放时间早、开放程度高、开放基础好的地区之一，推进满洲里开发开放试验区建设，在西部地区特别是沿边地区开发开放中具有十分重要的地位和作用，对于深化改革开放、促进区域合作、维护边疆稳定具有重大战略意义。

**（1）有利于深入实施西部大开发战略，打造新的区域经济增长极，为沿边地区加快转变经济发展方式、实现跨越发展积累经验。**改革开放以来，沿海地区在国家经济发展中发挥了引擎作用，广大的中西部地区在对外开放上与沿海地区有较大差距。建设重点开发开放试验区，能够加快生产要素的聚集和集中，形成开放度高、辐射力强的经济增长极，带动沿边地区经济社会全面发展，更好地发挥对西部大开发的战略支撑作用。在满洲里建设开发开放试验区，有利于充分发挥满洲里的独特的区位优势、口岸优势、资源优势，打造引领区域经济发展的新的增长极，促进区域协调发展。

（2）**有利于深入实施向北开放战略，更好地利用国内国外两个市场、两种资源，为我国经济实现持续健康稳定发展提供有力支撑。**改革开放是我国的基本国策，提升沿边开放层次和水平，丰富和扩展沿边开放内容，是新形势下对外开放战略升级的重要任务。满洲里是改革开放的缩影、国际经贸的平台、亚欧陆桥的枢纽。在满洲里建设开发开放试验区，有利于准确把握我国改革开放关键时期、攻坚阶段面临的新形势，先行先试一些重大改革开放措施，创新体制机制，创新发展模式，探索中西部地区充分连接国内外资源、市场实现跨越发展的新道路，为深入实施西部大开发、东北老工业基地振兴乃至新一轮改革开放提供有益经验和典型示范。

（3）**有利于深入实施互利共赢战略，深化与周边国家交流合作，实现兴边富民、睦邻友好，为构建我国全面开放新格局、促进民族团结和边疆稳定提供重要保障。**满洲里地处祖国北疆，与俄罗斯接壤，又是少数民族地区。俄罗斯既是我国北方最重要的邻国，又是全球性大国，是我国最重要的战略伙伴之一。推进满洲里开发开放试验区建设，能够进一步深化对外友好交往合作，密切中俄蒙关系，巩固良好的周边国际环境，实现中俄蒙边境毗邻地区守望相助、共同繁荣发展，对加快兴边富民、促进社会和谐、保持边疆稳定、维护国家安全具有重要意义。

### （三）建设依据

国家和自治区从扩大开放和统筹区域协调发展的角度进行顶层设计，推进满洲里开发开放试验区建设。

（1）**国家层面。**2010 年 6 月，《中共中央 国务院关于深入实施西部大开发战略的若干意见》（中发〔2010〕11 号）明确提出，积极建设广西东兴、云南瑞丽、内蒙古满洲里等重点开发开放试验区。之后，国务院和国家发展改革委先后于 2012 年 7 月和 2013 年 12 月，批复《内蒙古满洲里重点开发开放实验区建设实施方案》和《内蒙古满洲里重点开发开放试验区建设总体规划》，明确了满洲里试验区的发展目标、空间布局、主要任务等。2015 年 12 月 24 日，国务院出台《关于支持沿边重点地区开发开放若干政策措施的意见》（国发〔2015〕72 号），该意见包括八方面 31 条，分别从兴边富民、产业发展、基础设施建设和财税支持等方面，提出了支持沿边重点地区发展的具体政策举措。

**（2）自治区层面。**《关于支持沿边重点地区开发开放的实施意见》（内政发〔2017〕35号）、《关于支持呼伦贝尔中俄蒙合作先导区建设的若干意见》（内政发〔2017〕33号）、《关于深入实施开放带动战略全面提升开放发展水平的决定》（内党发〔2017〕12号）等文件都明确支持满洲里试验区建设。2013年1月，自治区人民政府出台《关于加快推进满洲里国家重点开发开放试验区建设的若干意见》（内政发〔2012〕124号），包括口岸和通道建设、财税、投融资、产业、工商、土地、公共服务等九方面38条。2017年5月，自治区出台《关于加快满洲里、二连浩特国家重点开发开放试验区建设的若干意见》（内党办发〔2017〕18号），从深化行政体制改革、加快口岸和基础设施建设、加强开放平台建设、提升要素流动便利化水平等八方面提出了33条政策举措。

西部大开发在我国发展中有重要地位，人口占27%，西部地区能源资源丰富，水能、煤炭、金属、非金属、生物资源在全国占有举足轻重的地位。西部地区与周边13个国家接壤，少数民族占全国70%，贫困人口占65.9%，西部地区是大江大河的源头，是我国重要的生态屏障。我国陆地边境西起广西北部湾，东至辽宁鸭绿江口，长达2.28万公里，分布着9个省（自治区、直辖市），与14个国家接壤，沿边开放潜力很大。加快沿边地区开发开放是构建我国全面开放新格局的战略任务，是新时期开发开放的战略重点，对加快完善内外联动、互利共赢、安全高效的开放型经济体系，推动我国与周边国家全面合作和共同繁荣具有重大意义。沿边地区开发开放的水平决定着我国全面建成小康社会的进程和对外开放的广度与深度。加快沿边地区开发开放，是构建我国海陆并进、东西互动全面开放新格局的迫切要求；是促进民族团结、维护边疆和谐稳定的客观需要；是坚持与邻为善、以邻为伴、实现与周边国家共同繁荣发展的有效途径。

## 二、满洲里开发开放试验区建设实施方案

### （一）满洲里开发开放试验区建设实施方案编制和报批

2010年至2012年，满洲里试验区广泛借智取经，高质量完成了方案编制上报

工作。聘请国务院发展研究中心和中国社会科学院联合课题组两个国家级科研机构，分别编制了《满洲里重点开发开放试验区建设实施方案》，结合两个单位的研究成果，多次反复与两家研究机构专家学者进行研究探讨、修改完善，形成了满洲里重点开发开放试验区建设的理论基础和初步思路。在全市范围内集中开展了大学习、大讨论和为试验区建设献计献策等活动，市人大代表、政协委员、老干部代表、基层群众广泛参与，为试验区建设提供了大量第一手资料。派出六个调研组分赴广东深圳、上海浦东、天津滨海新区、重庆两江新区、云南瑞丽、广西东兴、新疆喀什和霍尔果斯等八个地区进行学习考察，广泛借鉴东、中、西部不同类型地区的开放政策和开发经验，为方案的编制提供了强有力的智力支持。加强与国家各部委和自治区各厅局政策对接，极大地增进理解与支持，获得了很多宝贵意见。在全市干部中选出精兵强将集中攻坚，较好地完成了《满洲里重点开发开放试验区建设实施方案》的编制和上报工作。

2011 年 6 月，内蒙古自治区人民政府将《满洲里重点开发开放试验区建设实施方案》及相关政策建议上报国家发改委。2012 年 7 月 9 日，国务院办公厅下发《关于同意广西东兴、云南瑞丽、内蒙古满洲里重点开发开放试验区建设实施方案的函》(国办函〔2012〕103 号)。7 月 25 日，国家发展改革委正式印发了满洲里、东兴、瑞丽三个试验区的实施方案。

## （二）满洲里开发开放试验区概况

满洲里市位于内蒙古自治区东北部，面积 732 平方公里，总人口 30 万人，城镇化率 100%，居住着蒙、汉、俄罗斯等 20 多个民族。满洲里市与俄罗斯接壤，是我国最大的沿边陆路口岸城市，也是欧亚陆路大通道上的重要枢纽。

满洲里开发开放试验区空间布局以欧亚陆路大通道为轴线，综合考虑资源环境承载能力、现有开发基础和未来发展潜力等因素，充分发挥口岸开放辐射优势，按照“口岸驱动、轴向发展、产城一体、辐射区域”的总体思路，布局五个功能区。

一是国际物流区。依托铁路、公路、航空三大口岸，以新国际货场为主体，重点发展仓储、转口运输等国际物流业务，积极发展第三方物流，建设现代化国际物流中心。

二是国际商贸服务区。以满洲里市主城区和扎赉诺尔城区为主体，重点发展国际贸易、跨境旅游、科技孵化、教育培训、文化创意、医疗服务等产业，提升国际金融、商务旅游、信息服务能力和水平，建成集中展示城市整体形象的国际商贸服务区。

三是边境经济合作区。依据依法批准的《满洲里市城市总体规划（2014—2030）》，适当调整区位、增加面积，增强其项目承载能力、配套服务能力。充分发挥区位优势和自身资源优势，利用国内国外两个市场、两种资源，努力建成面向俄蒙的集边境贸易、加工制造、生产服务、物流采购等功能为一体的经济功能区。开展中俄跨境经济合作区前期工作，适时启动建设。

四是资源加工转化区。规划建设东西两片资源加工转化区。东片区以扎赉诺尔区为主体，利用当地丰富的煤炭资源和周边及俄蒙进口的矿产资源，重点发展煤电、煤化工、矿产品冶炼等产业，研究铁路专用线延伸至园区；西片区依托边境经济合作区现有进口资源加工基础，重点发展木材加工、家具制造等产业。

五是生态建设示范区。以呼伦湖国家级自然保护区、呼伦湖红鳍鲌国家级水产种质资源保护区、二子湖湿地、口岸防护林、天然草原为主体，加大生态建设和保护投入力度，重点发展绿色生态农业、绿色农产品加工和旅游休闲度假等生态经济产业。

改革开放以来特别是实施西部大开发战略以来，满洲里市充分发挥欧亚陆路大通道综合优势，大力实施"链接俄蒙、融入东北、服务全国、面向东北亚"战略，解放思想，开拓创新，经济社会实现跨越发展。产业基础日益夯实，形成了国际贸易、跨境旅游、进出口加工、能源开发转化等口岸特色产业，扎赉诺尔区成为重要煤炭能源基地。社会事业全面进步，城市服务功能不断完善，是全国文明城市、全国双拥模范城、中国魅力城市、中国优秀旅游城市、国家生态示范区。对外开放不断扩大，中俄互市贸易区、边境经济合作区加快发展，立体化口岸疏运体系进一步完善，铁路口岸换装能力达7000万吨，公路口岸通过能力达600万吨，航空口岸开放层次大幅提升，承担着中俄贸易70%以上的陆路运输任务。满洲里已成为我国沿边地区经济社会发展成效最为显著的城市之一，具备了进一步加快发展的坚实基础。

满洲里因1902年东清铁路的开通而建城，革命战争时期就是中国共产党与共产国际联络的红色通道，为共和国的诞生做出了重要贡献；新中国成立后又作为我国的主要外贸通道，有力地支持了国家经济建设。改革开放以来，历届市委、市政府班子团结带领全市广大干部群众，敢于向顽症痼疾开刀，勇于突破利益固化藩篱，既善于把握加速发展的历史机遇期，又积极应对诸多难题、困境与挑战，取得了令人瞩目的辉煌成就。第一个大的历史阶段，以1988年满洲里打开国门搞开放为标识，满洲里抓住了边境贸易大发展大繁荣的历史性机遇，有效发挥边境小额贸易双倍抵扣政策的磁石效应，形成了“人人搞边贸、处处是商机、家家会俄语、遍地万元户”的火爆氛围，树立了全国沿边最大陆路口岸地位，造就了一座国际贸易旅游城，使满洲里真正“火起来、旺起来”。第二个大的历史阶段，以2001年满洲里建市百年迎庆为起点，抓住了城市大发展大建设的历史性机遇，确立了“不求规模、但求风格，求精、求特、求洋”的城市建设理念，造就了一座独具特色的魅力口岸城市，使满洲里真正“靓起来、洋起来”。第三个大的历史阶段，以党的十八大为新起点，紧紧抓住被党中央、国务院确定为国家重点开发开放试验区的历史性机遇，蓄力奋进打造沿边地区重要的经济增长极，开放领域加速拓展，开放平台不断夯实，口岸特色产业体系初步构建，奠定了满洲里“优起来、强起来”的现实基础。

满洲里具有建设国家重点开发开放试验区的独特优势。

一是地缘辐射和交通网络优势。满洲里与俄罗斯接壤，毗邻蒙古国，边境线长54公里，是我国最大的沿边陆路口岸城市，是欧亚陆路大通道上的重要枢纽。内接东北和环渤海地区，向东经陆海联运可达朝日韩等国家；向西外连俄罗斯西伯利亚大铁路抵达欧洲，是连接丝绸之路经济带和俄罗斯跨欧亚大铁路的重要节点。满洲里经济社会发展辐射范围广，对外链接俄蒙，对内融入东北、服务全国。在黑龙江、辽宁等多个省区“一带一路”方案和规划中，战略布局的陆海联运通道和铁路过境通道都以满洲里为重要节点。经过沿边开放20多年的积累，满洲里初步形成了铁路、公路、航空并举的国际立体化综合交通体系。

二是对外开放和产业发展优势。满洲里是具有百年历史的口岸城市，素有“东亚之窗”和“国际商埠”之称。1988年被国务院批准为甲级开放城市，1992年被国务院批准为首批沿边开放城市，2010年被党中央、国务院确定为重点开发开放试验区。满洲里市产业基础日益夯实，形成了国际贸易、跨境旅游、进出口加工、能源开发转化等口岸特色产业，已成为我国沿边地区经济社会发展成效最为显著的城市之一，具备了进一步加快发展的坚实基础。

三是政治环境和文化积淀优势。中俄两国政治互信不断深化，务实合作稳步前行，许多重大战略项目取得突破性进展，为双方在“一带一路”构想内展开合作打下了坚实基础。中蒙全面战略伙伴关系也不断深化，双方积极推进中国“一带一路”倡议同蒙古国“草原之路”战略有效对接。满洲里市在长期的对俄蒙交流中，政治经贸和民间文化往来频繁，在与蒙俄毗邻地区建立了7个驻外联络处，形成了较为完善的区域协调联络机制。教育、体育、医疗、文化等领域交流源远流长，民心相通，友好互助，形成了异域风情和民族文化兼具的独特城市文化。

## （三）满洲里开发开放试验区建设任务

**（1）推进体制机制改革创新。**①创新口岸管理和物流服务体系。优化口岸通关服务环境，推进联检联运监管改革和能力建设，实行更加便捷、高效的出入境管理措施，促进投资、贸易和人员往来便利化。②创新产业促进体系。在拓展投资领域上先行先试，促进各类生产要素自由流动和资源优化配置。主动承接国内资金、技术和产业转移，形成境内外产业互动和产业链条互补的机制。③创新金融服务体系。在金融业务、金融产品等方面加强创新，支持国内外各类商业、证券公司在试验区设立分支机构。拓展国际金融服务业务，积极推动跨境贸易人民币结算业务开展。④创新财税管理方式。对从事鼓励类产业的企业，依照国家税收法律、法规，落实税收优惠政策。创新财政管理方式，按照国家统一部署，推进各项财税改革，实施科学化、精细化管理，提高财政管理绩效。⑤创新土地管理体系。完善土地开发利用机制，建立健全与试验区开发开放相适应的土地管理制度，增强政府对土地供应的调控能力。根据试验区发展实际，合理调整用地结构和布局，适当增加年度建设用地指标，提高用地审批效率。⑥创新行政管理体系。促进政府职能转变，减少和规范行政审批事项，提高行政服务效能。创新人力资源开发和管理模式，建立符合试验区建设需要的人才激励机制和绩效评价体系。

**（2）全面扩大对外开放。**①提高对外贸易水平和外贸服务水平。加快电子商务平台建设，拓展绿色通关渠道。转变外贸增长方式，实施品牌战略，优化进出口商品结构，促进贸易多元化。②深化经济技术合作。深化与俄蒙在建筑工程、木材深加工、矿产开发、农牧业等方面合作，带动设备、产品出口和劳务输出。③提高利用外资水平。优化开放投资环境，创新利用外资方式，进一步扩大利用外资规模，提高利用外资质量。④搭建科技孵化合作平台。加强与俄罗斯科学院东西伯利亚分院等俄蒙高等院校和科研机构合作，搭建与国内院校和科研机构互动的跨国科技合作平台。积极鼓励企业开展技术孵化，大力培育技术交易市场，加强科技服务体系建设。⑤加强边境社会事务合作。加强边境地区跨国教育、文化、科学技术、医疗卫生等社会事务合作。深度挖掘中俄蒙文化资源，积极培育具有地域特色的文化产业，促进对外文化交流。

**（3）建设现代化国际口岸。**①完善欧亚陆路大通道建设。完善满洲里至东北地区公路交通网，积极与俄方对接，加快实施铁路、公路口岸改扩建工程，实现双向扩能提效。②加快国际物流中心建设。与国内物流节点城市建立物流信息公共平台，拓展与环渤海港口之间的集装箱班列业务，推进陆海联运国际物流网络建设。支持在条件成熟时按程序申请设立海关特殊监管区域。③提升口岸综合服务水平。深入推进大通关，加强口岸基础设施和监管能力建设。推进列车无线验放、旅客自助通关等科技手段在通关服务中的应用。加快国际电子口岸公共信息平台建设，加强国际单一窗口合作，建设国际化通信枢纽和信息中心。

**（4）打造沿边地区新的经济增长极。**①建设国际贸易基地。促进境内外贸工一体化发展，有效连接境内外加工园区，形成境外初加工、境内深加工和境内产品加工、境外分拨销售的贸工一体化模式。大力发展旅游贸易，积极推动中俄互市贸易区双向开通。②建设能源开发转化基地。统筹考虑区域内重点能源开发转化项目，在资源环境承载力允许、确保完成节能减排目标的前提下，科学推进煤炭转化利用、重油裂解等一批重大项目。③建设进出口加工制造基地。面向俄蒙市场，发展轻工纺织、建筑材料、机械设备、机电产品、汽车及电子产品组装等出口产品加工业。合理利用俄蒙资源，统筹发展木材精深加工、农畜产品加工等进口资源加工业。④建设跨境旅游基地。突出民族风情、自然生态、红色旅游及中俄蒙文化特色等主题，积极发展国际旅游。赋予边境旅游异地办照审批权，因私出国（境）证件审批权和外国人居留许可审批权。积极研究外国人出入境旅游便利化措施。

**（5）建设现代化口岸城市。**①优化城市布局。按照国际先进的城市规划设计理念，打造组团式建设、网络化连接、立体式交通、生态型发展的新型城市格局。②加快基础设施建设。优先安排一批供热、供水、供电、通信、道路等市政基础设施项目，提高城市综合承载能力。加快实施“三网融合”工程，建设数字化城市。③完善基本公共服务。推进义务教育阶段学校标准化建设，积极发展学前教育和职业教育。大力提高医疗救治水平，建设三级医院，增强服务能力。建立健全促进就业和支持创业的长效机制，实现充分就业。逐步构建覆盖城乡的社会保险体系。规划建设全民健身设施网络。④深入推进兴边富民行动。加强对少数民族聚居区各项事业的扶持力度，加强民族文化建设，做好边民基本养老、基本医疗、最低生活保障和基本住房保障工作。积极扩大就业，提高群众收入水平。广泛深入开展民族团结进步创建活动，共建和谐繁荣稳定的口岸城市。

**（6）加强生态建设和环境保护。**①加强生态建设。强化天然草场保护，全面实施禁牧休牧。推进湿地保护、造林绿化等生态工程建设，提高城市绿地率和绿化覆盖率。开展清洁小流域建设，加强呼伦湖上游水源地的水土流失防治。②加强环境保护。加强污水、垃圾处理和大气治理，提高污水再生利用率、垃圾无害化处理率和空气良好率。建立环境监控信息共享平台，完善协同监控管理体系，加大污染源治理力度，加强环境监测和监管能力建设。③加强资源集约利用。大力发展循环经济，支持先进节能减排、清洁生产技术产品开发和推广应用。加强项目环境评价和节能评估，淘汰落后生产工艺和产能。

## （四）满洲里开发开放试验区建设目标

经过10年左右的努力，建立起与国际接轨的新体制、新机制，探索出一条沿边地区跨越发展、繁荣进步的新道路；基本建成面向东北亚的区域性国际贸易基地、跨境旅游基地、进出口加工制造基地、能源开发转化基地、国际物流中心和科技孵化合作平台；社会事业全面发展，公共服务体系进一步完善，生态环境更加优美，人民生活水平显著提高，充分发挥满洲里试验区在完善我国全面开放新格局中的示范带动作用。

**（1）对外开放合作体系日益完善。**口岸和交通基础设施更加完备，欧亚陆路大通道枢纽作用更为凸显，形成便捷高效的通关协作新机制，搭建起互利共赢的对外合作平台。

**（2）特色优势产业体系初步形成。**经济发展方式和结构调整实现战略性转变，特色优势产业加快发展，经济总量和综合实力显著提升。

**（3）均等化公共服务体系基本形成。**居民平等享有基本公共服务，基本实现居民收入增长与经济发展同步、劳动报酬增长和劳动生产率提高同步。

（4）**资源节约和环境保护体系不断完善。**单位生产总值能耗、单位生产总值二氧化碳排放量和主要污染物排放总量在控制目标以内，资源环境承载能力明显增强，确保草原生态不退化、环境质量不下降，实现美丽与发展双赢。

## 三、实践模式和成效

### （一）对国家或区域发展的成效

（1）**对我国沿边地区开发开放起到示范引领作用。**满洲里始终在国家对外开放战略中占据重要位置。1992 年被国家批准为首批沿边开放城市以来，满洲里口岸共疏运进出口物资约 4 亿吨，向国家上缴关税、代征税 800 多亿元，为我国改革开放和现代化建设做出了重要贡献。满洲里试验区以体制机制创新为引领，大胆探索，先行先试，充分发挥比较优势，积极深化与东北亚各国的开放合作，加快转变经济发展方式，探索沿边开发开放发展新模式，不断推动国际经贸合作转型升级，成为沿边开发开放的领跑者和示范者。通过积极探索努力，满洲里试验区开放平台建设取得重大突破，开放广度深度不断拓展。满洲里综合保税区封关运营，荣获中国开发区最佳竞争力奖。互贸区深度开放取得实质性进展，中俄边民互市贸易平台正式运营。创新同俄合作机制，与俄罗斯鄂木斯克、蒙古国额尔登特和匈牙利拜赖焦新村缔结友好城市，与俄罗斯乌兰乌德、赤塔和蒙古国乔巴山互办“城市日”活动，对外友好交往日益深化。满洲里试验区通过自身的实践，在参与“一带一路”倡议、互联互通基础设施、要素往来便利化、对外贸易转型、口岸特色经济发展等方面为沿边口岸做出表率，一些经验做法推广至各沿边口岸，对我国沿边地区开发开放起到示范引领作用。积极融入东北一体化，与绥芬河、珲春、沈阳等城市建立了良好合作关系，参加哈大齐呼绥满“4+2”合作机制，投资合作成效明显。满洲里试验区以边境经济合作区、中俄互市贸易区等开发区为依托，充分利用国内国外两个市场、两种资源，积极承接国内外产业转移，大力培育特色优势产业，建成沿边地区重要的经济贸易中心。

（2）**发挥出欧亚陆路大通道重要的综合性枢纽作用。**满洲里是欧亚第一大陆桥的战略节点和最重要、最快捷的国际大通道，承担着中俄贸易 65% 以上的陆路运输任务。满洲里试验区依托铁路、公路、航空立体化口岸优势，构建海陆相连、便捷高效的现代综合交通网络，对外有效链接俄蒙及东北亚各国，对内有效服务东北地区、环渤海经济圈，成为连通东北亚与欧洲陆路大通道上的重要枢纽。口岸核心能力大幅提升。积极参与“一带一路”建设，被国家确定为中蒙俄经济走廊的重要产业园区、陆海联运的重要枢纽和中欧班列东线重要节点。新国际货场和公路口岸扩能提升等一批互联互通项目相继建成，形成了集铁路、公路、航空于一体的立体化口岸疏运体系。铁路口岸货物年综合换运能力4000万吨，是沿边地区通过能力最强、换装功能最全的口岸；公路口岸是全国唯一实行24小时通关的口岸，年通过能力1000万人次、车辆120万辆次、货物1000万吨；航空口岸常态化开通国际航线8条、国内航线13条，年进出港50万人次，国际定期航线开通数量和旅客吞吐量增幅居全区之首。成功开行由满洲里始发的“满俄欧”班列，组建了口岸集装箱班列集散中心，辐射带动范围拓展到国内外50多个城市。立体化交通网络更加完善。滨洲铁路电气化改造完成，绥满高铁列入国家中长期铁路发展规划。满洲里至阿拉坦额莫勒高等级公路建成通车，绥满高速公路海满段加快推进。增开至赤塔国际道路客运线路，开通满洲里至乔巴山国际公路旅客班线，实现了中俄蒙定期班线同步开行。西郊机场航线网络布局纳入全区航线布局总体规划，获评国际四星机场。满洲里获批第五航权资质，成为内蒙古自治区第二家、呼伦贝尔首家开通第五航权的城市。

**（3）为边疆民族地区和谐进步起到引领示范作用。**满洲里试验区深入实施兴边富民行动，完善基本公共服务，加强民族文化建设，积极扩大社会就业，提高群众收入水平，充分调动各族人民群众建设试验区的积极性、主动性和创造性，实现民族团结、边疆稳定、社会和谐。2013年至2017年，民生社会事业投入累计达94亿元，实施了一大批民生工程和民生实事。城镇居民人均可支配收入达3.5万元，年均增长7.6%。建成青年创业场等创业基地，大数据创客中心入选国家工信部制造业“双创”平台试点示范项目，累计新增就业近2.5万人，保持“零就业家庭”动态清零。率先实现城市贫困人口稳定脱贫，基本养老保险和医疗保险实现全覆盖，“救急难”工作成为全国综合试点。国家义务教育均衡发展县验收顺利通过，药品加成已在公立医院取消，并正式启动异地就医结算，另外还成为自治区首个全国全民健身示范城市。第四次被评为全国文明城市，连续六次当选全国双拥模范城。呼伦湖综合整治取得明显成效，小河口景区周边生态环境得到改善。

## （二）满洲里市经济发展成效

### 1. 建立起与国际接轨的新体制机制

（1）**推进行政管理体制改革。**扎赉诺尔区县级行政区划建制获得国家民政部备案，成为自治区103个旗县市区之一，增强了县域经济发展活力和动力。编制完成权责清单4336项，实现“两单合一”；在全区率先组建行政审批服务局，174项审批、服务事项实现“一站式”办理，提升了行政审批效率。

（2）**推进通关便利化改革。**在沿边口岸率先启用国际贸易“单一窗口”、恢复边境旅游异地办照业务、开展ATA单证册业务、启动口岸“三互”通关模式；率先成为在全国“公铁空”三口岸同时开展落地签证业务的城市。自治区允许满洲里市自行审批副厅级（不含党委主要负责人）及以下干部因公赴俄蒙有关地区执行公务活动。实施了8座以下小客车赴俄便利通关举措。中俄海关监管结果互认在满洲里—后贝加尔斯克国际公路口岸正式启动，进一步提高了口岸通关效率。

（3）**推进商事制度改革。**完成食品流通许可和餐饮服务许可“两证合一”和“多证合一”改革试点，启动“一照多址”登记制度改革。率先开展了“零资本注册”，放宽小微企业经营范围，允许外国籍自然人在满洲里试验区登记一人有限公司等工商管理创新，现已积累成功经验推广为普惠性政策。

（4）**推进金融服务创新。**率先在全国开展卢布现钞使用试点。金融环境日益优化，包商银行、内蒙古银行和内蒙古金控融资租赁企业总部入驻运营，设立工行融e购“满洲里跨境专区”，力推PPP模式和“助保贷”、新型城镇化基金等产业基金，积极稳妥做好金融风险防控化解工作。

### 2. 构建更加科学合理的产业体系

（1）**建设国际贸易基地。**外贸产业层次提升，截至2017年末，外经贸企业达1698家，2011年至2017年市外贸进出口总值累计完成1542.82亿元。实现了俄罗斯油菜籽、小麦常态化进口，荞麦、燕麦、亚麻籽和葵花籽试验性进口。果菜出口32万吨，锯材、化肥和铁矿石等大宗商品进口大幅增长。积极推进6个国家级境外经贸园区建设，国际邮件互换局兼交换站获批恢复，电子商务企业达到122家，交易额突破12亿元。获批国家汽车平行进口试点口岸。

（2）**建设跨境旅游基地。**成功获批首批国家边境旅游试验区，中俄边境旅游区荣膺国家5A级旅游景区，红色旅游提升、蒙根花布拉格夏宫一期、国际木文化馆和中俄蒙美食街等精品景点景区建成开放，实施“1+5+X”旅游综合管理体制，成功入选全国十大全域旅游目的地。2017年旅游总人数达758.1万人次，较2011年580万人次增长30.7%，2017年旅游总收入达到130亿元，较2011年40.2亿元增长了223.4%。

（3）**建设进出口加工制造基地。**2017年进口木材落地交付844万立方米，较2011年481.6万立方米增加75.2%。木材精深加工品类达百余种，获评中国十强木材和木制品市场集群、国家级装配式木结构建筑示范市。木材进口量占全国木材进口量近1/8，精深加工比例由49%提升到55%。

（4）**建设能源开发转化基地。**扎赉诺尔工业园区被批准为自治区级工业园区，35家国内外知名大企业入驻发展。华能光伏一期、深能光伏二期和呼伦—满洲里220千伏双回输变电项目建成投用。2011年至2017年累计产销原煤9164.8万吨，累计发电134.6亿千瓦时，煤炭就地转化率持续提高。

（5）**建设国际物流中心。**国际物流产业园区被确定为自治区级物流园区，一批投资超10亿元的重大项目建设运营，中蒙俄经济走廊重要物流节点枢纽作用更为凸显。获评国际物流多式联运甩挂运输试点城市，森富物流被评为国际物流服务业标准化示范单位。

（6）**建设科技孵化合作平台。**北方国际科技博览会升级为国家级展会，设立了满洲里国际技术转移中心、满洲里大数据创客中心等，积极参与毗邻地区和国家科技创新体系建设和实践。

### 3. 社会保障和公共服务体系进一步完善

2011年至2017年累计新增就业近3.5万人，城市居民最低生活保障标准由每人每月460元提高到每人每月616元。社区工作者工资人均增长700元/月，“救急难”工作成为全国综合试点。顺利通过国家义务教育均衡发展县验收，公立医院取消药品加成，异地就医结算正式启动，成为自治区首个全国全民健身示范城市。四次蝉联全国文明城市殊荣，实现全国双拥模范城“六连冠”。

4. 人居环境持续改善，城市形象明显提升

把城市作为5A景区整体打造，持续推进中心城区主要建筑外立面、牌匾改造和城市亮化提升工程，形成了独具欧陆风情、中西文化交融的城市形象。全市道路总长度467.94公里，建成区绿化覆盖面积974.7公顷，覆盖率36.02%；公园绿地面积273.6公顷，绿地率32.05%。圆满完成自治区安排的城市棚户区和煤矿棚户区改造任务，城市人居环境不断改善。

5. 生态环境保护成效显著

呼伦湖综合整治取得明显成效，小河口景区周边生态环境得到改善。二卡国家湿地公园获批。2013年至2017年新增城市绿地1435公顷，城市综合整治取得显著成效。草原确权工作全面完成。空气质量优良率高于全区平均水平。水质提升工程有效推进，106项水质监测指标全部达到国家标准。完成了市区污水处理厂和扎赉诺尔污水处理厂提质工程。土地资源利用率不断提高，荣获“全国国土资源节约集约模范市”称号。

6. 人民生活水平不断提高，共享试验区建设发展成果

2013年至2017年民生社会事业投入累计达94亿元，实施了一大批民生工程和民生实事。市属产权的城市棚户区改造任务基本完成。实施了以“房、墙、路、地、区”为重点的城市环境综合整治，完成70余个老旧小区整体改造和110栋建筑节能改造，群众居住环境明显改善。2017年城镇居民人均可支配收入达3.5万元，年均增长7.6%，较2011年城镇居民人均可支配收入2.1万元增长66.7%。

### （三）主要问题

从大背景看，全球主要经济体需求疲弱，世界经济低速增长态势仍将持续，特别是俄罗斯经济仍然低迷、卢布持续贬值、民众购买力下降，对资源类产品出口态度谨慎、限制较多。同时，国内经济增长下行压力加大和产能相对过剩的矛盾不断加剧，引进项目、吸纳融资、壮大产业难度加大，这些都给试验区建设带来严峻挑战。

（1）**政策落地与开发开放的迫切需要不相适应。**国家赋予了试验区先行先试的使命，赋予了试验区很多新政策，并要求各有关部门制订具体实施方案、抓紧修订完善有关规章制度，但国家部分部委没有给试验区相应的授权，国务院72号文中很多政策举措没有落实，甚至还有少数工作没有开展，“梗阻”严重。地方政府思想解放不到位，重政策争取、轻措施具体实施，没有真正用足、用活、用好国家赋予试验区先行先试的特殊政策。

（2）**双边合作水平与扩大沿边开放要求不相适应。**从范围上看，对外交往合作主要限于俄蒙毗邻地区，近几年虽向更大范围开展了一定的交往合作，但领域和规模都需扩大。对内合作也需向经济发达地区更好地延伸。从内容上看，对外合作领域不多，主要集中在商品贸易、旅游、人文交流等方面，科技和高技术合作很少，“引进来”和“走出去”的步伐都不大，引进和对外投资、项目数量和规模相对较小。从合作平台上看，真正意义的跨境经济合作平台尚未搭建起来，互市贸易区未实现双向开通，跨境经济合作区、跨境旅游合作区仍在探索推进。

（3）**互联互通水平与试验区定位不相适应。**为确保经济发展，对口岸建设进行了超常规的投入，小城市、小财政支撑大口岸、大战略的压力很大。虽然初步构建起了立体化口岸疏运体系，但口岸基础设施欠账较多，成为制约口岸运能和经济持续健康发展的主要因素。同时与俄蒙互联互通方面还存在不少问题，比如铁路外输通道单一，满洲里仅有一条连接内地铁路通道即滨洲铁路（哈尔滨至满洲里），在建的第二条铁路通道满伊铁路建设进展缓慢，且与蒙古国没有铁路连接，外输铁路通道单一已严重制约满洲里口岸经济发展。公路等级较低，绥满高速海满段没有贯通，连接周边的公路仅为三级路。

（4）**产业和公共服务配套水平与口岸城市地位不相适应。**试验区产业基础薄弱，开放度和“走出去”不够，产业的整体基础差，产业结构单一，关联能力弱，产业链短，公共服务配套水平低。公共产品严重不足，社会事业发展总体滞后于经济发展。工业经济发展不充分与贸游产业发展不稳定并存，产业基础十分薄弱。对外贸易、进出口加工、煤电联营、商贸旅游等产业体系虽已初步形成，但经济总量很小，缺乏外部资金、技术、人才、先进管理经验、信息等要素支撑，且满洲里远离国内中心市场，投资吸引力不强，缺乏龙头企业支撑，缺少立市大项目强势带动和支撑，尚未形成完整的产业配套和链条延伸。外贸总量偏小，贸易对很多外贸促进配套服务需求还无法充分发挥出来。

### （四）运作模式

内蒙古自治区和满洲里市成立了推进满洲里重点开发开放试验区建设领导小组，领导和统筹推进试验区建设。满洲里试验区实施范围为满洲里市全境没有扩大，根据自治区部署，未成立满洲里试验区工委会和管委会，由满洲里市委和政府按照国家批复的试验区实施方案和总体规划组织领导试验区工作。组织运作方式符合满洲里试验区实际，运作顺畅，效果良好。

按照统筹规划、全面推进、分步实施、重点突破的原则，科学推进试验区重大项目建设。完善产业和项目准入制度，开展重大项目社会稳定风险评估，防范和规避风险。国务院各有关部门按照职能分工，对满洲里试验区给予指导和协调，支持试验区建设。

### （五）重要经验

满洲里试验区自建设以来，积极探索、大胆创新，积累了一些可复制、可推广的经验和做法，创造多个“全国率先”和“全区第一”。“全国率先”主要包括：率先在全国开展卢布现钞使用试点；率先在全国开通了跨国飞行国内航线；率先成为国家首批进境粮食指定口岸；率先在全国恢复边境旅游异地办照业务；率先在全国沿边口岸开展ATA单证册业务；率先在全国启动移动查验单兵作业系统；率先在全国启动口岸“三互”通关模式；率先在全国沿边口岸建设“单一窗口”等。“全区第一”主要包括建成运营了全区第一家综合保税区；开行了全区第一条始发中欧跨境班列；在全区第一个开展“三个一”试点工作；获批全区及东北地区第一家多式联运监管中心；运营了全区首个中俄互贸旅游免税区；在全区第一个开展外国人就业审批业务；启动了全区第一个中俄海关监管结果互认试点口岸满洲里—后贝加尔斯克国际公路口岸；组建成立了全区第一个行政审批服务局等。

#### 1. 创新开展通关便利化

**（1）启动“三互”大通关改革。**海关、国检和边检通过建立关检数据共享、出口退运货物信息互通、查验设备共用等机制措施，全面展开“三互”（即信息互换、监管互认、执法互助）合作。

**（2）推进“三个一”试点工作。**2014 年底满洲里口岸启动“三个一”（即一次申报、一次查验、一次放行）试点工作。“一次申报”系统运行，通过关检两部门的监管结果互认推行了“一次查验”，深化通关无纸化改革，无纸化率达到 99.6%。关区货物通关时间完成压缩 1/3 的预定目标，旅客和运输工具通关环节缩减至两个。

**（3）开展监管结果互认试点。**启动了全区第一个中俄海关监管结果互认试点口岸，满洲里—后贝加尔斯克国际公路口岸，深化中俄口岸联检部门信息互换、监管互认、执法互助等多领域合作。

**（4）推进“单一窗口”建设。**稳步推进国际贸易“单一窗口”标准版部署应用，完善提升电子口岸功能。加快国际贸易“单一窗口”建设，“单一窗口”标准版在铁路口岸和公路口岸的覆盖率均达到了 100%。主动与俄罗斯沟通联络，推进中俄口岸合作，降低通关环节合规成本，使通关环节合规成本在 2017 年下降了 9.2% 的基础上，2018 年又下降了 18%，通过效率大幅提升。满洲里市出入境检验检疫局管理职能和队伍划入满洲里海关，满洲里海关将查验数据与检验检疫货物数据进行实时对碰，切实做到货物的“一次查验”，有效降低企业通关成本。

**（5）获批开展领事认证代办业务。**根据外交部《复关于申请批准满洲里外事处开展领事认证代办业务的函》（领函〔2018〕1235 号）文件，同意满洲里外事处于 2018 年 9 月 17 日起开展领事认证代办业务。满洲里外事处于 2018 年 12 月 1 日正式开始办理领事认证代办业务。

**（6）中俄邮路恢复开通。**2018 年打通了中断 20 年的中俄国际邮路，满洲里国际邮件互换局兼交换站于 8 月 6 日正式启动运营，满洲里国际邮件互换局兼交换站出境邮件总量突破 1 万件，重量 150 吨。邮路的恢复有利于中俄双方以国际邮路为依托，扩展业务范围，提升现代物流服务水平，这是“一带一路”倡议在内蒙古的又一重要成果，为全区对外开放提供了新的支撑保障。

### 2. 推进行政服务改革

**（1）实行相对集中行政许可权改革。**成立行政审批局，开展集中审批、“审管分离”改革。借鉴银川模式，成立行政审批服务局，全面优化政务服务模式。制定《满洲里市“审管分离”工作实施管理制度》，探索优化办事流程，不断提高审批效率，办理时限由法定的4902个工作日减少到934个工作日，减幅达81%，审批人员减少近3/4。

**（2）开展“最多跑一次”改革。**实施“一窗受理、一次性告知、一次性办结”工作模式，不断优化营商环境。以“互联网+政务服务”建设为抓手，不断完善局门户网站、手机App等在线审批功能，凡与企业、群众生产、经营、生活密切相关的审批服务事项全部实现网上受理，并利用微信公众号、微信群、QQ群、EMS等便捷平台，提供“在线咨询、快递送达”服务。目前，已有119项审批服务事项实现“最多跑一次”，其中“零跑腿”事项27项。

**（3）扎实推进商事制度改革。**全面落实“多证合一、一照一码”商事制度改革，实现“三十二证合一”。在全区率先实施“多证合一”改革，共整合涉企证照21项。正式开展企业简易注销改革。实现工商注册登记全程电子化，并核发无介质的电子营业执照，工商登记注册审批时限控制在3个工作日以内。“一单、两库、一细则”加快推进，“双随机、一公开”监管实现全覆盖。全面实行工商登记前置审批事项清单。

### 3. 扩展边民互市贸易区功能

**（1）建设免税交易区，实现规范化运营。**新建中俄边民互市贸易免税交易A、B厅和出口商品品牌厅，改造俄罗斯背包客商城，形成了定位清晰、功能互补、集聚人气、聚合发展的进出口商品销售模式。免税交易区实现全封闭运营，监管模式得以进一步完善，监管效率得到大幅提升。

**（2）构建智能化系统，实现信息化监管。**打造互市贸易信息化系统，设立了统一结算中心，在确保互市贸易资金流安全、合法的基础上方便了边民交易结算，也有利于联检部门监管，成为海关总署推动全国互市贸易管理系统建设的蓝本。

**（3）在互贸区内实施工商登记注册，实现证照化管理。**引进俄籍边民和企业入区经营，对俄籍边民进入免税交易区实施工商登记注册，既保护了经营者的合法权益，又有效规范了经营者的经营行为。

**（4）组建边民互助组，实现发展成果全民共享。**组建边民互助组45组，共1500人参加，创新开展互贸扶贫活动，互助组年收益超过350万元。拓展边民交易卡办理范围，惠及边民范围扩大到呼伦贝尔市。

**（5）实现不定期班车常态化入区。**推动边民互市贸易区创新发展，不定期班车已实现常态化入区，俄籍旅客区内停留时间延长至 3 日，客源范围从后贝加尔等毗邻地区已逐步扩展至乌兰乌德、伊尔库茨克等地。

4. 创新金融服务体系

卢布现钞使用试点获国务院批准并启动实施，卢布现钞业务由暗转明，纳入了中国的银行体系，极大地便利了俄罗斯居民在中国境内进行消费、经商，有利于更好地发挥满洲里作为中国对俄最大陆路口岸城市的作用。

5. 获批国家汽车平行进口试点口岸

2018 年 1 月，国家批准在满洲里口岸开展汽车平行进口试点。扎实推进汽车平行进口的相关基础工作和项目建设，完善实施方案和平台企业进入退出机制，推动汽车平行进口试点业务开展。完善口岸国际物流中心等配套设施，培育汽车平行进口产业，加快完善综合保税区和口岸汽车物流园区相关配套设施建设，推动口岸国际物流中心（汽车平行进口）项目投产达效；引进金融、物流供应链企业，完善汽车平行进口金融、物流配套服务。俄罗斯嘎斯汽车总代理落户满洲里。汽车平行进口试点的获批为满洲里市发挥口岸城市作用、引领新兴产业提供了新的经济增长点。

6. 获批国家首批边境旅游试验区

2018 年 3 月，国务院同意设立内蒙古满洲里边境旅游试验区，满洲里以此为契机，进一步完善“1+5+X”旅游综合管理体制，完善旅游管理体系，促进旅游业优质发展。城市夜游景观获得 2018 中国文旅产业金峰奖之“十大夜游景观奖”。中俄蒙美食街等精品景点景区建成开放，中东铁路第一站历史文化街区、套娃冰雪大世界和北疆明珠观光塔建设加快推进。成功举办第十七届中俄蒙国际旅游节、第二十届中蒙俄国际冰雪节和第十五届中蒙俄美丽使者国际大赛。积极开发培育自驾游、专列游、研学游、生态游、红色旅游等跨境精品旅游线路，打造中俄蒙跨境旅游圈。

7. 创新中俄蒙毗邻地区协调联络和互动合作机制

深化落实《创新同俄罗斯、蒙古国合作机制实施方案》的要求部署，深化与俄蒙各领域交流合作。满洲里机场首条第五航权航线正式开通，实现了同俄蒙经济和旅游文化交流与合作的拓展。成功举办第十五届中国（满洲里）北方国际科技博览会，项目签约额 43.1 亿元。中俄满洲里—外贝加尔边疆区区域协调联络定期会晤工作委员会第二十九次会议在满召开，就共同完善口岸功能，开展旅游、交通、经贸、人文等领域合作达成广泛共识。不断加大与俄毗邻地区文化交流合作力度，与蒙古国乔巴山市缔结友好城市，举办首届满洲里额尔登特经贸文化日、满洲里乔巴山日和第二届外贝加尔边疆区国际电影节等系列活动，对外友好交往日益深化。

8. 中欧班列东线通道重要节点作用更加凸显

在开行了第一条始发的中欧跨境班列的基础上，经过几年的努力，满洲里目前已成为当前全国沿边口岸开通跨境班列线路最多的口岸，组建了中欧班列运营平台。2018 年，口岸跨境班列线路达 55 条，进出境班列 1801 列。

9. 满洲里机场开通第五航权航线

2018 年 10 月，满洲里机场首条第五航权航线正式开通，成为内蒙古自治区第二个、呼伦贝尔首个开通第五航权的城市。第五航权航线是满洲里市与俄蒙方民航部门、航空公司共同打造的重要跨境运输航线。“乌兰巴托—乌兰乌德—满洲里”航线开通，对推动中蒙俄三国城市之间的经济和旅游文化交流与合作，加快中蒙俄经济走廊建设，具有重要的政治和经济意义。

## 四、推广的可行性

国家对沿边地区开发开放和西部大开发给予高度关注，西部地区、沿边地区的发展也是今后一段时期推进区域协调发展的重点。沿边，主要在广义上的西部，西部地区与周边 14 个国家和地区接壤，是我国通往中亚、南亚、东南亚以及俄罗斯、蒙古国的重要通道，地缘优势突出。可以说西部地区的开放水平，决定着我国对外开放的广度和深度。回顾我国 40 多年改革开放和西部大开发 18 年不平凡的历程，其中最重要的成功经验，就是要把扩大对内对外开放作为活力之源、动力之本。可以说西部地区正在成为新时期对外开放的重点地区。向西开放是相对于沿海开放而言，加强我国与内陆接壤的东亚、中南亚、东北亚、欧洲等国家地区交流合作，向西开放的空间十分广阔，具备了良好的条件。中央决定建设广西东兴、云南瑞丽、内蒙古满洲里、内蒙古二连浩特、广西凭祥、黑龙江绥芬河—东宁、云南勐腊（磨憨）等重点开发开放试验区，加上新疆喀什、霍尔果斯经济开发区和珲春国际合作示范区，以及宁夏内陆开放型经济试验区，共同构成我国沿边开发开放先行区，目的就是先行先试，以点带面，加速提高沿边地区开放水平，真正形成全面开放新格局。

从满洲里看，近年来，中俄两国致力于国家战略合作，双方签署并加速实施《中华人民共和国东北地区与俄罗斯联邦远东及东西伯利亚地区合作规划纲要》，两国的贸易额和贸易增速均大幅增长，而且还有着非常大的提升空间。满洲里是我国最大的沿边陆路口岸，承担着中俄贸易 65% 的陆路运输任务。随着经济全球化和区域经济一体化的深入发展，中俄全面战略协作伙伴和中蒙战略伙伴关系更加紧密，满洲里欧亚陆路大通道的战略枢纽地位更加凸显。

满洲里试验区是我国沿边口岸和西部地区边境口岸的代表，发展历程、面临问题都具有很多共性，满洲里通过试验区的政策举措倾斜和先行先试取得的部分经验成绩，尤其是在要素往来便利化、服务管理体制改革、开放平台建设等方面的经验，完全可以推广至其他沿边口岸。满洲里试验区在地缘、发展基础和政治环境等方面具有推广试验区经验做法的可行性。

## 五、发展思路

### （一）试验区建设面临的机遇形势

2018 年 12 月 19 日至 21 日的中央经济工作会议指出：当今世界面临百年未有之大变局，我国发展仍处于并将长期处于重要战略机遇期，经济发展基本面是好的。满洲里要把思想和行动统一到总书记关于当前经济形势的重要判断上来，牢牢把握、全面用好诸多难得机遇。

**（1）国际环境总体有利。**中俄、中蒙关系处于历史最好时期，多边互信达到历史最高水平。尤其是在大国制衡的复杂局面下，受中美贸易摩擦、美欧持续加强对俄经济制裁影响，中俄政治关系和经贸往来将更加紧密。2018 年中俄经贸全面升温，双边贸易额首次突破1000亿美元大关，创历史新高，增速在我国前十大贸易伙伴中位列第一。当前俄罗斯高度重视与我国的合作交流，特别是地方政府间的合作愿望日益强烈。2018年11月，俄罗斯总统普京签署法令，把布里亚特共和国和外贝加尔边疆区整体纳入远东地区，进一步加大开发力度。在首届中国国际进口博览会期间，俄方主动提出要积极推进满洲里—外贝加尔跨境贸易旅游综合体建设。近期，俄方又提出将拨款1500万美元于2020年启动“外贝加尔”国际公路口岸改建工程。这些都对全市全方位扩大对外开放、提升外向型产业层次、深化与俄蒙毗邻地区多领域合作提供了难得机遇。

（2）**政策叠加效应凸显**。2018年12月19日至21日的中央经济工作会议明确提出，国家将全面加强宏观经济调控，较大幅度增加地方政府债券规模，加快实施一批补短板、增后劲的重点项目，对于满洲里抓好重大项目建设、扩大合理有效投资提供了难得机遇。中央大力推进新时代东北振兴，习近平总书记亲自主持召开深入推进东北振兴座谈会并发表重要讲话，国家有关方面正在研究制定配套支持政策；加之，2019年是西部大开发20周年，中央强调要总结经验，完善支持西部发展的政策措施，满洲里充分享受这两项重大战略带来的双重红利。自治区党委十届八次全会及呼伦贝尔市委四届八次全会上，满洲里国家重点开发开放试验区、综合保税区、边境经济合作区、中欧班列等平台和载体建设，再次成为关注和支持的焦点。这些利好政策的叠加优势必将推动满洲里在国家“一带一路”推进、自治区向北开放、呼伦贝尔中俄蒙合作先导区建设中大有作为，一个有利于融合发展、协同共进的良好环境正在加速形成。

（3）**现实基础不断夯实**。近年来，面对国内经济下行的巨大压力，面对俄罗斯经济持续低迷的外部环境，面对艰巨繁重的改革发展稳定任务，几任市委、市政府班子团结带领全市广大干部群众励精图治、接力奋进，为满洲里发展做了大量打基础、利长远的工作。特别是进口粮油落地精深加工、液化石油气储运、汽车平行进口、互贸区深度开放等许多工作都到了就差“临门一脚”的关键时刻，为进一步加快经济发展积淀了优势，为推动产业转型升级积蓄了能量。

## （二）连接东北，形成陆海内外联动开放格局

（1）**对接东北经济区规划和合作机制**。主动贯彻国家东北振兴战略，加强经济

合作，参与东北经济区产业分工，联手打造与黑龙江陆海丝绸之路经济带、长吉图先导区和辽宁沿海经济带相呼应的绥满开放经济带，实现优势互补、协同发展。重点对接黑龙江省《中蒙俄经济走廊黑龙江陆海丝绸之路经济带建设规划》。发挥哈尔滨、大庆、齐齐哈尔、呼伦贝尔与满洲里、绥芬河“4+2”合作机制。

（2）**推进与东北经济区基础设施互联互通。**强力推进满洲里与东北经济区重大交通设施建设对接，积极协助有关部门加快绥满高速公路全线贯通，加快推进齐齐哈尔—海拉尔—满洲里客运专线建设。深化与大连、营口等港口通关运输合作，拓展陆海联运集装箱和大宗散装货物运输业务。

（3）**推进与黑龙江陆海丝绸之路经济带对接。**积极对接《中蒙俄经济走廊黑龙江陆海丝绸之路经济带建设规划》提出的“一核四带一环一外”产业发展空间布局及绥满经济带基础设施互联互通，重点推进与哈大齐（满）产业聚集带、哈牡绥东产业聚集带进行深度对接融合，重点加强与“哈大齐”工业走廊沿线的战略性新兴产业和利用俄油、气资源加工产业链的对接与合作。

（4）**打造欧亚大通道陆海联运重要节点。**着力加强与“一带一路”沿线地区的合作，充分发挥口岸辐射优势，建立政府引导、市场驱动、企业主体的区域合作模式，全方位融入“一带一路”倡议。借助满洲里口岸和国家政策优势、国际化区域物流集疏运体系和立体化综合交通网络系统，以欧亚大通道和中蒙俄经济走廊为主线，深化与天津、大连、营口等港口转关、转口合作，拓展陆海联运集装箱和大宗散装货物运输业务，加强与珠三角、长三角和中原地区的物流运输合作。深度承接长三角、珠三角等发达地区产业转移，研究发达地区产业前移至口岸，打造高水平产业承接平台，实现优势互补、合作双赢，提升协同发展水平，着力打造中蒙俄经济走廊重点产业园区和陆海联运大通道重要节点城市。

（5）**加快欧亚大通道陆海陆路联运建设。**进一步畅通以渤海湾港口群、国内区域中心城市和东南沿海发达地区为起点，经满洲里通往俄罗斯、欧洲的陆海陆路联运班列大通道。积极开通满俄欧枢纽物流，以常态化的“苏满欧”班列运营为切入点和主体，着力培育东线“新铁路丝绸之路”。增加“苏满欧”“中俄”等国际班列开行频次，积极组织货源回运；实现“湘满欧”“渝满俄”“鄂满欧”“哈满欧”“昆满欧”等常态化运行；推动“郑满欧”“粤满俄”等国际专列开通。建设海关多式联运监管中心，积极协调开行以满洲里始发的国际和国内货运班列，提升口岸枢纽集散能力。

## （三）下一步发展主要思路

### 1. 促开放

**（1）夯实基础拓展“大通道”。** 不断完善口岸疏运功能，提升口岸核心能力。加大齐海满客运专线争取力度。加快推动绥满高速海满段、满洲里国际公路口岸货运通道、集装箱多式联运监管中心和中欧班列拼装集散中心等一批重点项目建设。继续增加中欧班列线路和开行频次，扩大口岸始发班列规模，探索利用中欧班列渠道开拓欧洲和俄罗斯腹地市场。推动设立口岸进境免税店，丰富口岸综合服务业态。完善提升国际航空口岸功能，增开国际国内重点城市航线，打造区域性航空转运枢纽。

**（2）构筑多区联动“大平台”。** 持续推进跨境经济合作区和边境自由贸易区争取工作。拓展互市贸易区功能，争取设立满洲里中蒙互市贸易区，增加进口商品品类，探索互市贸易加工产业，进一步扩大边民受益范围。高质量办好“北方国际科技博览会”，积极对接融入“进博会”“津博会”“南博会”等国内外知名展会平台。加快形成“北货南下、南货北上”的商贸互动态势，努力打造全国最大的中俄商品交易中心。促进综合保税区创新发展，积极引进手机、汽车、有色金属和玉石等高附加值项目，构建“互联网 +”保税全产业链，努力打造沿边综合保税区典范。完善国际物流产业园区基础设施和配套服务功能，推动重点项目尽快投产达效，打造现代化区域性国际物流中心。以打造“沿边最优通关环境”为目标，进一步密切与联检联运部门的协调联动，学习借鉴其他地区成功经验，统筹推进全国通关一体化、“三互”大通关、“单一窗口”应用、压缩货物通关时间等各项通关改革，提升通关效率，优化通关服务，为企业提供更大便利、释放发展动能。

**（3）推动多领域交流“大融合”。** 大力实施“深度开放”战略，持续巩固与俄蒙毗邻地区传统友好关系，加速开拓俄罗斯、蒙古国和欧洲腹地市场，进一步深化与“一带一路”沿线国家和地区联动合作。以中俄建交 70 周年为契机，落实中俄两国互办中俄地方合作交流年的决策部署，不断深化与俄蒙经贸旅游、科技人文、农业资源等领域的合作，持续加强青少年友好交流、文化体育交流、媒体合作交流，筑牢务实合作人文基础。创新同俄蒙合作机制，优化与外贝加尔边疆区协调联络定期会晤机制，深化与俄罗斯阿尔泰、新西伯利亚、鄂木斯克、克拉斯诺亚尔斯克以及蒙古国东方省、鄂尔浑省等地的产业合作。

2. 抓产业

（1）**发展壮大工业经济。**全力支持扎煤公司提质增效，积极谋划煤电转化等能源综合开发利用项目，全力推动电力外送通道、500 千伏输变电工程、坑口电站、光伏发电等项目前期工作，启动煤矿安全技术改造工程，不断提高煤炭就地转化率。加速进口木材加工业提档升级，补齐木材产业在仓储物流、设计研发、基础配套等要素组合方面的短板，大力发展装配式现代木结构建筑产业，持续提高木材精深加工比例和成品落地交付率，推动木材产业向规模化、品牌化、循环化、成品化方向发展，产品销售向欧洲高端消费市场开拓。做大做强进口粮油落地加工，积极争取俄罗斯大麦进口指定口岸，帮助粮油企业争取小麦进口配额，加强与中粮集团、中储粮集团等央企合作，推动伊泰、恒升等粮油加工项目尽早达产达效，力促阿尔泰粮油加工等项目开工建设，打造农产品深加工产业园。

（2）**推动外经贸转型升级。**巩固木材等大宗货物进口规模，扩大矿砂、化肥、纸浆等品类进口，积极推动原油、液化石油气等高附加值产品进口，鼓励机电、手机等高新技术产品出口，培育供应链金融、外贸保险等新业态。大力发展跨境电子商务，深化与知名电商企业合作，进一步完善跨境电商发展支撑体系。支持汽车平行进口试点企业加快发展，积极推进汽车平行进口铁路专用线和物流园区等配套设施建设，培育打造面向全国的俄系汽车进口集散中心。扶持境外园区发展壮大，有效连接“两个市场、两种资源”，促进境内外贸工一体化发展。

（3）**推动文化旅游融合发展。**优化旅游出入境管理措施，实施便利化通关举措，力争在探索旅游扩大开放政策方面取得突破。统筹发展全域旅游，加快冰雪大世界、历史文化街区、互贸区中国城和北疆明珠观光塔等旅游项目建设，推进中俄边境旅游区提升工程，持续提升猛犸公园 4A 级景区整体形象，全力创建全域旅游示范区。做好旅游产业融合文章，进一步丰富旅游业态，推动旅游地产升温。着力发展跨境旅游，开发培育跨境旅游高端产品，开拓中俄蒙三国跨境精品线路，建设跨境旅游中俄合作示范区。树牢“冰天雪地也是金山银山”的理念，系统谋划、深度开发冬季旅游资源，有效连接旅游线路，借势宣传营销，承接客源转移，推动“冷资源”变成“热产业”。完善“1+5+X”旅游综合管理体制，形成旅游市场监管合力，完善旅游领域信用体系建设，营造良好旅游发展环境。

3. 建城市

（1）**提升城市承载能力。**推进满西公路跨线桥项目建成投用，推动进口资源加工园区、国际物流产业园区与外环路有效连接，贯通城市“大外环”。有序推进城区道路改造提升，修复坑洼路、打通断头路，优化公交线路，改善市民出行条件，畅通城市“微循环”。认真谋划、统筹解决水、电、暖、气等基础设施不完善的问题，继续实施市区排水管网改造、新区污水管网建设、市区污水处理厂升级扩建等工程，启动垃圾焚烧发电和餐厨垃圾处理厂建设，完善城市“内循环”。积极支持和帮助企业盘活城市闲置资产，推动碧桂园商业街、华埠大街两侧“烂尾”工程等历史遗留问题的解决。

（2）**提升城市精细化管理水平。**城市管理应该像绣花一样精细。要推进城市“网格化”管理，探索建立“街长制”，广泛动员发动群众，建立“覆盖全面、重点突出、责任明晰、全民参与”的管理网络体系，形成“线网结合”长效管理机制。要深化物业管理攻坚，着力解决物业管理责任界限不清、物业企业服务意识不强等制约问题，切实提高物业覆盖率和群众满意度。要扎实推进“两违”治理，加快推动市区和扎赉诺尔区老旧平房区综合治理，有效解决城市周边“脏乱差”问题。要积极推进智慧城市建设，稳步推动城市基础设施数字化和智能化改造升级，推进智慧旅游、智慧交通、智慧医疗、智慧社区建设，实现城市智能管理网络全覆盖，让人民群众共享城市便捷。

（3）**提升魅力城市形象。**坚持“净、美、绿、亮、洋”的城市形象定位，持续巩固全国文明城、双拥模范城创建成果，统筹推进全国民族团结进步示范市创建工作，全面提升城市品质。以争创国家卫生城为引领，坚持工程化建设、长效化推进、品牌化创建，营造干净整洁的人居环境。坚持“因地制宜、林草结合、市场运作、打造精品”的原则，加大绿化景观提升改造力度，扎实做好绿化管护工作。坚持特色风格打造，实施外立面和特色亮化维护提升工程，增加和维护欧式街头雕塑小品，让城市更亮丽、更洋气。

4. 惠民生

（1）**大力发展社会事业。**继续加大对民生社会事业的投入，努力实现公共服务均等化。深化教师队伍建设，落实立德树人根本任务，推进义务教育优质均衡发展，切实提高各级各类学校教育质量。更加注重突出办学特色、丰富办学内涵，办好国门下的大学。持续深化公立医院综合改革，提高医疗卫生服务能力，完善"智慧医疗"体系，贯彻落实异地就医结算政策，努力破解看病难、看病贵问题。广泛开展全民健身活动，积极承办各类国家级、国际性体育赛事。

（2）**完善社会保障体系。**坚持就业优先战略和积极就业政策，促进高校毕业生等青年群体和城镇就业困难人员多渠道就业创业，深入落实《关于促进新时代退役军人就业创业工作的意见》，为退役军人就业创业做好服务保障工作。全面实施全民参保计划，进一步扩大养老、医疗、失业保险综合覆盖率和受益面，稳步提高职工基本医疗保险待遇水平。全面落实各项民生保障政策，统筹推进扶老助残、救孤优抚等福利事业发展，构建功能完善、统筹衔接、务实管用、兜底有力的社会救助体系。

（3）**加强和创新社会治理。**深入推进"平安满洲里"建设，全面提升社会管控能力。全力开展"扫黑除恶"专项斗争，始终保持严打高压态势，严厉打击各类违法犯罪活动，不断增强人民群众的安全感。健全公共安全体系和突发事件应急处置机制，严格落实安全生产责任制，消除重点领域、重点部门的安全隐患，坚决防止重特大安全事故发生。扎实做好矛盾化解、风险防范、食品药品安全、意识形态和网络安全等方面工作，巩固和谐稳定大局。深入贯彻落实总体国家安全观，加强国家安全教育，增强市民国家安全意识，形成维护国家安全的强大合力。

# 二连浩特国家重点开发开放试验区案例分析报告

## 一、二连浩特开发开放试验区缘起

### （一）建设背景

当前，世界经济在深度调整中曲折复苏，国际合作正在由双边合作向多边合作乃至自由贸易区延伸，产业的国际转移、生产要素的跨境流动已成为世界经济主流。中俄、中蒙关系进入21世纪最好时期，三国提出合作中期线路图，并联合编制《建设中蒙俄经济走廊合作规划纲要》，为试验区打造区域国际经济合作平台提供了契机。国家深入实施“一带一路”和京津冀协同发展等战略，继续加大对西部和边疆少数民族地区发展的支持力度。全力推进去产能、去库存、去杠杆、降成本、补短板五大任务，投资、贸易、生产要素西移北上的趋势日益明显，有利于试验区聚集各项发展要素，改善经济社会发展中薄弱环节，为进一步扩大开发开放提供了多级支撑。试验区作为自治区向北开放的重要平台，在推动产业结构升级、加强社会管理创新、改善生态环境、共享发展成果、构筑祖国北疆安全稳定屏障等方面面临全新的发展机遇。

二连浩特是中国对蒙古国开放的最大陆路口岸，其重点开发开放试验区位于内蒙古正北部，约为4015.1平方公里，北与蒙古国毗邻，并辐射俄罗斯，对外开放条件得天独厚。在2013年铁路、公路口岸的过货总量就达到1305.7万吨，进出口总额完成36.5亿美元，是中国少数几个年过货量超千万吨的陆路口岸之一。基于上述背景和事实，2014年6月，国务院批复启动建设二连浩特国家重点开发开放试验区

（以下简称二连浩特开发开放试验区）。

## （二）建设意义

**（1）建设二连浩特开发开放试验区是推进沿边开发开放、完善全方位对外开放格局的重要举措。**二连浩特市是我国向北开放的战略支点和经贸大通道，也是丝绸之路经济带的重要节点。建设二连浩特开发开放试验区，扩大与蒙古国、俄罗斯的经贸合作，加快培育沿边地区新的经济增长极，有利于形成我国向北开放的沿边经济带，优化沿边开发开放整体布局，对完善全方位对外开放格局、加快丝绸之路经济带建设具有重要意义。

**（2）建设二连浩特开发开放试验区是建设向北开放桥头堡、深化中蒙战略伙伴关系的重要举措。**中蒙两国地域相连、文化相通、经济互补交流合作历史源远流长，发展中蒙关系是我国周边外交工作的重要组成部分，也是扩大向北开放的重要基础。建设二连浩特开发开放试验区，有利于加快内蒙古向北开放桥头堡建设，深入推进中蒙两国经贸合作，促进睦邻安邻富邻，将中蒙战略合作推向新高度。

**（3）建设二连浩特开发开放试验区是扩大内引外联、加快实施“引进来”和“走出去”战略的重要举措。**二连浩特市作为中蒙俄国际通道的重要节点，内邻环渤海经济圈，是呼包银榆经济区的组成部分，外接蒙古国人口经济集聚区、资源富集区和俄罗斯东西伯利亚地区政治经济中心，拥有广阔的内联腹地和开放空间。建设二连浩特开发开放试验区，有利于强化国际通道枢纽地位，充分利用国内国外两个市场、两种资源，推动开放型经济加快发展。

**（4）建设二连浩特开发开放试验区是深入实施兴边富民行动、促进民族团结和边疆稳定的重要举措。**二连浩特市是边境地区、民族地区，开发开放起步晚，基础设施建设滞后，产业结构单一，发展方式粗放，综合竞争实力较弱。建设二连浩特开发开放试验区，大力繁荣发展边境经济，有利于切实增进各族人民福祉，进一步巩固和发展平等、团结互助、和谐的社会主义新型民族关系，促进边境地区民族团结和社会稳定。

## （三）建设依据

设立内蒙古自治区二连浩特重点开发开放试验区，是国家在新形势下做出的重大战略部署，将加快中国向北开放步伐，优化沿边开发开放整体布局和内蒙古自治区向北开放桥头堡建设，深入推进中蒙两国经贸合作；将强化二连浩特市在国际通道枢纽地位，为丝绸之路经济带北线区域国际合作开辟新的空间；将促进边境地区民族团结、社会稳定、和谐发展。该试验区获批后，国家将在金融、财税、土地、投资、产业等领域给予更多优惠政策，有利于资金、人才、技术等要素更多向二连浩特市集聚，为特色产业集群发展、调整和优化产业结构、增强经济发展动力和活力提供有力支撑；有利于深化二连浩特市与周边国家的务实合作，全面提升开发开放水平；有利于增强二连浩特市教育、医疗卫生、文化、就业等社会事业发展能力和完善社会保障体系，切实提高人民群众生活水平。

## 二、二连浩特开发开放试验区建设方案

### （一）二连浩特开发开放试验区概况

二连浩特开发开放试验区从建立至今已取得初步发展成果。首先，体制机制创新收获早期成果，在边境管理、产业发展、财税管理、金融服务、土地管理、人才管理等方面实现创新，形成一批可复制可推广的经验。2018 年以来，二连车站保持了进出口运量强劲增长态势。其次，对外开放成效明显，跨境区建设初具规模。截至 2018 年 12 月 2 日，进出口运量完成 1203.87 万吨，同比增长 15.68%。其中进口 1079.5 万吨，同比增加 149.77 万吨；出口 124.37 万吨，同比增加 13.37 万吨，均创历史新高。再次，综合实力不断增强。以进出口加工制造业和国际商贸、边境文化旅游等特色服务业为主的产业体系基本形成。2019 年生产总值完成 66.25 亿元，增长 3.5%。一般公共预算收入完成 36261 万元，完成年度预算收入的 101.9%。社会消费品零售总额实现 398744 万元，同比增长 3.4%。又次，人民生活水平不断提高，全体居民人均可支配收入增长 4.7%，户籍人口城镇化率达到 95% 以上。覆盖城乡的基本公共服务体系逐步完善，教育、医疗等社会事业发展水平稳步提升，社会保障全面覆盖，贫困人口率先脱贫。最后，生态环境明显改善，治理草原面积 30 万亩，资源循环利用体系基本建立，能源和水资源消耗、建设用地总量和强度控制在合理区间内，综合利用率进一步提高（见表 1）。

表 1　二连浩特开发开放试验区经济社会发展主要指标

| 指标 | 单位 | 基期（2015 年） | 指标值 | | | |
|---|---|---|---|---|---|---|
| | | | 中期（2020 年） | | 远期（2025 年） | |
| | | | 增长目标 | 年均增长率 | 增长目标 | 年均增长率 |
| 地区生产总值 | 亿元 | 100 | 169 | 11% | 300 | 12% |
| 三次产业增加值比重 | % | 0.65 ∶ 38.55 ∶ 60.8 | 0.44 ∶ 36.92 ∶ 62.63 | | 0.3 ∶ 35.31 ∶ 64.39 | |
| 公共财政预算收入 | 亿元 | 5.2 | 8.4 | 10% | 16.9 | 15% |
| 固定资产投资 | 亿元 | 38.8 | 75 | 15% | 160 | 15% |
| 社会消费品零售总额 | 亿元 | 30.3 | 51 | 11% | 90 | 12% |
| 全体居民人均可支配收入 | 元 | 38409 | 56435 | 8% | 82921 | 8% |
| 新增就业人数 | 人 | 800 | 4000 | | 8000 | |
| 口岸贸易进出口总额 | 亿元 | 180 | 265 | 8% | 446 | 11% |
| 进出口货运量 | 万吨 | 1400 | 2000 | 7.4% | 4000 | 15% |
| 出入境人流量 | 万人次 | 193 | 260 | | 330 | |
| 接待国内外旅游人数 | 万人次 | 183 | 240 | | 320 | |
| 城市绿化率 | % | 36.5 | 45 | | 47 | |
| 工业废气达标排放率 | % | 100 | 100 | | 100 | |
| 工业固体废物综合利用率 | % | 100 | 100 | | 100 | |
| 城镇污水集中处理率 | % | 96 | 97 | | 98 | |
| 城镇生活垃圾无害化处理率 | % | 100 | 100 | | 100 | |

（1）**开发开放平台建设顺利推进。**把跨境经济合作区、边民互市贸易区作为试验区建设和中蒙战略合作的先导性工程来抓，推动实施一批重大 PPP 项目，为开发开放搭建有效的载体和平台。成功推动我国商务部与蒙古国工业部签署《二连浩特—扎门乌德中蒙跨境经济合作共同总体方案》。蒙方的《可行性研究报告》和《风险评估报告》也编制完成，正在进行招商引资工作；中方一侧的总体规划、产业规划、控制性详规等已编制完成，并开始做基础设施、综合管廊、标准产房等 PPP

项目的建设工作。边民互市贸易区一期于2016年7月正式封关运营，自治区人民政府出台了《内蒙古自治区边民互市贸易区管理办法（试行）》，明确了自治区毗邻国家商品可进入互市贸易区交易，正在争取简化交易流程和手续，并将边民证适用范围扩大到锡林郭勒盟。

（2）**主体和配套产业、基础设施等功能体系建设良好。**连续3年出台《支持边贸企业能力建设暂行措施》，累计投入2000多万元支持企业能力建设，经二连“走出去”赴蒙俄投资的企业达到31家，全市外贸企业突破1000家。积极推进电子商务发展，规划建设了跨境电子商务创业创新孵化基地，已有20余家电子商务企业和应用企业入驻孵化基地，站赤、塔穆嘎等O2O跨境电子商务平台正式上线运营，由禹力公司创建的跨境电商平台“城市商店”成为蒙古国最大的网上购物平台。建设中蒙俄跨境电商物流快速通道，通关时间从以前的3～4天变为一日通关，大大提高了通关速度，提升了通关效率，使二连浩特成为中蒙、中俄乃至中欧跨境电商货物最重要的中转通道。环宇国际商贸城、富皇汽贸城等专业市场建成投用，贸易物流业发展条件进一步改善。吸引13条中欧班列过境二连口岸，累计开行中欧班列达500多列，年均增速保持在150%以上。口岸过货运量由1356万吨增加到1470万吨，年均增长2.7%。进出境人数由191万人次增加到220万人次。

（3）**边境经济合作区基础设施不断完善。**投资1.6亿元完善边境经济合作区基础设施，粮食站场改造一期投入运营，园区承载能力明显增强。以节水环保为前提，积极推动木材、铁矿石、建材、畜产品加工业规模化、规范化发展，一批进出口加工项目建成投产。投资44亿元的二连浩特—锡林浩特铁路通车运行，投资80.4亿元的集二线铁路扩能改造项目及投资3.2亿元的铁路站场改造项目列入国铁总公司“十三五”规划，投资19亿元的国道331线二连浩特至满都拉图段新建单幅项目，于2015年9月开工建设，目前已全面完工，2019年1月16日已经正式通车。二广线二连至赛罕段高速公路开工建设。国道331线二连至艾勒格庙段公路，2019年已开工建设，试验区与东北、华北、西北区域板块的联通联动发展大大增强。投资2.3亿元的机场改扩建项目已通过验收，国内航线可至北京、天津、石家庄、呼和浩特、满洲里等地，国际航线可至蒙古国乌兰巴托、俄罗斯乌兰乌德等地（临时国际航线），国际航空口岸设立，已列入国家口岸办的“十三五”对外开放规划。

（4）**口岸建设进一步优化。**铁路口岸先后建成了铁路换轮库、H986货运列车检查系统和铁路口岸电子平台，开通二连浩特至扎门乌德铁路宽轨联络二线，使铁路口岸年过货能力达到1200万吨，换装能力达到2000万吨。公路口岸投资1.25亿元建成公路口岸货运新通道，投资5500多万元实施旅检通道改扩建工程，建成旅检自助通关通道，公路口岸实现客货分流、通关与查验分开，年过货能力达到500万吨以上。公路口岸综合熏蒸库建设稳步推进，冷链查验存储及一体化设施项目建成投用，口岸功能进一步完善。不断拓展口岸内涵，铁路口岸、公路口岸优先获批进境粮食指定口岸，公路口岸获得蒙古国熟肉制品、活马及俄罗斯亚麻籽进口许可，获批饲草临时进口资格，首次进口蒙古国熟制牛羊肉、哈萨克斯坦油葵、蒙古国大麦、俄罗斯纯净水和面粉等，正在全力向上争取放宽对蒙俄商品进口限制，向上申报整车进口口岸。

## （二）二连浩特开发开放试验区建设任务及目标

### 1. 推进体制机制创新

（1）**创新口岸管理体制。**积极推进边境管理和通关体制改革，加强联检联运监管改革和能力建设，建立更加便捷高效的通关查验模式，加快建设电子口岸和物流信息平台，促进贸易和人员往来便利化。深化与蒙方口岸务实合作，积极探索交通运输（铁路公路）、海关、检验检疫、边防检查监管新模式，实现信息共享互联互通、双向提速。

（2）**创新产业促进体系。**实行差别化产业政策，支持试验区面向国内外市场发展进出口加工产业，积极承接发达地区产业转移；加快对外贸易转型升级，推动一般贸易与边境小额贸易相互补充，对外贸易和对外投资相互促进，贸易与加工、贸易与旅游有机融合，着力构建综合性多元化贸易体系；拓展跨境旅游合作，建立旅游协调机制，创新旅游通关模式，加强旅游基础设施建设，培育特色旅游品牌。

（3）**创新财税管理方式。**按照国家统一部署，推进各项财税改革，实施科学化、精细化管理，提高财政管理绩效。优化财政支出结构，把更多资金投入保障和改善民生、加快社会事业发展和公益性基础设施建设等领域。对从事鼓励类产业的企业，依照国家税收法律、法规，落实税收优惠政策。

（4）**创新金融服务体系。**引导现有金融机构立足当地实际，坚持差异化发展，支持产业转型升级，服务中小企业，服务实体经济，支持股份制商业银行在风险可控、商业可持续的基础上，在试验区设立分支机构，加强金融产品与服务方式创新，简化手续，鼓励人民币跨境使用，促进贸易投资便利化。拓宽直接融资渠道，扶持发展创业投资，规范发展股权投资（基金）企业，鼓励符合条件的企业发行债券、上市融资，培育非上市公司股权交易市场，支持符合条件的项目，借用国际金融组织和外国政府优惠贷款。拓展与蒙俄的金融合作，建设沿边开发开放金融服务窗口。

**（5）创新土地管理制度。**根据试验区建设实际，结合土地利用总体规划中期评估工作，全面分析和摸清土地利用总体规划实施情况，确需调整用地结构和布局的，按照法定程序办理，支持试验区建设发展。对符合国家产业政策和供地政策的重大产业项目，在新增建设用地计划指标安排上予以倾斜。对国家重大建设项目的控制性工程和有工期要求亟须开工的工程，可向自然资源部申请办理先行用地。坚持节约集约用地，在注重生态保护和科学规划前提下，对荒漠土地进行综合开发利用。

**（6）创新行政和人才管理体制。**深化行政管理、体制改革，根据需要，按有关规定和程序设立试验区管理机构，更多下放边境管理、口岸管理、经济管理、社会管理等领域的省级管理权限。深化干部人事制度改革，落实艰苦边远地区津补贴动态调整机制，逐步提高工资收入水平。加大重点领域急需紧缺人才引进和培养工作力度，完善人才引进和交流机制，为试验区建设提供人才保障和智力支持。

### 2. 全面提升国际交流合作水平

**（1）积极搭建经贸合作平台。**加快建设二连浩特边境（跨境）经济合作区和边民互市贸易区，在条件成熟时按程序申请设立综合保税区，为扩大开发开放提供有效载体，培育会展品牌，积极承办中蒙俄高层论坛，提高区域合作档次和水平。

**（2）加强对外经济技术合作。**加快实施“走出去”战略，创新对外投资与合作方式，鼓励企业按市场规则和中蒙双方意愿，在蒙古国建立境外加工区、经贸合作区和贸易促进服务中心，参与蒙古国扎门乌德自由经济区建设。简化境外投资审批程序，在税收、外汇审批、融资、海外保险等方面给予支持。在充分保护当地生态环境的前提下，深化与蒙俄在资源能源开发、基础设施建设、交通运输、农牧业等领域的合作，带动设备、产品出口和劳务输出，健全劳务合作机制，有序推进与蒙俄的劳务合作。扩大利用外资规模，提高利用外资水平，提升对外贸易发展水平。完善鼓励外贸发展优惠政策，引导各类投资经营主体在试验区设立对外经贸窗口和分支机构，发展总部经济。支持企业联合组建贸易集团，扶持外贸企业做大做强，转变外贸增长方式，优化进出口商品结构，促进贸易多元化。加快电子商务平台建设，促进金融、信息、商贸、服务有机结合，提升外贸整体服务水平。

**（3）深化人文社会领域合作。**建立与蒙古国毗邻地区政府间会晤协调工作机制，密切双边多层次、宽领域互利合作。加强与蒙古国教育、科技文化、卫生、抢险援助等社会事务合作。推动联合办学、互认学历学位、互派留学生。与蒙古国联合申报世界恐龙地质公园，共同举办文化体育赛事和节庆演艺活动，与蒙古国开展传染病预防、传统蒙医药等方面的合作。

### 3. 推动基础设施互联互通

**（1）完善国内交通运输网络。**加快二（连浩特）集（宁）铁路扩能改造和二（连浩特）锡（林浩特）等铁路建设，推进二（连浩特）巴（音华）铁路前期工作，畅通试验区通往东北、华北和西北铁路运输通道。加快二（连浩特）张（家口）国家高速公路建设，有序推进国家公路网规划项目建设，提升通往东北、华北和西北地区的公路通道运输能力。

**（2）促进亚欧国际大通道建设。**积极与蒙俄对接基础设施建设，提升跨境运输能力。增强二连浩特机场保障能力，在条件具备时开放航空口岸，开通二连浩特至乌兰巴托、伊尔库茨克等国际航线。研究推动建设经二连浩特的中蒙俄输油、输气、输水管道和电力通道。

### 4. 培育特色优势产业

**（1）积极发展进出口加工业。**依托蒙俄进口资源，引进以木材、黑色金属、有色金属、煤炭、萤石、畜产品为主的进口资源加工项目。适应蒙俄市场需求，承接发达地区产业转移，发展以新型建材、矿山机械、食品、轻纺等为主的出口加工业，实施境内外工贸一体化战略，引导企业“走出去”在境外设厂，鼓励支持进口资源在境外初加工、境内精深加工，出口产品在境内加工、境外分拨销售。发展清洁能源，建设区域智能电网，为发展进出口加工产业提供电力保障。加大招商引资力度，引进和培育龙头骨干企业，延伸产业链条，提升产品档次，推动加工产业向规模化方向发展。

（2）**加快发展国际商贸服务业。**巩固对蒙贸易，扩大对俄贸易，优化进出口商品结构，支持企业扩大资源能源类商品进口规模，增加传统商品、高附加值产品出口，着力打造中蒙边境商贸重镇。大力推进建材、日化、汽配、矿山机械、轻纺服装、农副产品等专业市场建设，着力提高市场的规模化、专业化水平，建成蒙古国乃至俄罗斯东西伯利亚地区的购物消费首选地。立足国内市场需求，加快建设矿产品、木材等进口资源交易市场，建成环渤海经济圈和呼包银榆经济区的重要进口资源交易中心。加快建设中蒙边民互市贸易区，规范并促进边民互市贸易发展。

（3）**大力发展国际物流业。**统筹规划物流基础设施，整合物流资源，完善物流信息平台，加快推进公路、铁路和航空物流中心建设，构建转关和多式联运综合物流体系。培育引进现代大型物流企业集团，积极开展以大宗进口商品为主的仓储配送、中转分拨、加工增值等服务，促进口岸物流向专业化、规模化方向发展。建设面向蒙古国的铁路、公路运输车辆造修和后勤保障基地。推动农畜产品物流规模化发展，拓展出口绿色通道，支持创汇农牧业仓储基地和境外销售网络建设。

（4）**着力发展特色旅游业。**充分挖掘和利用口岸旅游资源，重点培育异域风情游、民族特色游、边关文化游、恐龙化石遗迹游等旅游品牌。以国家恐龙地质公园、草原博物馆、驿站博物馆、国门景区等为重点，加快建设边境特色旅游景区，与蒙俄加强跨境旅游合作，深度开发二连浩特至乌兰巴托至伊尔库茨克自然风光观光游、“万里茶道”历史文化体验游、中蒙俄跨境汽车自驾游等旅游项目，与蒙古国合作发展影视演艺、体育竞技等文化产业，积极研究出入境旅游便利化措施，开展边境旅游异地办证工作，强化城市旅游公共服务体系建设，提高旅游接待能力。

### 5. 建设现代化口岸城市

（1）**提高城市基础设施保障水平。**加强城市道路、给排水、供热、供气、污水和垃圾处理等基础设施建设，改善市政公用基础设施条件，着力提升城市综合承载能力，加快实施“三网融合”工程，建设数字化城市，坚持开源与节流相结合，加大水资源勘探力度，加快水利基电设施建设，破解水资源瓶颈制约，发展节水型产业，建设节水型城市。

（2）**完善基本公共服务。**加强学校标准化建设，提高学前教育到高中阶段教育质量，加快发展现代职业教育，优化职业教育结构和布局，培养国际商贸、进出口加工、物流、旅游等当地产业发展急需的应用技术和技能人才。发展高等教育，特别是重视发展具有口岸特色的高等职业教育，为扩大中蒙经贸人文领域交流合作培养专业人才。实施文化惠民工程，建设二连浩特博物馆、图书馆。推进医院建设，提高中蒙友好医院医疗水平，推进建设三甲医院，建立健全促进就业和支持创业的长效机制，支持劳动就业服务平台建设，促进充分就业，构建覆盖城乡的社会保障体系，逐步提高社会保障水平。

（3）**深入推进兴边富民行动。**加强牧区、牧业、牧民工作，加快改善边民的生产生活条件和基本公共服务。加强民族文化保护和传承，支持民族传统工艺品、服饰、食品、特色农牧产品等方面的开发，拓宽边民的就业和增收渠道。广泛深入开展民族团结进步创建活动，严格落实各项民族政策，确保开发开放成果惠及各族群众，共建和谐、繁荣、稳定的口岸城市。

### 6. 加强生态建设和环境保护

（1）**加强生态保护与建设。**严格实施基本草原保护制度，全面落实禁牧、休牧和划区轮牧，加强天然草场保护，组织实施京津风沙源治理工程，认真落实草原生态奖补政策，促进草原生态自我修复。按照节水为先、适地适树的原则，加强城市绿化，建设城市绿洲。加强野生动植物保护，积极开展与蒙古国在草原生态和野生动植物保护方面的合作，加强适用技术研究和推广，切实提高生态保护和建设水平。

（2）**加强水资源管理和保护。**全面落实水资源管理制度，严格实施规划和建设项目水资源论证。加强水土保持，严格执行各类生产建设项目依法编报水土保持方案制度，落实水土保持“三同时”制度，切实防止人为水土流失。

（3）**加强环境综合治理。**建立环境监控信息平台，加大污染源治理、监测和监管力度。强化化学品环境管理，加强危险废物、大气、放射污染防治，加强城市污水集中处理及配套管网、生活垃圾处理设施建设，提高污水集中处理率和垃圾无害化处理率。建立健全工业污染防控体系，禁止高污染企业进入，积极开发和推广清洁能源。

（4）**构建资源节约型城市。**健全节能减排监督管理体系，完善激励约束机制。加强项目环境影响评价和节能评估，淘汰落后生产工艺和产能，积极推进建筑节能与绿色建筑发展。大力发展循环经济，支持先进节能技术产品推广应用，加强节水、节能、节地和资源综合利用。发展进出口资源加工业时，充分考虑当地的资源环境承载力，特别是水资源承载力。

## 三、实践成效及推广的可行性

自 2014 年 6 月 5 日国务院批复设立内蒙古二连浩特重点开发开放试验区以来，二连浩特以坚持开发与开放相结合，坚持“引进来”与“走出去”相结合，坚持创新发展与协调发展相结合，坚持发展经济与改善民生相结合，坚持开发开放与生态环境保护相结合为指导，在努力把试验区建设成为向北开放国际通道的重要枢纽、深化中蒙战略合作的重要平台、沿边地区重要的经济增长极和睦邻安邻富邻示范区的道路上，积极探索进取。目前开发开放、先行先试建设取得明显成效，已初步形成外接蒙俄、内联腹地的国际通道枢纽系统以及以国际贸易、国际物流、进出口加工、边境特色旅游为主导的产业体系。2015 年确定重点项目 40 项（续建 17 项、新建 23 项），总投资 96.3 亿元；2016 年重点项目 32 项（续建 17 项、新建 15 项），总投资 112.7 亿元；2017 年重点项目 30 项，总投资 103.56 亿元；2018 年重点项目 25 项，总投资 182.79 亿元，每年涉及工业产业、社会事业、交通、城市及园区基础设施建设、口岸建设、商贸流通等各项目。

### （一）对国家或区域发展的成效

#### 1. 陆上交通的重要通道

二连浩特位于我国正北部，与蒙古国扎门乌德隔界相望，两市相距 4.5 公里，距锡林浩特市 360 公里、呼和浩特市 390 公里、北京 690 公里，是距首都北京最近的边境陆路口岸。距蒙古国首都乌兰巴托 714 公里、俄罗斯首都莫斯科 7623 公里，边境线长 72.3 公里，是我国对蒙开放的最大陆路口岸，是最靠近欧亚大陆桥的桥头堡，是蒙古国走向出海口（天津港）的必经口岸，为西部地区发展边境贸易展现了良好的前景。

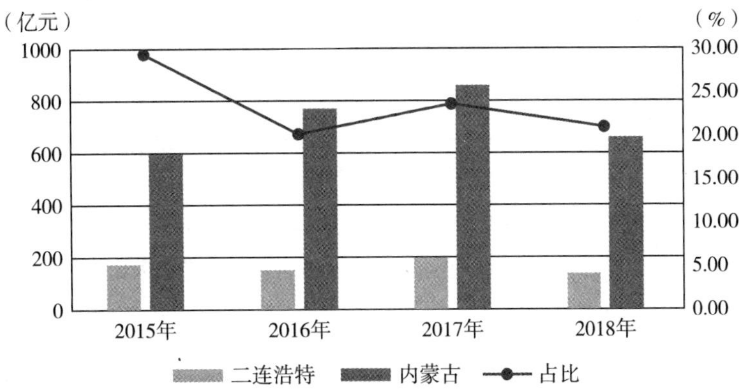


**图 1　2015—2018 年上半年二连浩特、内蒙古进出口额及二连浩特占内蒙古百分比**

如图 1 所示，2015 年至 2018 年上半年，二连浩特外贸总额占内蒙古外贸总额的 20% 以上，特别是在设立开发开放试验区后的第一年，其占比近 30%（29.33%）。2016 年二连浩特公共财政预算收入累计实现 58101 万元，同比增长 11.7%。增速比全区高 9.1 个百分点、比全盟低 0.3 个百分点。在全盟 13 个旗县中总量、增速均排第 4 位。

就吸引境外旅客方面来讲，2015 年二连浩特宣传力度还未上升，旅游品种单一，创收效果不大；从 2016 年开始，接待境外游客人数上升，达到 89.54 万人次，2017 年突破 100 万人次，达到 104.97 万人次，仅 2018 年上半年即实现接待境外游客数 49.82 万人次，实现增幅 2.4%（见图 2）。就旅游业创收而言，二连浩特 2016 年、2017 年、2018 年分别占整个内蒙古的 1.6%、1.4% 和 1.9%（见图 3）。

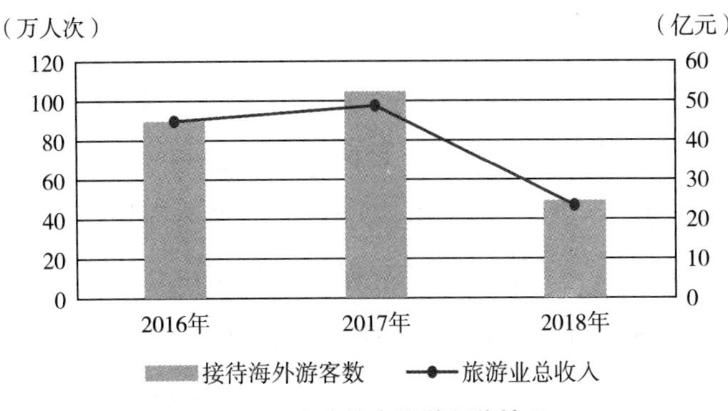


**图 2　二连浩特市旅游创收情况**

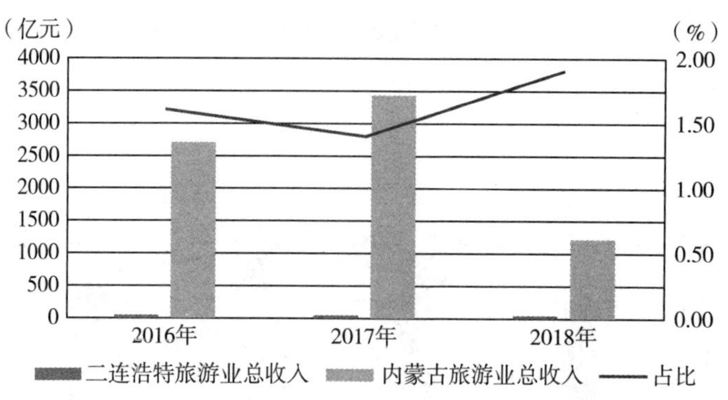


**图3　二连浩特旅游业总收入占内蒙古旅游业总收入比重**

2. 扩大内需的重要渠道

二连浩特是西部大开发的重要口岸城市，连接着蒙古国 、东西伯利亚人口经济聚集区和内地呼包银榆经济圈，能带动广泛的市场需求，实现口岸经济的大发展。二连浩特对西部地区的建设也有着巨大的投资吸引力，不仅可以为东部发展提供廉价的劳动力和丰富的资源，也可以为全国人民开辟广阔的旅游胜地。在加强全国各地人文交流的过程中，可吸引本地发展所需的资金和技术，实现互联互通、共同发展、共同进步。在当前世界金融危机仍未结束，经济下行，各地开始逐渐转型发展的情况下，无论是为了东部的再发展，还是为了缩小西部发展的差距，二连浩特都将成为拉动中国经济增长的引擎。

2013 年以来，二连浩特认真落实就业创业政策，建成电子商务及创新创业孵化基地和民族文化创业园，五年累计就业 2894 人，城镇登记失业率控制在 2.4% 以内，低于自治区 3.65% 的水平，为全区最低。加快实施“人才兴市”战略，五年累计招聘事业人员 143 名、同工同酬 151 名，安置“三支一扶”和民生志愿者 290 名。五年累计接收安置退役军人 70 名，第三次荣获“全国双拥模范城”称号。城乡养老金月标准位居全区前列，农牧区养老保险参保率达到 100%。不断提高环卫工人工资待遇，人均月工资增至 2200 元。城乡居民最低生活保障月标准由 470 元提高到 700 元，“三无”和“五保”人员集中、分散供养月标准分别由 1100 元和 800 元、1500 元和 1000 元，提高到 2000 元和 1600 元，孤儿集中和分散供养月标准由 1800 元和 1600 元，提高到 2200 元和 2000 元，继续保持全区盟市首位。城镇“三无”人员、“五保”及孤儿供养、老年人生活补贴三项民生指标居全区全盟第一。

全体居民可支配收入逐年增加，高于自治区全体居民收入水平16000元左右，人均消费性支出高于自治区水平10000元以上，全体居民恩格尔系数2015年有所下降，为30.8%，其余年份均保持在36%以上，高于内蒙古自治区6%以上（见图4、图5、图6）。

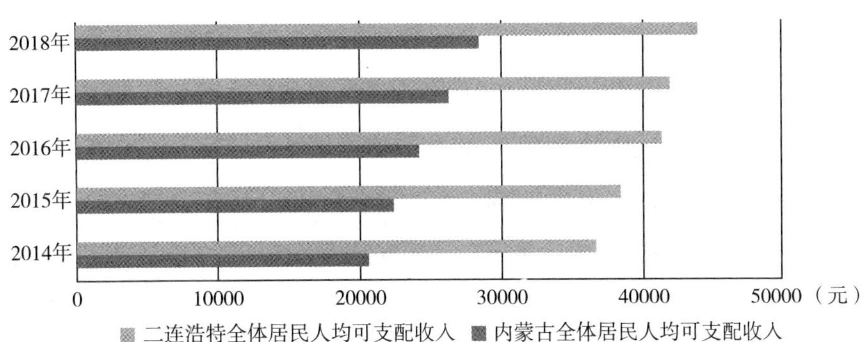


**图4　二连浩特和内蒙古居民人均可支配收入比较情况**

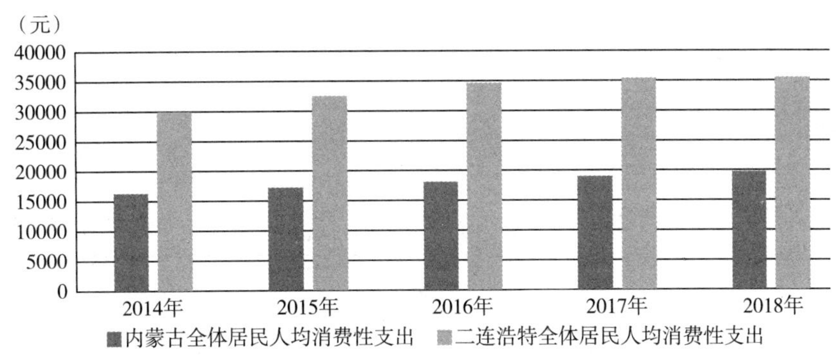


**图5　二连浩特和内蒙古居民人均消费性支出比较情况**

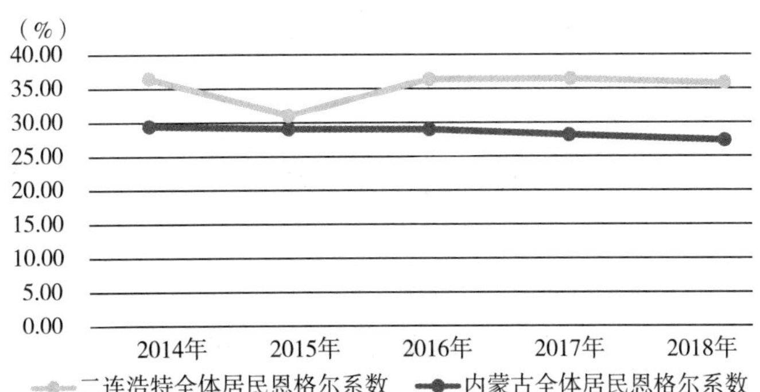


**图6　二连浩特和内蒙古居民恩格尔系数比较情况**

### 3.“一带一路”倡议的动力源

二连浩特是我国对蒙开放的陆路口岸，承担着我国“一带一路”倡议的增长任务，通过对蒙对俄连接欧洲及各大市场，对实现我国“一带一路”沿线城市经济增长有着重大意义，对自治区及盟市的经济贡献更为明显。

2014 年二连浩特地区生产总值完成 88.4 亿元，按可比口径计算，同比增长 8.9%，地区生产总值占全区、全盟 GDP 比重分别为 0.5%、9.4%，总量、增速排全盟十三旗县市区的第四位和第六位；2015 年全市完成地区生产总值 100.73 亿元，全盟总量排名位居第四，同比增长 10.5%，全盟增速排名位居第五；2016 年地区生产总值达到 109.66 亿元，同比增长 9.9%，增速高于全区、全盟 2.7 个百分点，在全盟 13 个旗县中总量排第四位，增速排第二位；2017 年受经济转型影响，地区生产总值同比增长 3.3 %，在全盟旗县中仅排第十位，但占全区、全盟 GDP 比重有所上升，分别占 0.7% 和 14.73%；2018 年增速平稳过渡，位列全盟旗县第九；2019 年受气候、环境、市场等因素影响，规模以上企业运行下滑导致全市 GDP 增速明显回落，只略高于全盟平均 3.4% 的增速水平（3.5%），且占全区、全盟 GDP 比重也创下新低。具体见图 7、图 8。

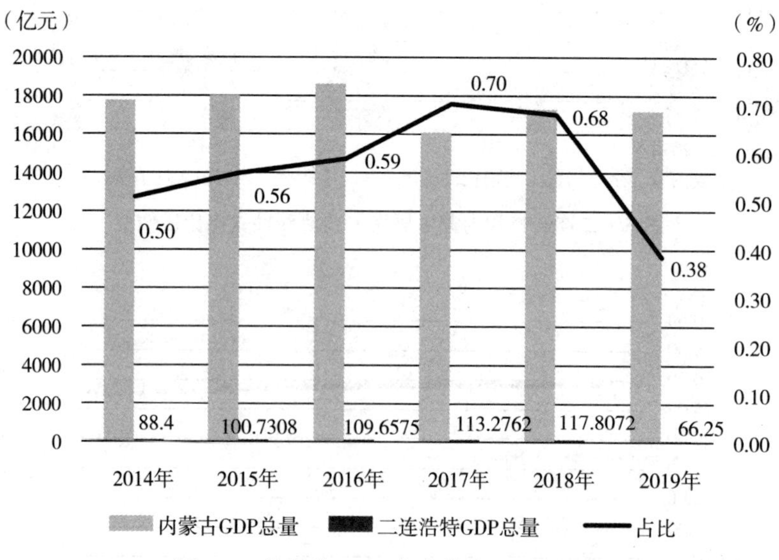


**图 7　二连浩特 GDP 占内蒙古 GDP 比重**

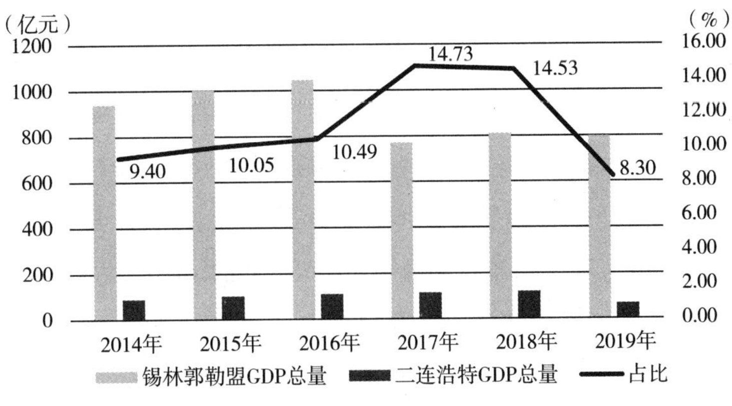


**图 8　二连浩特 GDP 占锡林郭勒盟 GDP 比重**

4. 中国的生态屏障

二连浩特是我国北部草原生态和野生动植物的重要高原生态安全屏障，是长江、黄河等上游重要水源涵养地的生态屏障。"绿水青山就是金山银山"，二连浩特不断重视经济发展和生态保护的辩证关系，践行节约资源和保护环境的理念，坚持可持续发展。2017 年完成第一轮草原生态保护奖励补助政策，草群高度平均提高 2 厘米，草群盖度平均提高 1.7%，受益牧民 505 户 1387 名。累计投资 2022 万元实施京津风沙源治理，完成围栏封育、封沙育林 38.5 万亩，建设暖棚、储草棚 2.7 万平方米。完成重点区域绿化 500 亩、人工造林 400 亩，草原生态环境得到有效改善。

## （二）对案例所在地发展的成效

二连浩特除工业经济发展受经济发展下行压力影响显得后劲不足、固定资产投资下滑明显外，其他方面发展均有不小成效。2013—2018 年，二连浩特市地区生产总值由 79 亿元增加到 117.8 亿元，年均增长 7.6%；一般公共预算累计完成 18.4 亿元；全社会消费品零售总额由 25.3 亿元增加到 38.58 亿元，年均增长 8.75%；全体居民人均可支配收入由 32500 元增加到 43750 元，年均增长 6.2%。

1. 国际商贸快速增长，国际物流成效显著

二连浩特在深入建设开发开放试验区过程中，先后推动内蒙古自治区人民政府

印发了《关于支持二连浩特国家重点开发开放试验区建设的若干意见》《二连浩特重点开发开放试验区建设总体规划》和《关于加快满洲里、二连浩特国家重点开发开放试验区建设的若干意见》《关于支持沿边重点地区开发开放的实施意见》等多个政策文件，获得多轮政策支持。在综合考虑资源环境承载能力、经济社会发展基础和未来发展潜力等因素之后，二连浩特初步形成以市主城区为主体，重点发展国际贸易、文化旅游、医疗教育、信息服务、金融等现代服务业的国际商贸旅游服务区。

**（1）国际贸易。**二连浩特位于我国内蒙古自治区正北部，与蒙古国扎门乌德市隔界相望，边境线长72.3公里，面对着蒙古国及俄罗斯东西伯利亚经济、人口和资源集聚区，背靠环渤海经济圈和呼包银榆经济区，具有广阔的开放空间和内联优势。近年来，二连浩特连续出台《支持边贸企业能力建设暂行措施》，累计投入2000多万元支持企业能力建设，经二连浩特"走出去"赴蒙俄投资的企业达到31家，全市外贸企业突破1000家。国际贸易方面，铁矿石、纸浆、煤炭等传统大宗商品进口规模稳步扩大，2018年上半年进出口货运量和贸易额达到8256万吨和117.3亿元，分别增长18.9%和19.8%。其中进口87.5亿元人民币，同比增长17.4%；出口29.8亿元人民币，同比增长27.3%。俄罗斯和蒙古国为主要贸易伙伴。对俄罗斯进出口38.1亿元人民币，同比增长17%，占32.5%。其中，对俄进口34.2亿元，同比增长27.3%；对俄出口3.9亿元，同比下降31.5%。对蒙古国进出口79亿元，增长21%，占67.3%。其中对蒙进口53.1亿元，增长11.6%；对蒙出口25.9亿元，增长46.3%。中国国内经济运行稳中向好，带动自蒙俄进口增长，以及邻国市场需求上升，出口方面主要传统商品增势明显。

贸易合作方面。先后与蒙古国东戈壁省、俄罗斯安加尔斯克等20个地区签订友好合作协议，与蒙古国驻二连领事馆建立定期磋商机制，设立贸促会驻蒙古国乌兰巴托代表处，推动中蒙俄毗邻地区友好交往常态化。健全与蒙俄经贸、通关合作机制，不断丰富和完善中蒙口岸联席会议制度、中蒙海关联合查验机制，积极发挥二连浩特中蒙俄经贸合作洽谈会的国际交流合作平台作用，巩固对蒙贸易，扩大对俄贸易，延伸对欧贸易。与天津自贸区建立合作关系，曹妃甸港二连内陆港挂牌成立，与自治区东部盟市和呼包银榆地区合作不断深入。在全区率先开展不动产登记工作，颁发了全区、华北地区第一本不动产权证书。商事制度改革试点实现"两项"率先。作为全区"三证合一""先照后证""两证整合"等商事制度改革推进试点地区，在全区范围内率先起步、率先完成，核发全盟第一张企业“三证合一、一照一码”营业执照，颁发全盟首张食品经营许可证、个体工商户“两证整合”营业执照，率先在全区颁发首本“二十四证合一”营业执照。

贸易金融服务方面。辖区内有5家商业银行与蒙古国13家商业银行建立了双边结算关系，与蒙古国郭勒蒙特、贸易发展、堪培纯等6家银行签署了图格里克现钞直接调动、受托代付业务、账户清算等合作备忘录。推动中蒙金融合作实现了“三个”全国第一。2016年4月份，中国银行二连分行从蒙古郭勒蒙特银行调运1亿蒙币，实现我国首次图格里克现钞调运；6月份，中国农业银行实现我国首次图格里克结售汇及资金清算业务，标志着中国境内正式开通图格里克币种的跨境结算；7月份，中行为辖区内一家外贸公司办理了1亿元蒙图的中蒙央行双边本币互换协调项下的蒙图调运，实现了我国首次中蒙本币互换协调项下图格里克融资业务。

**（2）国际物流仓储。**国际物流仓储区域主要位于市区东侧及赛乌苏机场周边，以重点发展进出口货物运输、换装、仓储、中转、配送等现代物流业为主。2014年以来，二连浩特始终把解决交通基础设施瓶颈制约作为首要工作，认真贯彻落实“以互联互通基础设施为优先方向”的指示精神，围绕“一带一路”倡议和中蒙俄经济走廊建设实际需要，超前谋划和推动一批基础设施互联互通项目建设，为中蒙俄实现合作共赢提供基础保障。统筹规划了2200平方米跨境电子商务孵化基地，用于支持具有跨境电子商务创业意愿人员的办公和培训场所，积极推进电子商务发展。截至2018年9月，入驻的具有代表性的跨境电商企业有4家，分别是禹力“城市商店”跨境电商平台、“塔穆嘎”跨境O2O电商平台、加目奇中蒙俄跨境电商平台及林祁云商电商平台。由禹力公司创建的跨境电商平台“城市商店”成为蒙古国最大的网上购物平台，涉及服装、家电、数码、时尚、母婴、家居、建材、机械等8个类别。2018年前三季度，全市跨境电子商务累计发货1800吨，货值达9000多万元。在加大跨境电子商务培训力度的同时，积极推进建设中蒙俄跨境电商物流快速通道，制定《中蒙俄国际通道运输发展政府间协议》，促进国际通关、多式联运、跨境运输有机衔接，全面推行国际贸易单一窗口、无纸化通关、旅客自助通关、载货清单电子化传输等作业模式。通关手续压减50%，人员、车辆通关时间平均缩减40%以上，通关时间从以前的3 ~ 4天变为一日通关，大大提高了通关速度，提升了通关效率。中蒙海关监管，采用统一格式的载货清单，促进了中蒙口岸通关双向提速，开辟果蔬粮油通关“绿色通道”，对大宗货物实行“凭保放行”。铁路口岸实行大宗货物 24 小时通关，公路口岸实行每周 7 天、每天 10 小时通关，使二连浩特成为中蒙、中俄乃至中欧跨境电商货物最重要的中转通道。通关便利化实现了“四项”全区首创。全区首条自助通关通道通过公安部验收，并正式启用。在全区范围内率先启用“智慧口岸”快速核放系统，将以往纸质单据为介质的查验监管模式变为智能化电子查验新模式。在全区率先实施关检“一机一屏一台”和“场地共用、设备共享、联合查验、分别处置”查验模式，对出入境车辆、旅客及其携带的行李物品一次查验、一次放行。2015 年铁路、公路口岸全面实现通关单无纸化，检验检疫在全区率先实施全流程无纸化。

境内方面。集二线铁路经京包、京山线与天津港相连。二连浩特—锡林浩特铁路通车运行，集二线铁路扩能改造项目及铁路站场改造项目列入国铁总公司“十三五”规划，国道 331 线二连浩特—满都拉图公路于 2019 年 1 月 16 日正式通车。二广线二连至赛罕段高速公路于 2018 年开工建设。完成二满公路升级改造，国道 331 线二连至艾勒格庙段公路已于 2019 年开工，试验区与东北、华北、西北区域板块联通联动发展全面增强。机场改扩建项目完工并通过验收，开通了至北京、天津、石家庄、呼和浩特、满洲里等国内航线和至蒙古国乌兰巴托、俄罗斯乌兰乌德等临时国际航线，国际航空口岸设立列入国家口岸办“十三五”对外开放规划。完成公路、铁路口岸自助通关系统建设，并与海关、边检、检验检疫部门进行软件系统的对接。推动“津连欧”“辽蒙欧”等中欧班列常态化运营，根据国家发改委出台的《中欧班列建设发展规划（2016—2020 年）》，成为全国第一个对国际列车实施电讯卫生检疫的陆路口岸和中欧班列“中通道”的唯一出境口岸。2018 年截至 8 月 27 日，当年验放中欧班列 701 列，超过 2017 年开行数量的 1.22 倍。检验检疫人员不再实施登车检疫，直接通过已递交的无线通信报告和纸质材料报告进行风险评估后，列车可直接上下人员、装卸货物后出境。二连浩特至锦州、大连、营口等港口的运输更加便捷，基本形成公路、铁路、航空立体运行的国际疏运通道。

境外方面。2004 年开通的呼和浩特—法兰克福“如意号”国际集装箱物流专列，途经 6 个国家，单程运输时间比海运至少缩短 27 天。中蒙俄跨境铁路双幅电气化改造、中蒙俄跨境高速铁路中线工程、中蒙跨境高速公路、中蒙俄输油输气管道等互联互通重大项目列入《建设中蒙俄经济走廊规划纲要》《内蒙古自治区参与丝绸之路经济带建设实施方案》和《内蒙古自治区与俄罗斯、蒙古国基础设施互联互通实施方案（2015—2019 年）》，正在努力对上争取靠前实施，进一步发挥欧亚大陆桥大通道战略作用。

口岸方面。铁路口岸年过货能力达到 1200 万吨，换装能力达到 2000 万吨。先后建成了铁路换轮库、H986 货运列车查验系统和铁路口岸电子平台，开通了二连浩特至扎门乌德铁路宽轨联络二线。投资 1.25 亿元建成公路口岸货运新通道，投资 5500 多万元改扩建旅检通道，使之成为旅检自助通关通道。公路口岸实现客货分流、通关与查验分开，年过货能力超过 500 万吨，过客能力超过 500 万人次。稳步推进公路口岸综合熏蒸库建设，建成投用冷链查验存储及一体化设施，进一步完善口岸功能。口岸内涵不断拓展，铁路口岸、公路口岸先后获准成为进境粮食指定口岸，公路口岸被允许进口蒙古国熟肉制品、活马及俄罗斯亚麻籽，获批饲草临时进口资格，正在全力争取放宽对蒙俄商品进口限制，申报成为整车进口口岸。

贸易仓储方面。中国外运二连浩特分公司物流基地、环宇公路出口物流园、汇通公路进口物流园、昊罡果蔬粮油进出口园区、浩通铁路物流园区、环宇国际商贸城、富皇汽贸城等专业市场建成投用，贸易物流业发展条件进一步改善，吸引共 24 条中欧班列过境二连口岸。2018 年 1 ~ 5 月，经二连浩特口岸进出境中欧班列达 476 列，同比增长 217.33%，是 2017 年同期的 3.2 倍，全年的 82.8%，年均增速保持在 150% 以上。进出口货物累计完成 685.1 万吨，同比增长 21.51%。其中，进口货物 533.9 万吨，同比增长 15.60%；出口货物 151.2 万吨，同比增长 48.28%。口岸过货运量由 1356 万吨增加到 1470 万吨，年均增长 2.7%。

### 2. 进出口加工项目推展稳中求进

二连浩特面对的蒙古国、俄罗斯地广人稀、资源富集，被誉为“二十一世纪人类自然资源的宝库”。蒙古国畜产品和矿产资源丰富，现已探明 80 多种矿产资源和 3000 多个矿点；俄罗斯森林资源居世界第一，每年大量的木材、矿产品等重要战略物资都经二连浩特口岸进口。利用丰富的进口资源，二连浩特木材加工、矿产品初选加工、畜产品加工、能源综合利用等特色产业优势明显。近年来，二连浩特在充分发挥“两种资源、两个市场”优势，以补短板、提档次、延链条为主攻方向，以边境经济合作区、边民互市贸易区和跨境经济合作区为依托，重点发展进出口加工及配套产业，适时推进建立与蒙古国扎门乌德自由经济区对接，加大项目引进和建设力度，促进加工业提质增效，围绕推动粮油、畜产品、矿产品等进口资源落地加工、转化增值。总投资1.2亿元的华泽萤石加工项目开工建设，目前，一期工程已完成原矿仓、破碎车间、粉矿仓及1条生产线设备安装，基本具备生产条件。总投资1.8亿元的天利源矿石干选项目一期，厂房工程已完成，正在进行办公楼装修、原料库基础施工和安装第二条生产线。总投资5000万元的连吉祥磊干法磁选铁精粉项目，已完成厂区内自来水、工业用水管线铺设及厂区部分道路硬化，正在进行水选、干选车间和办公楼建设。总投资8000万元的钧玮矿业铁精粉项目钢结构厂房主体安装和浓密池建设已完成，正在进行办公楼装修、设备安装和厂房封顶施工。此三项加工项目将新增铁矿石加工能力560万吨。总投资2亿元的雏鹰30万吨粮油仓储物流加工项目加工区建筑面积9.7万平方米，年加工饲料30万吨。由于资金问题，项目暂缓实施。总投资5000万元的年加工肉羊200万只的进口活羊加工项目，已完成厂区围墙、厂房基础工程，正在进行厂房钢结构安装（暂未入库）。2019年，规模以上工业总产值达60054.4万元。在全区率先对非涉密投资项目进行网上并联审批，实现了投资项目网上受理、办理、监管“一条龙”服务。

**（1）边境经济合作区。**目前，入边境经济合作区企业总数达到109户（出口加工区21户、口岸加工区88户）。其中加工企业88户（木材加工29户，矿产品加工8户，建工建材32户，畜产品、食品、服装加工19户），其余21户为仓储物流、商贸服务及其他企业。边境经济合作区产业布局规划已修订完善，出台《关于促进工业园区健康发展实施方案》，以木材、农畜产品、铁矿石、粮油加工等为主的多产业加工格局基本形成。合作区基础设施进一步得到完善，新建道路总长度为4517.8米，给水管线16877米，污水管线30764米，污水提升泵站2座；实施道路照明、平整园区土地、种植树木等附属设施工程，开挖管沟及铺设污水管网约14公里，砌筑检查井200多座。粮食站场改造一期投入运营，园区承载能力明显增强。以节水环保为前提，积极推动木材、铁矿石、建材、畜产品加工业规模化、规范化发展，一批进出口加工项目建成投产。

新建边境经济合作区中小企业创业园，总建筑面积6.2万平方米，其中办公区面积1.1万平方米，厂房面积5.1万平方米，建设场内道路、硬化绿化、给排水、供热、电力电信等配套基础设施工程。截至 2018 年 8 月底完成投资约 2500 万元，正在进行厂房地基挖掘。新建策格动物隔离检疫场，主要建设隔离马、牛、羊舍，病畜隔离区、隔离场办公区、饲草加工车间、饲草库房、草棚、围墙（栏）及配套设施等。截至 2018 年 7 月底，正在办理接水、接电手续及相关开工准备工作。新建二期食品生产小作坊产业园区，建设规模 5000 平方米，计划入驻 60 户。截至 2018 年 9 月正在开展可研编制等前期工作。

（2）**边民互市贸易区。**边民互市贸易区占地总面积 10 万平方米，建设期限为 2014—2017 年。市场 A 区、南北卡口及物流仓储区已通过验收并投入运营。2017 年建设综合楼 7000 平方米及园区配套工程，完善海关监管场所信息化系统。边民互市贸易区一期于 2016 年 7 月份正式封关运营，自治区人民政府出台了《内蒙古自治区边民互市贸易区管理办法（试行）》，明确了自治区毗邻国家商品可进入互贸区交易，正在争取简化交易流程和手续，并将边民证适用范围扩大到锡林郭勒盟，区内购物 8000 元人民币以下免征进口关税和进口环节税，为两国人民提供贸易便利的同时也提升了双边贸易交换的积极性。

（3）**跨境经济合作区。**目前，我国商务部与蒙古国工业部已签署《二连浩特—扎门乌德中蒙跨境经济合作共同总体方案》。蒙方编制完成《可行性研究报告》和《风险评估报告》，正在开展招商引资工作；中方一侧总体规划、产业规划、控制性详规已编制完成，基础设施、综合管廊、标准厂房等 PPP 项目开工建设。二连浩特市跨境经济合作区建设工程包括跨境经济合作区核心区综合管廊建设工程、跨境经济合作区核心区基础设施建设工程、跨境经济合作区厂房建设工程 3 个子项目，建设期限 2017—2019 年。2017 年 9 月开工建设，2018 年 4 月下旬复工建设，截至 2018 年 9 月底完成投资 6340 万元。截至 2018 年跨境经济合作区核心区综合管廊建设工程已完成项目建设内容，正在进行综合管廊垫层浇筑、钢筋绑扎和防水施工。跨境经济合作区核心区基础设施建设工程已完成道路清表 3.2 公里，正在进行路基管线和检查井建设。

### 3. 边境特色文化交流

（1）**文化旅游。**近年来，二连浩特以创建国家全域旅游为统领，积极构建大旅游发展格局，着力培育恐龙文化、边境旅游、跨境旅游“三大特色旅游品牌”，按照“北疆之门、茶叶之路、千年驿站、恐龙故里”旅游形象定位，不断匹配旅游基础设施，完善城市旅游功能。通过深化跨境旅游发展、优化旅游环境、提升旅游服务等，使得旅游产业逐渐成为二连浩特市口岸经济社会发展的重要引擎。目前，边关特色旅游、驿站文化旅游、恐龙文化旅游和品牌景区已初具规模，跨境旅游工作得到快速发展。已建成国家3A级国门景区、4A级国家地质公园景区、展示国内首家驿站文化的伊林驿站遗址博物馆，以及恐龙市门景观大道、驿路文化公园、奥林匹克文化公园、陆桥公园、恐龙公园、戈壁生态公园、湿地公园、赛乌苏特色小镇、奔奔塔拉牧人之家等10余处特色旅游景点。侏罗纪蛋居工程、假山水系、音乐喷泉及相关附属设施，2017年已完成主体工程。2018年投资200万元，新建了游客接待大厅、小区绿化工程及安装监控设施。开辟赴蒙古国扎门乌德、赛音山达、乌兰巴托、哈林和林、色楞格省5条精品跨境线路，成功举办“茶叶之路”国际文化旅游节、二连浩特·扎门乌德全民健身综合运动会等系列品牌活动，开通茶叶之路旅游专列，以及至蒙俄和国内有关地区11条航线。加密至蒙俄和国内航线13条，全市旅游硬件条件明显改善，旅游接待能力明显提升。四年累计接待国内外游客751万人次，年均增长5.8%；累计实现旅游总收入166亿元，年均增长9.2%。

**（2）文化教育。**教育交流方面，健全与蒙俄高等院校“2+2”联合办学机制，2016年选拔66名学生赴蒙俄高校深造，招录100多名蒙俄留学生进入内蒙古师范大学二连浩特国际学院学习。目前“2+1”“2+2”联合办学模式已趋于稳定并进入深入发展阶段。二连浩特市第一中学与俄罗斯布里亚特国立大学、圣彼得堡大学、喀山大学签署合作协议，二连浩特市蒙古族中学与蒙古国国立教育大学等签署合作协议。出台《蒙古国籍学生奖学金实施办法（试行）》，创新对蒙古国学生的教学研究、日常管理、跟踪服务模式，加大资助力度，给予发放部分奖学金和全额奖学金的优惠，累计招收蒙古国籍学生3500多名。在全国率先建立幼儿园至大学一体化蒙古国留学生培养机制。2019年3月，内蒙古师范大学二连浩特国际学院与蒙古国国立生命科学大学双方达成合作协议，内蒙古师范大学二连浩特国际学院正式成为蒙古国国立生命科学大学硕士研究生授权教学点，这是全国首个中蒙跨国硕士研究生授权教学点，为培养本科生及研究生、提高学生综合素质和知识素养提供了便利，创新了办学模式，提升了国际化办学水平。

文化体育交流方面，在互办文化周（日）、联合举办“茶叶之路”文化旅游节和国际那达慕等品牌文体交流活动上形成长效机制，有效促进中蒙文化相互交融。深入实施中蒙足球精品工程，自治区援建、二连浩特市承建的二连—扎门乌德青少年足球交流基地投入使用，与蒙古国有关地区建立5个长期足球赛事交流机制，连续举办“银行杯”“贺立杯”“娜荷芽杯”“二连扎门杯”等中蒙足球赛事8场次。成功举办第三届内蒙古二连浩特“茶叶之路”国际文化旅游节、第四届中国内蒙古（二连浩特）合唱艺术节暨中蒙俄国际合唱大会、中蒙俄韩澳国际合唱节、“茶路情”中蒙俄文艺晚会等大型活动，承办蒙古国油画展，中蒙俄文化交流日益频繁。在全区率先启动足球改革工作。在加强足球运动基础设施建设、引进和培养足球运动专业人才、大力普及和推广足球运动、推进国际足球交流与合作、强化保障体系建设等方面取得了多项成果。

4. 清洁能源产业稳步推进

编制完成《新能源发展总体规划》《100%可再生能源应用示范城市规划（2016—2020）》等一系列规划，清洁能源业发展布局更加合理。华电、国电、天宏阳光等3个能源项目并网发电，清洁能源供热示范项目即将投入使用，风光电装机容量达到36万千瓦。总投资40亿元的可再生能源微电网示范项目已完成9万千瓦光伏发电前期手续并已开工建设；总投资24.5亿元的大数据产业园项目，一期工程已完成测试投入运营，二期项目在2018年完成投资约12亿元，口岸清洁能源就地消纳和转化能力得到切实提高。2018年前7个月，全市风光发电量4.65亿千瓦时，同比增长8%。

**（1）能源资源综合利用区。**在二连浩特市区南部，利用丰富的风能太阳能资源，发展清洁能源产业，建设清洁能源基地，重点发展进口木材、黑色金属、煤炭、萤石及畜产品等落地加工业及配套服务业。根据《二连浩特市配电网“十三五”规划》和二连浩特市经济社会发展需要，预测到2020年本地用电负荷为21万千瓦。截至2017年6月，二连浩特风电开发总量245万千瓦，光伏开发总量350万千瓦，已并网风电装机21.9万千瓦、光伏装机14万千瓦，“十三五”期间还将新增42万千瓦新能源微电网示范项目（风电28万千瓦、光伏9万千瓦、光热5万千瓦）和一定规模的普通光伏电站装机规模，到2020年，新能源电源装机共计可达80万千瓦。

新建齐哈日格图水源地至市区供水管网 54.5 公里。2018 年投资 1.3 亿元，完成全部建设内容，目前，齐哈日格图水源地供水量为 670 万立方米。新建二连浩特市可再生能源微电网示范项目，包括 9 万千瓦光伏发电项目和部分风电项目。截至 2018 年 9 月，9 万千瓦光伏发电项目完成进场道路和临建及设备采购，已按照评审专家意见修改完善电力接入设计方案并全面开工建设；28 万千瓦风电项目完成核准。

**（2）生态文明。**目前，二连浩特生态文明建设取得初步成果。天然植被高度呈现出恢复性增长势头，特别是人工造林和封沙育林项目区经过灌溉、平茬、严格管护等措施，植被种类、高度、覆盖度大幅增加，具备了防风固沙，蓄水保土功能。2016 年二连浩特京津风沙源工程完成建设暖棚 0.5 万平方米、封沙育林 3.5 万亩、围栏封育 11.5 万亩及人工造林 100 亩，完成自治区批复二连浩特集体公益林不补偿面积 12.57 万亩，并继续在 208 国道、茶马大街、通往恐龙墓地道路两侧等地块进行造林绿化，效果良好。

新建三水厂、水源地改扩建和 4 项输变电工程等重点项目。筹资 13 亿元实施市政公共基础设施，新建、改造道路 139 万平方米，硬化街巷、人行道 30.3 万平方米，新建、改造排水管线 38.4 公里，集中供热覆盖率、污水集中处理率和绿化覆盖率分别达到 86.5%、94% 和 42.1%，荣获“自治区园林城市”称号。国家重点开发开放试验区生态环境治理公共基础建设一期项目年内绿化工程全部完工。污泥无害化处理工程场区道路已完成，基础梁柱浇筑及土方回填已完成，并订购钢结构厂房，正在进行污泥深度处理间建设，截至 2018 年 7 月底完成投资 385 万元，10 月底完工。污水处理厂升级改造工程项目已完成项目可研、环评编制。陆桥公园、爱民林公园、天鹅湖湿地公园提升改造、南市门提升改造和游客服务中心等绿化工程，年内计划投资 1.17 亿元。疏港公路两侧、南市门和游客服务中心周边绿化种植、陆桥公园补植已完成。截至 2018 年 7 月底完成投资 11786 万元。试验区生态环境治理公共基础建设一期 PPP 项目已完成投资 1.17 亿元，绿化工程基本完工。投资 1.3 亿元的水源地—水厂输水管线工程 PPP 项目，正在多渠道申请银行融资贷款，建成后城市日供水能力可增加 2 万吨。

## （三）借鉴和启示

### 1. 继续提高通关效率，加强信息共享

完善的通关功能能减少审批程序和办事环节，有利于口岸各方建立快捷有效的协调机制，实现资源共享，达到口岸通关效率的大幅度提高，实现“快进快出”。二连浩特通关改革成效明显，创自治区首好，完成全程通关无纸化和自动化，通关过程只需 1 天，与广西东兴 10 分钟通关还有一定差距，在继续提高通关效率、加强信息共享方面，可以继续借鉴东兴的做法。2016 年 11 月 8 日广西边民互市启用“一指通”系统，实现整个进出口流程无纸化通关和海关内外作业信息互联互通，整个通关过程 10 分钟内可全部办结，对于境外人口入境旅游从商提供了极大的便利。

### 2. 持续完善物流基建，联通境内外市场

加强境内外物流基础设施建设，对连接原材料市场和消费者场地有着举足轻重的意义，特别是针对二连浩特人口缺少的特点，其意义尤为重要。目前，二连浩特基础设施建设基本完善，基本上实现了铁路、公路和航空三大垂直交互的交通网络，但与其他口岸城市相比，仍然存在不小差距。2016 年 7 月 28 日，广西东兴实现东盟海陆铁跨境物流联运“无轨站”的建设，有效解决跨方式、跨区域、跨国境集装箱运输问题，实现海港、铁路、公路枢纽等基础设施的无缝衔接，大幅度提高了联运效率，降低了物流成本。云南瑞丽于 2018 年 3 月 25 日正式开通国际航线，开辟国际国内航线 50 条，每天执飞 84 个航班，覆盖 31 个国内外通航城市，涉及 18 个省、直辖市、自治区，对践行国家“一带一路”倡议，为云南民航强省和昆明国际枢纽建设做出了不小的贡献。

### 3. 树立旅游品牌，创新文化交流

旅游业是二连浩特特色文化产业之一，是二连浩特地方经济支柱产业。在旅游品牌创新发展之路上，二连浩特已初步显出成效，特别是以蒙元元素的草原文化和恐龙文化为主的旅游品牌和精品旅游路线为二连浩特的旅游创收创汇做出了不小的贡献，但要致力于二连浩特旅游品牌创新常态化的建设，还需要借鉴其他口岸城市

的先进做法。例如：2013年，瑞丽中缅边境文化交流协会成立，以中缅边境文化和胞波友谊为主线，以搭建内外连接、延伸南亚和东南亚沿线国家的人文交流平台，缔结民心相通的文化纽带为主旨，2013年至2018年，分别召开了“傣族始祖召武定与傣族文化历史渊源研讨会”“景颇族历史文化研讨会”，多次组织“中缅妇女联欢”“侨胞座谈会”“瑞丽·木姐文化交流”等活动，并于2014年先后邀请缅甸曼德勒作家媒体考察团、缅中友好协会吴盛温昂主席一行到瑞丽访问考察，举办多种“中缅民族服饰大赛”“中缅书画艺术交流展”“中缅风情大巡游”、中缅孔雀舞、果雕大赛、民间绘画培训班、艺人培训班等活动，开展了多种“边交会出版物展”和“缅甸木姐目瑙纵歌节出版物展及赠书”活动。两国交流合作形式越来越新、内容越来越多、规模越来越大、影响越来越广，且瑞丽充分挖掘市场潜力，通过以短养长，创新营销推介、线路策划，利用节日搭台、经济唱戏，大力发展边境一日游等多措并举，扩大客源、拉动旅游消费，使旅游作为地方经济支柱产业的地位得到进一步彰显。

4. 设立人才培训基地，吸引人才集聚

二连浩特人口少、资源少，面对激烈的市场竞争和经济下行压力，能广聚人才、吸引人才落户，对二连浩特经济发展有着奠基性的作用。就目前来看，只有内蒙古师范大学二连浩特国际学院一所大学致力于满足二连浩特人才市场需求，为二连浩特的经济发展输送人才，还有一个电商孵化基地为创新创业人员提供平台，但在进出口加工对口方面，仍然存在欠缺，人才培训基地还有待进一步扩展，需要借鉴其他口岸城市的地方还有很多。

比如，广西东兴通过设立“国门课堂”和创办创新创业培训基地、跨境劳务培训基地、职业技能学校，大力培养电商技能人才，培养成熟2800多名电商从业人员，孵化带动发展了电商企业50多家；建成桂电大学生实习基地、大学生创业基地、科研转化创新基地，建成跨境电商平台3个、金融结算平台1个、手机App电商销售平台4个以及一批服务电商的周边企业，为电商人才的聚集、发挥作用提供了广阔舞台；引导京东集团参与建设“两国e城”边贸正品货源采销平台、“中国特产·东兴馆”东盟特产专区、“中国特产·越南馆”、边贸电商共享服务中心，借助京东平台实现了东兴跨境电商的深入发展，打造了“互市＋边民＋全网营销”进口模式和“互市 + 边民 + 电商企业（落地加工企业）+ 线上线下分销”进口模式。

瑞丽姐告区基于政策、成本和市场优势，推进跨境电商小镇建设。目前，在姐告区内开展跨境电商业务的企业有：瑞丽姐告贸促通电子商务有限公司、中国免税品(集团)有限责任公司姐告免税店、云南香蒙夏朵有限公司、瑞丽市浩森电子商务有限公司、瑞丽市汉天电子商务有限公司、瑞丽市姐告澳新贸易有限责任公司等。在出口型电商产业方面，每天由姐告区发往缅甸的快递包裹约 5000 件；在进口型电商产业方面，只要是在姐告区内销售进口免税商品企业，均可开展进口跨境电商业务。与此同时，姐告还将传统重点产业——珠宝销售与电商结合，现在姐告的 6000 余珠宝商户基本都在使用网络直播、网店、微信、微店等形式将珠宝销往世界各地，姐告全区每年的珠宝交易额达 50 亿元人民币。

### 5. 完善金融服务，助力边民企业

就目前而言，二连浩特金融服务针对边民小额贸易的较多，金融服务还尚待完善，担保和风险防御机制还不成熟，发展模式可以借鉴云南瑞丽的做法，切实帮助边民企业扩大发展。2018 年 5 月 23 日，瑞丽市政府与云南省信用再担保公司共同组建的担保机构——省信用再担保公司瑞丽办事处为瑞丽中小微企业破解融资瓶颈，缓解融资困难，畅通融资渠道，促进中小微企业良性发展，推动瑞丽市经济转型做出了不小贡献。以不低于 500 万元的规模出资设立风险补偿基金，为获得担保支持的企业提供 1% 的担保费补助，承担 20% 的担保代偿损失。省信用再担保公司按照不低于风险补偿基金 10 倍的规模，为市内中小微企业融资提供担保，市内企业享受担保费率不高于 2.5% 的优惠政策。

### 6. 争取优惠政策，切实提高口岸竞争能力

除考虑消费市场远离外，二连浩特招商引资力度明显弱于其他口岸城市，本地优惠政策几乎都由自治区逐一制定、下发，优惠力度仅限于行政事业性收费，对于外商吸引力明显不足，且波动起伏较大。设立开发开放试验区第一年，招商引资完成 51 亿元，增长幅度上升 18.4 个百分点。2015 年之后，增速放缓，至 2017 年完成投资仅实现 29.42 亿元，降幅达到 30.09%，之后有所回升，至 2019 年达到 32.61 亿元的水平，增幅为 26.4%。与黑龙江绥芬河相比，吸引投资竞争力明显不足。2017

年 3 月 21 日黑龙江绥芬河推出招商引资新优惠政策，涉及 4 个方面共 10 条，包括新建产业项目基础设施配套扶持、固定资产投资扶持、经济发展贡献以及促进外贸发展扶持等，对加快绥芬河经济发展的建设和扩大对外开放有着很强的吸引力。2017 年全年招商引资到位资金 88.2 亿元，比 2016 年增长 4.7%。2016 年全年招商引资到位资金 84.2 亿元，比上年增长 3.3%。其投资增长幅度 2 倍多于二连浩特，优势明显。

### （四）推广的必要性及可行性

设立开发开放试验区，标志着二连浩特的对外开放进入了一个新的阶段，对二连浩特来说既是机遇，也是挑战。它有利于扩大对外开放，为二连浩特赢得更好的国际环境，有利于促进经济体制改革和经济结构战略性调整，增强二连浩特经济发展活力和国际竞争力，总体上符合我国“一带一路”倡议和中蒙俄经济走廊建设的根本利益和长远利益。

#### 1. 投资环境更好，有利于引进外资

设立开发开放试验区以后，二连浩特可以凭借优越的区位优势，成为日本、东南亚及其他邻国开展对蒙古国、俄罗斯及欧洲各国转口贸易的理想通道。随着扎门乌德及其自由经济区的开发建设，二连浩特可利用欧美等发达国家赋予蒙古国 8200 种产品出口免关税、不受配额限制的“普惠制”政策，积极向国内外招商，鼓励国内外大企业在二连浩特口岸和扎门乌德投资建厂。大力发展口岸加工、仓储、配送、物流等相关产业，而且二连浩特享受国家沿边开放、西部大开发、振兴东北老工业基地、兴边富民等相关优惠政策，木材加工企业享受进口原木加工锯材复出口优惠政策，设有国家级边境经济合作区，可以更有效地吸收境内外投资。

#### 2. 基础设施建设更趋完善，有利于境内外企业落户安家

二连浩特近两年来，基础设施建设方面投入力度大，效果明显。目前日供水能力 4 万吨，能满足生活、生产用水。有 110 千伏输电线路两条、110 千伏变电站一座，正在建设 220 千伏输变电站和 3 座 35 千伏输变电站。电力供应充足，电价便宜。固定电话、移动电话、传真通信、互联网、宽带网等公用数据通信业务发达，

可开办全球电信服务。这些都有助于境内外企业入驻本地开展国际贸易，为本地及周边地区带来经济扩大的效应。

### 3. 有利于促进产业结构调整，完善地区经济体制

二连浩特自建市以来，缺乏发展第一、第二产业的先天条件，风大水少，但自开发开放以来，供水能力上升，已基本可以满足第二产业的发展生产需要，在调整产业结构上面，可以帮助二连浩特更好地促进并完善。

### 4. 有利于吸引高素质人才

二连浩特开发开放以后，对蒙俄的交流加强，在政策优势、区位优势、产业优势的吸引下，对更多高素质、掌握多语言的人才需求急剧扩大。同时，设立开发开放试验区后面对的国际市场竞争将更加紧密地与国内市场竞争结合在一起，经济风险也显著增加。

（1）**口岸竞争更激烈。**针对我国周边的越南、缅甸、俄罗斯、蒙古国、老挝等相邻国家，国务院先后于 2012 年 8 月 17 日批准设立广西东兴、云南瑞丽、内蒙古满洲里重点开发开放试验区，2014 年 6 月 5 日批复设立内蒙古二连浩特重点开发开放试验区，2015 年 7 月 23 日批复设立云南勐腊（磨憨）重点开发开放试验区，2016 年 4 月 19 日批复设立黑龙江绥芬河—东宁重点开发开放试验区，共计 7 个重点开发开放试验区。目前，各个口岸的开发开放都取得一定成效，相比二连浩特都有很多优良和借鉴的地方，特别是长江以南地区有着比二连浩特更多的人口资源，在推进开发开放建设中能更好地集聚人才，为当地经济的发展增砖添瓦。而且，加快口岸开发开放对二连浩特来讲，虽然可以连接蒙古国、欧洲和内地市场，但在吸引企业投资二连浩特的同时，基础设施的互联互通也会使很多加工企业流入内地，在政策吸引方面将面临更激烈的竞争。

（2）**人口短板问题更突出。**二连浩特开放近几年来，人口基数仅保持在 10 万以内，在发展优势产业的过程中，短板问题突出，竞争能力劣于其他口岸城市，这将成为日后发展的重要瓶颈。而人才的引进还需要从政府层面出台更优惠的政策，吸引人才到二连浩特安家落户。

（3）**口岸安全责任更重大。**口岸是一个国家的安全守门员，承担着国家安全防

疫的重要职责。二连浩特是国家牛羊肉进出口主要口岸之一，在畜产品监控防疫方面更易受牲畜疫情的影响。党的十九大报告提出，拓展对外贸易，培育贸易新业态新模式，推进贸易强国建设，口岸的安全防控责任更显重大。

## 参考文献

[1] 刘艳，常倩，马德军等 . 二连浩特市经济发展新思考——对内蒙古二连浩特市经济状况的调查 . 民族高等教育研究，2012，18（3）.

[2] 张晶 . 二连浩特市对蒙合作现状及今后发展思路 . 北方经济，2014（8）.

[3] 孟直 . 内蒙古自治区二连浩特市坚持绿色发展建设秀美边疆 . 绿色中国，2017（24）.

[4] 王芳 . 二连浩特市物流园区建设与发展研究 . 长安大学，2015.

[5] 樊宏英 . 二连浩特第三产业的发展现状及对策 . 锡林郭勒职业学院学报，2010（2）.

[6] 肖文辉，赵明 . 对二连浩特口岸助推中蒙俄经济走廊建设情况的调查 . 北方金融，2016(1).

[7] 潘照东 . 建立二连浩特国家重点开发开放试验区的探索 . 实践（思想理论版），2011（10）.

[8] 闫海龙 . 关于在塔城设立重点开发开放试验区的思考和建议 . 当代经济，2017(7）.

[9] 郝寿义 . 国家综合配套改革试验区研究 . 北京：科学出版社，2008.

[10] 宋琳琳 . 国家重点开发开放试验区推进现状简析——以黑龙江省“绥芬河—东宁”试验区为例 . 边疆经济与文化，2018（2）.

[11] 费豪杰 . 关于满洲里重点开发开放试验区建设情况调研报告 . 北方经济，2017（1）.

[12] 李晓江 . 喀什经济开发区与东兴、瑞丽、满洲里重点开发开放试验区比较研究 . 实事求是，2016（5）.

[13] 王莉，池敏 . 金融支持绥芬河—东宁重点开发开放试验区存在的问题及建议 . 黑龙江金融，2016（7）.

[14] 二连浩特重点开发开放试验区建设总体规划 . 二连浩特市发展和改革委员会，2016（5）.

# 黑龙江绥芬河—东宁国家重点开发开放试验区案例分析报告

2016 年 4 月，国务院批复同意设立黑龙江绥芬河—东宁重点开发开放试验区（以下简称绥东试验区）。建设绥东试验区是党中央、国务院面向新时期构建我国全方位对外开放新格局的战略部署。

## 一、建设绥东试验区的背景

### （一）从国际合作层面看

随着世界经济深度调整，全球利益格局深刻变化，区域一体化、经济全球化进程更有活力、更加包容、更可持续。由于黑龙江省地缘优势明显，既面对俄罗斯又面向环日本海地区，既有东北地区产业密集度强的腹地优势又没有少数民族省区涉及社会稳定和国家安全的问题，对外开放环境更加优越。加之中俄全面战略协作伙伴关系不断深化，"一带一路"与"欧亚经济联盟"、振兴东北与俄远东开发互动对接，特别是绥东毗邻的滨海边疆区纳入自由港政策、超前发展区规划的核心区域，为黑龙江省着力优化对外开放格局提供了重大机遇。加快绥东试验区建设，推动一体化发展，厚植对外开放新优势，必将为黑龙江省深入落实"注重同俄罗斯远东地区开展战略对接，积极参与中蒙俄经济走廊建设"的重要要求搭建战略平台，必将成为创新实施黑蒙沿边开发开放规划、加快形成全方位对外开放新格局的重大举措和战略选择。

## （二）从国家决策取向看

党的十八大以来，党中央、国务院积极统筹双边、多边、区域及次区域开放合作，大力支持沿边重点地区开发开放，出台了《黑龙江和内蒙古东北部地区沿边开发开放规划》《关于支持沿边重点地区开发开放若干政策措施的意见》《建设中蒙俄经济走廊规划纲要》等一系列含金量高、针对性强的支持政策，推进实施新一轮东北振兴战略，积极与俄罗斯远东开发和自由港政策互动，与俄"滨海 1 号"交通运输走廊对接，与中韩自贸协定呼应，沿边地区在国家发展全局中的地位越发凸显。黑龙江省地处祖国东北边疆，对外开放最具比较优势和潜力，最具地缘和区域特色，也是最有可能实现突破的重大区域，其中最具基础、最具优势、最具条件的平台就是绥东试验区。

## （三）从黑龙江省生产要素布局看

黑龙江省第十二次党代会提出，加快构建以先进装备制造业、资源精深加工业、战略性新兴产业和现代服务业为支撑的现代产业新体系。在生产要素空间布局上，黑龙江省东部明显缺少特色鲜明的主导产业，特别是沿边开放的带动作用发挥得不够显著。以哈尔滨为中心，向北至黑河、东北至同抚的两条经济走廊，沿线和区域内缺少连接紧密、外向型经济基础坚实的城市群作为支撑，即使跨境铁路大桥建成，短时期内也很难形成要素集聚，还处在蓄势待发阶段；向东方向，连接哈牡间城市群，历史久远、基础坚实、潜力突出，发挥着"东出西联、北上南下"的重要作用，处在乘势而上的绝好时机。通过绥东试验区的突破，将推动黑龙江省东部地区以更宽广视野和更高层次站位加快沿边开放桥头堡和枢纽站建设，为深化供给侧结构性改革、转变方式调优结构、振兴实体经济打开更广阔市场、注入更强劲动力，有利于补充和完善生产要素空间布局，扩大和拓展双向开放合作空间，加速在黑龙江省东部地区形成一条点状密集、面状辐射、线状延伸的生产、流通一体化的带状经济区域和经济走廊。

## （四）从绥芬河、东宁两市沿革看

1913 年设东宁县后绥芬河隶属东宁县，1945 年之后绥芬河地区隶属绥阳县，

1948年绥芬河又隶属东宁县直至1968年成立绥芬河区，1975年绥芬河被批准从东宁县划出设市，1983年改由省计划单列。绥芬河北、南、西三面与东宁市接壤，城区相距40余公里，两地同城，交通便利，两地干部、人才、劳动力流动性强。两市共用五花山水库生活用水，共用绥芬河高铁和绥芬河东宁机场。两地均毗邻俄远东开发核心区——滨海边疆区，是中蒙俄经济走廊建设的重要支点、贯通欧亚国际经贸大通道的战略枢纽和黑龙江省最便捷的“出海口”。绥芬河与东宁，两地渊源久远、人缘相亲、设施互联、生活互融的亲情纽带始终联结紧密。

### （五）从现实基础来看

绥东试验区包括绥芬河市全境和东宁市东宁镇、绥阳镇、三岔口镇部分区域，面积1284平方公里，边境线长166公里，常住人口41万。绥东试验区域内建有绥芬河综合保税区、绥芬河边境经济合作区、中俄绥芬河—波格拉尼奇内互市贸易区、东宁—波尔塔夫卡互市贸易区等特殊功能区；境外投资项目达254个、总额近30亿美元，分布在俄罗斯十几个州区，已建成2个国家级境外园区；拥有卢布现钞使用试点、跨境电子商务试点、全域旅游示范区、境外旅客购物离境退税、俄公民入境免签及粮食、中药材、金伯利进程国际证书制度、食用水生动物及冰鲜水产品进口指定口岸等特殊开放政策，绥芬河整车进口口岸已获批。有1个国家一类铁路口岸、2个国家一类公路口岸，年过货能力3970万吨、过客能力1650万人次，分别占全省沿边地区的75%、92%，口岸实际过货、对外贸易多年占全省3/5、1/4左右。无论基础条件、区位优势、经济规模还是外经贸企业家队伍，绥东试验区无疑是最成熟、最久远、最有潜质、最有活力的地区。

## 二、绥东试验区建设意义重大

### （一）有利于优化国家对外开放战略格局

建设绥东试验区有助于增强我国国际通道的吸引力和集散能力，转变对俄贸易发展模式，打造高技术产品出口基地和我国对东北亚地区投资的后方基地；对提升我国对外开放水平，构筑联结我国东北地区与东北亚各国的国际陆海联运大通道，进一步提高我国东北地区的开放能力，拓展我国对外开放的广度和深度，优化国家多层次、全方位对外开放格局都具有积极意义。

### （二）有利于深化东北亚地区经济贸易合作

通过建设绥东试验区，可以形成东北亚区域各国资本、人力、信息、技术、资源等要素流动与集聚的平台和枢纽，有助于提高我国利用境内外两个市场、两种资源的能力和水平，从而引领东北亚地区形成资源互补、利益共享的一体化开放格局，有利于提升我国参与东北亚区域合作的层次和水平，促进东北亚经济互利共赢和持续繁荣。

### （三）有利于推动中俄区域发展战略对接

加快绥东试验区建设，进一步扩大沿边开放，以产业和项目为重点，深化中俄在产业、科技、文化等多领域合作，有利于推进中俄合作模式的转型升级，促进两国相邻地区的优势互补和共同繁荣，加强两国地方和边境区域合作，实现中俄发展战略的深入对接与互动；建设绥东试验区有助于《中共中央国务院关于实施东北地区等老工业基地振兴战略的若干意见》和俄罗斯《2013 年至 2025 年远东及后贝加尔地区发展规划》有效对接。

### （四）有利于凸显沿边开发开放战略实效

在绥东试验区建设中，通过加快体制机制创新，破除制度障碍、提高市场活力、调整经济结构、提升创新能力、激发发展潜力，实现地区经济社会持续快速协调发展，有利于为全国深化改革和扩大开放积累经验、提供示范，凸显国家沿边开发开放战略实效。

### （五）有利于发挥区域经济一体化示范作用

充分利用绥芬河市和东宁市两个区域的资源互补优势，在统一的开发开放战略引领下，统筹兼顾、区域联动，通过体制机制创新和经济合作，立足整个区域格局，促进两地产业经济、文化交流和社会事业融合发展，推进绥芬河、东宁一体化，打造地区经济协同发展的先导区，探索区域合作的新模式、新机制和新经验，将对其他沿边地区乃至全国产生积极的示范作用。

## 三、绥东试验区建设依据、发展目标与空间布局

### （一）建设依据

根据《关于深入实施西部大开发战略的若干意见》（中发〔2010〕11 号）、《推动共建丝绸之路经济带和 21 世纪海上丝绸之路的愿景与行动》《关于中国东北地区面向东北亚区域开放规划纲要（2012—2020 年）的批复》（国函〔2012〕95 号）、《关于加快沿边地区开发开放的若干意见》（国发〔2013〕50 号）、《关于近期支持东北振兴若干重大政策举措的意见》（国发〔2014〕2 号）、《关于支持沿边重点地区开发开放若干政策措施的意见》（国发〔2015〕72 号）、《关于全面振兴东北地区等老工业基地的若干意见》（中发〔2016〕7 号）、《黑龙江绥芬河—东宁重点开发开放试验区建设实施方案》（发改西部〔2016〕1015 号）等有关文件精神，结合绥芬河和东宁市实际，设立绥东试验区。

### （二）发展目标

到 2025 年，绥东试验区综合交通运输体系基本建成，形成内联腹地、面向俄罗斯、外接东北亚便利顺畅的国际经贸大通道；发展方式转变取得重要进展，低碳循环生产和绿色生活方式得到普及，建立起国际商贸、现代物流、旅游会展、金融服务、进出口加工等为支柱的外向型产业体系；社会事业全面进步，人与自然和谐相处，人民生活水平明显提高，绥芬河和东宁建成经济充满活力、社会和谐稳定、环境优美宜居的边境城市。

### （三）空间布局

根据国家和黑龙江省主体功能区规划，按照功能突出、产业集聚、资源共享、高效集约的原则，以绥芬河市、东宁市主城区为核心，依托绥芬河至满洲里、绥芬河至东宁重要交通干线，构建“两核、三区、两带”的空间发展格局。

（1）**“两核”**。①绥芬河现代服务业集聚区。以绥芬河镇、阜宁镇为中心，完善

配套设施，集聚发展要素，强化服务支撑，打造对俄商贸服务基地、国际旅游会展中心和对俄跨境电商物流仓储中心。②东宁产业发展集聚区。以东宁镇为中心，依托东宁经济开发区，打造境内外资源互补、园区互动、产业联动的进出口加工基地和跨国投资服务平台。

**（2）“三区”**。①进出口加工功能区。主要包括绥芬河边境经济合作区、绥芬河综合保税区、绥芬河龙江进出口加工园区和东宁经济开发区，重点发展加工制造、生产服务、仓储物流、国际货运等产业。②特色农业功能区。主要分布在东宁镇、三岔口镇绥芬河（水域）沿岸，利用良好的自然条件和生态环境，重点发展黑木耳、葡萄、蓝莓、人参等绿色农业。③旅游业功能区。以绥芬河镇、阜宁镇、东宁镇、绥阳镇、三岔口镇为重点，依托东宁要塞、五排山城遗址、天长山景区、嘎丽娅纪念馆、绥芬河森林公园等旅游资源，发展边境生态、红色文化旅游。

**（3）“两带”**。①绥芬河至绥阳经济带。依托G10绥芬河—满洲里国道交通干线，以绥芬河镇、阜宁镇、绥阳镇及铁路公路口岸为重要节点，充分发挥区域内要素较为完善、产业基础较好、交通便利等优势，重点发展现代物流、旅游会展、特色农产品加工、进出口加工等产业。②绥芬河至东宁口岸经济带。依托S206鸡西—图们省道，以阜宁镇、东宁镇、三岔口镇等为重要节点，充分发挥区域内发展空间较大、资源较为富集、境内外园区配套完善等优势，重点发展进出口加工、国际商贸、跨境电子商务、物流仓储等产业。

## 四、绥东试验区管理模式及省级支持政策

### （一）管理模式

国家批复同意建设绥东试验区，要求黑龙江省人民政府要加强对绥东试验区建设的组织领导，健全机制、明确分工、落实责任，有力有序有效推进试验区建设。根据需要，按有关规定和程序研究设立试验区管理机构，完善支持试验区政策举措，统筹推进试验区各项任务的落实。绥芬河市、东宁市要解放思想、先行先试，切实抓好具体工作落实。绥东试验区设立以来，黑龙江省坚持把试验区建设作为推进“一带一路”、中蒙俄经济走廊建设的重要载体和支撑，成立绥东重点开发开放

试验区建设推进工作领导小组，由牡丹江市委书记和市长任组长，牡丹江市分管市领导任常务副组长，绥芬河与东宁两地市委书记、牡丹江市发展改革委主任共同担任副组长，统筹协调、研究议定试验区建设工作中的重大事项，组织推进试验区各项工作任务，建立联席会议等制度，全力推进改革创新、先行先试等工作。

### （二）省级支持政策

2017 年 2 月，黑龙江省政府办公厅印发《黑龙江省人民政府关于印发支持黑龙江绥芬河—东宁重点开发开放试验区建设若干政策的通知》，给予绥东试验区在财政税收、土地、产业贸易、公共服务、口岸通关与旅游管理、投融资和人才等七个方面 35 条优惠政策，努力把试验区建设成为深化中俄全面战略协作伙伴关系及东北亚开放合作的重要平台和沿边地区重要经济增长极。

2017 年 8 月 15 日，黑龙江省召开了“一带一路”建设领导小组会议，明确了参与中蒙俄经济走廊建设的发展定位，即打造我国向北开放的重要窗口，建设黑龙江（中俄）自由贸易区、沿边重点开发开放试验区、跨境经济合作示范区、面向欧亚物流枢纽区。在黑龙江省提出的参与中蒙俄经济走廊建设的发展定位中，把绥东试验区建设列为“一窗四区”之一。沿边重点开发开放试验区着重推动绥东试验区先行先试，探索黑龙江省对外开放发展路径和模式。根据国家要求和 2017 年 8 月黑龙江省推进“一带一路”建设领导小组第一次会议精神，黑龙江省发改委组织编制了《黑龙江绥芬河—东宁重点开发开放试验区建设总体规划》，科学地规划了绥东试验区开发开放的总体要求、空间布局、主要任务和保障措施。

## 五、绥东试验区建设成效

### （一）对国家或区域发展的成效

**（1）深化行政审批制度改革取得成效。**打破绥芬河、东宁区划限制，实施集中统一谋划发展，复制自贸区经验，借鉴哈尔滨新区经验，深化试验区行政审批制度改革，加快建设服务型政府。复制自贸区经验，在试验区实行负面清单制度。结合试验区资源要素禀赋、功能定位、产业比较优势等因素，全面实行市场准入负面清单制度。制定试验区行政许可类权力清单，明确每项权力的办事流程、提交要件、办结时限、审批依据等。在权力清单基础上，制定试验区责任清单，落实事前监督、事中和事后监管责任。建立试验区网上办事大厅，实现企业在线提交申请，提高审批效率。建立承载“三个清单”的网上联合审批监管平台，加强事中、事后监管。

在试验区推行相对集中行政许可权改革，整合设立统一高效的行政审批服务机构，推行“一口受理、并联审批、限时办结”的行政审批服务，实现“一枚印章管审批”。建立试验区外商投资综合服务平台，对入驻试验区的企业提供发展指导、政策倾斜、融资支持、信息互通、资源共享的一站式服务，推进外商投资企业从设立到运营的有关信息跨层级、跨部门共享，建立外商投资企业投诉保障机制。

推动口岸通关便利化，实施自主性通关。全面实施“单一窗口”、舱单归并、先放后验等改革措施，平均通关时间压缩 1/3 以上，减少企业报关量 94.3%。

（2）**省级权限下放取得成效。**赋予试验区发展更多自主权，下放（委托）给试验区 15 项省级行政许可事项，赋予试验区辖区内审批权 3 项。 建立负面清单，放宽市场准入。制定出台由市场准入、企业投资、外商投资和互联网市场准入四部分构成的《绥芬河市负面清单》，制定出台《绥芬河综合保税区市场准入负面清单》《绥芬河综合保税区外商投资负面清单》和《加工贸易禁止类商品目录》。

（3）**体制机制创新取得成效。**试验区加快投融资体制改革，有效激发市场活力和社会创造力。争取了国家对试验区公共基础设施建设贷款给予贴息支持，争取中央加大试验区转移支付规模，争取外经贸发展专项资金重点向试验区倾斜。试验区开展跨境金融合作与改革创新，加快形成对俄金融结算中心，探索开展跨境人民币业务创新试点；试验区内各银行业金融机构上级行对其授信额度、审批权限等方面进行倾斜；各银行业金融机构建立贷款审批快速通道，把试验区列为业务发展和信贷支持重点区域；银行业金融机构对试验区建设项目实行银团贷款；试验区设立民营银行等中小金融机构。

试验区加快发展跨境产业。试验区建成国家级出口果蔬质量安全示范区；扩大了口岸指定进口农畜产品范围，支持申报肉类、药材、危险品指定进口口岸。试验区深化了与俄罗斯远东地区地方政府间合作，积极对接俄符拉迪沃斯托克自由港政策，落实在俄园区享受俄远东跨越式发展区的优惠政策，吸引各方面企业参与跨境园区建设。试验区与俄相关地区执法部门建立了口岸安全联合防控机制。

试验区参照省相关优惠政策吸引急需紧缺人才，根据《聘任制公务员管理规定（试行）》精神，开展聘任制公务员工作；省高校毕业生服务基层项目向试验区倾斜；在试验区设立外国人来华工作服务窗口，出台《俄罗斯籍自然人在绥芬河市互市贸易区内经营登记管理暂行办法》，为25个外资企业在绥芬河注册公司，为48名俄罗斯籍自然人办理经营登记；注册"一人公司"和个体工商户，用经营登记许可证代替个体工商营业执照。

## （二）对案例所在地发展的成效

**（1）基础设施互联互通进程加快。**2016年1月1日，牡绥线铁路扩能改造项目完成，牡绥城际旅客列车由改造前最快4小时35分钟提升至最快运行1小时22分钟。随着哈尔滨至牡丹江高铁的开通，哈尔滨至绥芬河、东宁的运行时间大大缩短，进一步拉近了边境口岸与哈尔滨、牡丹江等中心城市的距离。2018年，绥芬河和东宁口岸的过货量达到1214.6万吨，过客139.2万人次，分别占全省过货量和过客量的29.32%和38.66%。投资12.83亿元的绥芬河东宁机场预计2020年试航。

**（2）对外开放水平显著提高。**摆脱传统路径依赖，推动贸易转型升级，在保持和扩大传统一般贸易和货物贸易基础上，加快发展电子商务、互市贸易、加工贸易、服务贸易等"新字号"贸易方式。中俄跨境电子商务监管中心投入使用，边境经济合作区"中俄云仓"通关服务平台与海关"9610"系统对接，实现计税纳统；创新开辟了跨境电商物流运输通道，每周有3 ~ 4班车装载电商货物出入境，目前日均申报电商包裹2000单，高峰时达4000单，全市线上商户达到7236家。规范运营中俄互市贸易，推进"四真四到"模式（真边民、真交易、真俄货、真实惠；人到、证到、货到、钱到），开通跨境资金付汇业务。伊戈尔、酷洋等一批具有批发零售、线上线下交易、冷链物流等功能的俄货二级市场蓬勃发展。海关与检验检疫局实行"一次申报、一次查验、一次放行"三个一通关模式；实行中俄海关监管结果互认制度，企业可以不用再接受俄罗斯方面的查验；公路口岸实行7天工作日12小时通关；铁路口岸实行7天24小时通关，装车作业由一次5节车皮提高到1列，装卸时间由7天缩短至5小时，出境通关时间由2天缩短至6小时。在海关总署和国家市场监督管理总局的支持下，内贸货物跨境运输商品扩大到粮食、石化和木材等品种，在上海、宁波、黄埔、泉州、汕头、洋浦、天津、大连港的基础上增设了南沙、盐田、蛇口、福州、湛江、厦门、太仓港等7个进境港口。2015年8月，中国国务院和俄罗斯中央银行批准为卢布现钞使用试点，目前已布设完成44个银行网点和2家特许兑换机构，累计兑换卢布现钞165.1亿元；开辟了绥芬河—哈尔滨—符拉迪沃斯托克跨境调钞线路，累计调运卢布84亿元。2018年，全省首条人民币现钞跨境调运通道实现常态化。2016年8月1日，绥芬河市启动实施境外旅客购物离境退税试点，确定了冰雪帝国皮草广场、赛博手机卖场等5家首批离境退税商店，对商业、旅游业等关联产业带动作用加快显现。从2019年1月1日开始，东宁市实施境外旅客购物离境退税政策，禄源酒业、天翼果菜、天马公司、宏源商场等四家销售点成为东宁市首批指定的退税商店。

（3）**跨境旅游产业发展较快。**“跨境旅游、历史文化、生态宜居”三张牌初见成效，加强了中西方文化融合交流，内联外拓、双向开发旅游产品和精品线路，推动旅游和文化融合发展，推进全域旅游城市建设，边境旅游试验区规划已上报国家相关部门。2012年5月28日哈尔滨至符拉迪沃斯托克旅游专列首次开通。加快筹建天长山旅游综合体，做强国际健康体检、特色理疗服务，发展医养结合、避暑度假、冰雪旅游、养老等特色旅游产品，发掘生态和气候优势，大力发展消费经济，打造两座“金山银山”。筹建口岸博物馆，打造百年茶庄、百年车站、百年街区等系列化百年题材文旅景观。加快了绥芬河国门观光区建设及运营。

（4）**现代物流产业发展势头良好。**以大通道连接国际物流网络，实现陆海联运常态化、规模化运输，集聚发展要素，承接产业转移，建设物流园区，发展跨境运输、保税仓储、冷链集散等物流产业，做强通道经济，促进绥芬河与欧亚之间物流、人流、信息流的融合，形成陆海内外流通、产业内外联动、区域双向开放的一体化大交通、大物流格局和现代智慧物流服务体系，在更大范围内参与国际经济大循环。“哈绥俄亚”货运班列，打通了黑龙江出海口。其中大部分货物发往中国南方港口，也有发往日本东京、大阪和中国台湾的货物，品种主要是地板、家具部件、粮食、淀粉、聚乙烯产品。“哈绥俄亚”班列俄罗斯段铁路运输全部实行“五定班列”（定点、定时、定线、定站、定运价）运行图，并与俄方签署了协议，俄铁集装箱运费下调30%～50%，港杂费下调55%。开通了俄罗斯东方港至中国太仓港快航航线，从东方港到太仓港再返回东方港全程仅需9天，每月三个航次，开启了中国企业特别是黑龙江企业在日本海区域内从俄罗斯远东港口群至中国南方各港口航运的先河。

（5）**平台经济产业初步形成规模。**“互联网+”行动取得成效，建设中俄电商智慧园、俄品汇、俄商会等电商平台，争创国家跨境电子商务综合试验区。绥芬河市建设俄罗斯人创业大街等“双创”“四众”平台，培育信息科技、文化创意、电子商务等新型服务领域企业。加快金融产品和服务创新，试验区各银行业金融机构开发并推广应用了“速贷通”“成长之路”等12种新型信贷和融资产品，累计投放38.6亿元；中国银行与易智付科技有限公司已搭建“绥易通”跨境结算平台，支持以人民币或外币标价、结算，接受本地银行卡付款；进一步推动卢布现钞使用试点工作，争取将卢布现钞兑换定价权下放至试验区；争取外币调运指定口岸资质，争取开展“内保外贷”“仓单质押”等业务，全面提高助推发展能力。

## 六、绥东试验区主要问题剖析

对外贸易额、财政收入和口岸过货量是反映口岸城市经济发展的“晴雨表”。近几年绥芬河和东宁的发展明显放缓，位次有所后移，甚至出现“断崖式”下降。同样是沿边口岸，同样面对错综复杂的国际发展环境和国内“三期叠加”的宏观形势，有的口岸却能实现稳步发展。影响经济下行因素是多方面的，这里固然有大环境、大气候影响，有“挤水分”的因素和口岸自身发展原因，归根结底是供给侧短板和体制机制制约。概括起来，有如下四大短板。

（1）**口岸功能不完备。**口岸的功能短板还比较明显，与满洲里、霍尔果斯、阿拉山口等口岸相比，试验区缺少口岸危化品经营资质和危化品办理站，缺少入境油气管道项目的谋划推进，小汽车跨境自驾游尚未实现更大突破，特别是没有完备的集疏运物流园区，远落后于满洲里、霍尔果斯和阿拉山口。

（2）**基础设施不对称。**试验区口岸对应俄格罗捷阔沃区间26公里铁路套轨改造尚未启动，对应的俄波格拉尼奇内公路口岸尚未恢复改造，列为省推进“三桥一岛”通道之一的东宁口岸界河桥项目尚未与俄方签订建桥协议，俄方口岸功能与中方不匹配，通道“瓶颈”问题十分突出。

（3）**产业结构单一。**试验区产业结构性矛盾突出，产生结构性问题供需两侧都有，供给侧短板更为突出。对外贸易及其相关产业的税收在财源构成中“一柱擎天”，占绝对主导地位，财税经济随着对外贸易“冷热”而大起大落，一直是制约口岸的一个难题。

**（4）同质化竞争内耗。**在区域产业布局上，绥、东两地同为沿边开放城市，区位同域、开放同向、贸易同类、功能趋同，基础设施重复建设、产业结构雷同，甚至有的贸易、旅游企业搞压价、挖墙脚等不正当竞争，形成内耗，不仅会削弱相对于吉林、内蒙古等沿边口岸的竞争力，而且不利于形成扩大开放的整体合作格局。

## 七、加快绥东试验区建设对策建议

围绕黑龙江省委“打造一个窗口、建设四个区”开放定位，把握好俄罗斯加快远东开发契机，以绥东试验区建设为牵动，努力培育黑龙江省对外开放合作新优势。

### （一）建立全方位的保障机制

**（1）加强管理保障。**调整试验区权力配置，细化试验区与地方政府职能部门的权力边界，明确主次关系、责任归属，领导绥东试验区建设各项工作的有序进行。绥东试验区管委会协调推进绥东一体化发展，条件具备时，实现两市的融合，破除体制机制性障碍，加速区域间要素流通和共享，尽快尽早实现这一地区规划同筹、交通同网、信息同享、市场同体、产业同步、科教同兴、旅游同线、环境同治的新格局。

**（2）加强创新保障。**建议成立绥东试验区政策孵化中心，由省级层面统一调配智库资源，以项目化、专业化、科学化的组织来研究政策、设计政策和推动政策落实。统筹好政策生成、争取、实施和节奏，重点瞄准那些能够很快发挥试验效应的项目，尽快形成试验区效应。建议建立试验区“负面清单”，对负面清单内的事项，试验区在法无禁止的情况下自主决定探索路径。建立先行先试保护机制，创设先行先试容错免责机制，凡是工作问题、客观问题就事论事加以解决，不追究到人，不进个人档案。

**（3）加强政策保障。**赋予试验区更大的自主权，增加试验区的“试验空间”。在省政府出台的35条支持政策基础上，借鉴内蒙古、吉林等地经验做法逐条研究支持政策边界，制订支持政策细化方案，增加政策的可操作性和可落实性，让政策落地生根。在省政府已赋予的35条政策基础上，争取省级层面出台支持试验区财政税收、投资融资、产业贸易、土地资源、口岸通关、人才集聚等方面特别机制和特殊政策，实施差异化扶持，高标准构建试验区政策体系。

（4）**加强监督保障。**采用月公示、季通报、年考核的方式，对督查中发现的问题及时反馈，督促相关单位立办立结。完善社会监督机制，定期向社会公布试验区建设进展情况，并广泛听取公众对试验区建设的改进意见。建立考评体系，对试验区的经济社会发展指标和绩效进行定期评估，为跟踪督查提供量化支撑。

## （二）建立试验区内的互动机制

（1）**扩大政策惠及区域和同步性。**扩大绥东试验区的政策惠及边界，将相关政策扩大到牡丹江全域，或者覆盖绥芬河和东宁全域。建议同步实施政策，绥东试验区协同争取的财政转移支付、基础设施建设、产业项目推进、口岸便利通关、机构人员设置等方面的优惠政策，实现共享互惠和绥东两地国际金融、物流通关、人员往来、人才调配等方面的对等发展。

（2）**实施“多规合一”。**绥东地区实施“多规合一”，打破区划藩篱，优化空间布局，保护生态环境，集约节约利用资源。重点布局好产业，明确引进产业类型、适合落地区域，在考核环节主要考虑招引的主体，次要考虑落地的区域，开创试验区内“一条心、一股劲、一盘棋”的协同局面。构建立体交通体系。关键协调好大通道，推进绥东至符拉迪沃斯托克高速铁路、公路建设，升级改造东宁—珲春相关路段，构建集铁路、公路、航空于一体的物流枢纽。

（3）**整合试验区内资源。**成立绥东区政策整合临时办公室，整合绥芬河综合保税区、绥芬河边境经济合作区、中俄绥芬河—波格拉尼奇内互市贸易区、东宁—波尔塔夫卡互市贸易区等特殊功能区的政策资源，研究在试验区全面、普惠、共享的可行性。

## （三）建立与周边国家的战略对接机制

（1）**与“欧亚经济联盟”对接。**争取将试验区纳入“一带一路”与“欧亚经济联盟”对接机制加以推进，畅通绥芬河—哈尔滨—满洲里—俄罗斯—欧洲货物运输通道，实现中、日、韩、俄和欧洲货物的双向流动。搭建中俄智库交流平台，常态化组织专家学者就开辟与俄罗斯远东地区共同经济空间开展协作进行讨论，研究与俄罗斯远东地区的投资贸易合作，共同打造产业园区、绥东跨境旅游合作区和绥东跨境经济合作区建设。

（2）**与俄罗斯“自由港”建设对接。**建议绥东试验区实行与“自由港”相平行的政策设计，考虑到试验区和自由港是中俄两国国家层面制定的发展举措，层次对等，距离又近，建议试验区在招商引资、货物通关、人员签证等方面，建立与自由港相匹配和相融合的政策和体制。建议超前谋划自由贸易区（FTZ），根据党的十九大精神，依托绥芬河综合保税区，考虑在试验区实行境内关外的更加开放的模式，抢先按自由贸易区的政策设计，打造边境“自由贸易港”，契合俄罗斯“自由港”优惠政策，以此强力利好促进“两港”的互动发展。

（3）**与韩国对外发展战略对接。**谋划韩国在试验区设立领事机构，办理赴韩国的商务、旅游和就业签证。建议深挖《中韩自贸协定》对黑龙江省的机遇，探寻中蒙俄经济走廊与“欧亚倡议”政策共同点，探寻两者关联性。建议做优对韩通道，依托“哈绥符釜”通道，发挥好陆海联运通道与韩国点对点互联互通的作用，多渠道向韩国交通部门和运输相关企业充分宣传推广陆海联运通道建设的基本思路和具体规划内容，扩大对韩物流合作。发挥牡丹江市与韩国经贸、人文合作优势，以推进中韩自贸区建设为契机，在试验区建设中韩国际合作示范区，推进共建中韩经济和产业合作平台。

# 抚远口岸开放案例分析报告

抚远口岸位于黑龙江省东北部中俄边境，是我国最东部的边境口岸，也是对俄开放的最重要边境往来通道之一。抚远口岸是国家较早开通的边境开放口岸，优势突出，特色鲜明，具有良好的区位条件和发展建设前景。

## 一、抚远口岸开发开放背景

### （一）抚远口岸的地理区位

抚远口岸所在的抚远市，因位于中国陆地最东端，有“中国东极”之称。抚远市地处黑龙江和乌苏里江汇合处，原名“伊力嘎”，赫哲语意为“金色的鱼滩”。抚远市自西北至东南沿黑龙江、乌苏里江主航道与俄罗斯接壤，边境线275公里。抚远市南邻饶河县，西接同江市，距离区域中心城市佳木斯400公里，距离省会哈尔滨市800公里。闻名全国的边境哨所“东方第一哨”，设在抚远市的乌苏镇。抚远口岸距离俄罗斯远东最大城市哈巴罗夫斯克市只有60多公里，沿黑龙江（俄罗斯称阿穆尔河）水路即可到达远东第三大城市阿穆尔共青城、苏维埃港，还可通抵黑龙江入海口的尼古拉耶夫斯克海港。从抚远口岸的莽吉塔港出发，经俄罗斯哈巴罗夫斯克水路行驶960公里可境外出海，进入太平洋、日本海。抚远口岸与俄西伯利亚大铁路隔江相望，距其远东地区最大编组站卡杂科维茨沃仅2.5公里。

### （二）抚远口岸的人文背景

抚远城是黑龙江境内历史较为悠久的城镇，历史起始于辽金时代，是古代肃慎人的发祥地之一。抚远是中俄边境重镇，清朝宣统元年（1909 年）在伊力嘎地方设绥远州，隶属临江府管辖。民国时期改绥远州为绥远县，后更名为抚远县。伪满洲国时期东北划分为十四省，抚远县归属三江省所辖。抗战胜利（1945 年）后，整个东北地区改为九省，原三江、东安两省合并为合江省，抚远县为合江省管辖。新中国成立后，恢复东北三省，抚远又归属于黑龙江省佳木斯市所辖。2004 年，抚远境内黑龙江、乌苏里江交汇处的黑瞎子岛上的 172 平方公里的陆地河水域，根据中俄签署边境补充协定，正式归还中国。2011 年至 2017 年，抚远为黑龙江省直接管理，行使地市级经济社会管理权限。2016 年国家批准抚远撤县建市，抚远市现恢复为佳木斯市管辖的县级市。

### （三）抚远口岸的开通进程

历史上，抚远与俄罗斯有 100 多年的交流往来基础，晚清至新中国成立前，是俄罗斯货物、客商进入中国的主要入口，东北抗联向苏联境内转移人员、取得补给的战略要道。1992 年，国家批准在抚远县的黑龙江主航道国境线内部分，设立抚远边境口岸，为对俄开放的国家一类口岸，1993 年正式开通运营。20 多年来，抚远口岸不断建设完善，对俄经贸交流和人员往来日益繁荣活跃，已在我国对俄开放、中俄合作中发挥了重要作用。

## 二、抚远口岸环境及资源概况

抚远口岸所在的抚远市，面积 6262.48 平方公里，分布有五乡四镇，69 个行政村，总人口 15.6 万。抚远市属温带大陆性季风气候，冬季寒冷干燥，夏季高温多雨，属半湿润地区，无霜期在 110 天左右，年平均降水在 500 ~ 600 毫米，冬夏温差较大，季风性气候十分显著。

### （一）自然环境良好、资源丰富

抚远市地处三江平原东部地区，是世界上仅存的三大黑土带之一，地势平坦低洼，大部分为河流一级阶地，少数孤山残丘散立于平原之中，地势由西南向东北缓缓倾斜。自然环境优美，生态资源保存完好。人口密度小，人均耕地、水资源位于全国前列。抚远市耕地面积占全市总面积的62.1%；林地面积占10.1%，牧草地等其他农用地占11.5 %。现有耕地375936.2公顷，土质肥沃，粮食年产93万吨，主要品种是稻米、玉米和大豆。抚远市位于中国最大湿地——三江湿地核心区，湿地面积300万公顷，生态资源保存完好，有国家级三江自然保护区和黑瞎子岛国家级湿地保护区及国家级湿地公园。抚远水资源和渔业资源十分丰富，是著名的“中国鲟鳇鱼之乡”“中国大马哈鱼之乡”，“三花五罗”等名优特渔产也闻名遐迩。

## （二）经济发展、社会建设持续加快

因地处边疆，地广人稀，抚远市过去的经济社会发展指标一直比较落后。1990年GDP总量只有5.1亿元，人均3300元。20多年来，借助沿边开放优势，抚远市经济社会发展很快。2017年，在全国脱贫攻坚中率先一批摘掉贫困县帽子。2018年地方财政总收入实现2.8亿元，同比增长8.9%。其中：公共财政收入1.9亿元，同比增长11.7%；税收收入完成0.9亿元，同比增长14.2%。公共财政支出21.3亿元，同比增长11.1%，其中：一般公共服务支出1.1亿元，同比增长14.4%。金融业运行平稳，年末金融机构各项存款实现52.6亿元，同比下降2%。其中：住户存款32.5亿元，同比下降5.5%；广义政府存款15.6亿元，同比增长15.9%。各项贷款实现31.0亿元，同比增长6.8%，其中：住户贷款22.6亿元，与2017年同期基本持平。全市共有卫生机构14个，其中：县级医院1个，县级中医院1个，乡镇卫生院8个，疾病控制中心1个，妇幼保健站1个，抚远市红光社区卫生服务中心1个，抚远市卫生监督所1个。全市普通小学5所，小学教学点2所，在校学生3142人，教职员工461人；普通中学5所，初中在校生1695人，高中在校生1062人，教职员工445人，初中专任教师287人，高中专任教师99人；九年一贯制学校3所，小学在校生212人，初中在校生102人，教职员工177人，小学专任教师100人，中学专任教师49人；幼儿园24所，共有幼儿1361人，在园幼儿1332人。市内有文化馆、图书馆、电视台、广播电台，有线数字电视、互联网覆盖率为100%。

## （三）对外开放条件不断改善

2017年，抚远市外贸进出口总值8.6亿美元，其中货物出口7.3亿美元，进口1.3亿美元；年出入境货运量近10万吨，年出入境客运量超过20万人次，边境互市贸易年营业额3000万美元。2018年，外贸进出口完成7.1亿元，同比增长4.5%，其中出口0.20亿元，下降91.5%，进口6.9亿元，增长55.9%。2018年，进口木材20万立方米，回运大豆1.2万吨，金良跨境农业园区扩大到180万亩，境外种植非转基因大豆45万亩。抚远镇及口岸周边商业、餐饮、住宿业配套完善，建有黑龙江省东部地区规模最大、功能最全、管理最规范的边境民贸市场、旅游服务中心、出入境服务和外汇兑换服务网点。

## 三、抚远口岸开发建设现状

抚远口岸自开关以来，坚持“打优势牌，走特色路”的发展思路，以口岸建设带动经济，紧紧依托特殊的地缘优势，内引外联，发展外向型经济，走出了一条“游贸并举、以贸兴业”的富民强市之路。经过近些年的开发建设，抚远口岸的服务功能日趋完善，口岸查验部门机构齐全，抚远口岸已成为黑龙江省对俄贸易的重要窗口和对外开放的最前沿阵地，对外贸易、进出境人数、进出口货物和进出境船舶等，都在全省口岸中排名靠前。

### （一）口岸基础设施建设情况

抚远口岸设立在中俄界江的黑龙江右岸，属水运口岸，核心设施是黑龙江右岸的莽吉塔深水港。江港水域宽阔，口岸水域最深可达10米左右，平均水深4米，无浅滩，通常可停泊5000吨级驳船，丰水期可进出万吨轮船，是黑龙江上我国一侧最佳的深水良港，可直航俄罗斯哈巴罗夫斯克市口岸码头。莽吉塔港是《黑龙江省“十一五”水运发展规划》的重点项目，总投资1.93亿元。码头沿线293米，建设5000吨级泊位1个，3000吨级泊位2个，设计年吞吐量114万吨，港口陆域面积24.8万平方米，建有24.5万平方米的杂件堆场、8.8万平方米的木材堆场、6.5万平方米的粮食码头等木材粮食回运、仓储设施。冬季封江后，抚远口岸辟建有冰上过江出境汽车运输通道，航空包机运输专线，以保证口岸的经贸、旅游等交流需要。2009年以来还先后建设了抚远至佳木斯、抚远至饶河、抚远至黑瞎子岛高速公路，全面改善了口岸物流辐射的运输条件。2011年建成前抚铁路，实现了抚远口岸与国内铁路货运的全线联网。2014年建成通航的抚远东极机场，显著提升了抚远口岸的内外开放合作条件。

## （二）口岸功能配套完善情况

抚远口岸自 1993 年开关以来，经过不断开发建设，口岸的服务条件、配套功能日趋完善，已成为中俄开放合作最为便利的往来通道之一。口岸港口现建有年过客 25 万人次的客运码头，年吞吐能力 114 万吨的江海联程货运码头。口岸内设有联检综合办公楼（3280 平方米）、联检大厅（2560 平方米）、联检住宅楼（3381 平方米）、联检车库（370 平方米）、监护中队营房（545 平方米）；海关办公楼（2150 平方米）、边检办公楼（2460 平方米）、出入境检验检疫局办公楼（2000 平方米）和海关监管仓库（3000 平方米）。抚远口岸 2015 年被批准为国家进口粮食指定口岸，2016 年被批准为国家进口冰鲜水产品指定口岸，2017 年莽吉塔深水港正式获批为国家对外开放港口；2018 年 3 月被批准为国家进境食用水生动物指定口岸。目前，抚远口岸码头每年开关运行 200 天左右，现有 8 条边防检查通道，中俄双方各 6 艘船舶往返对开运营。采取 PPP 合作模式实施的黑瞎子岛配套建设的东极小镇项目，已累计投资超过 2 亿元。莽吉塔港园经济区、港口铁路专用线已建成使用。抚远是全省唯一同时拥有铁路、深水港、机场、高速公路的县级城市，拥有立体化交通网络通道发展基础。推进电子商务平台和物流体系建设，成立了电子商务孵化基地和培训基地，筹建了电子商务体验馆，开启了“互联网 + 俄罗斯商品”商贸经营模式。

## （三）口岸经贸交流持续繁荣

随着中俄经贸合作关系的日益密切和口岸设施功能的不断完善，抚远口岸经贸和人文交流日益繁荣，已逐步成为继绥芬河、黑河之后中俄合作的另一条重要东部通道。2012 年，莽吉塔港建成投入试运营后，已累计过货 1400 万吨，累计过客 820 万人次，累计进出境船舶 6.6 万艘次，先后被批准为国家进口粮食指定口岸、国家进口冰鲜水产品指定口岸、进境食用水生动物指定口岸。特别是 2017 年 5 月 7 日，俄罗斯 100 客位豪华型客船上线首航，进一步提升了客运口岸的运力和服务水平。2018 年，抚远口岸进出口货运量 19.8 万吨，增长 42.3%，其中进口货运量 19.6 万吨，增长 45.5%，出口货运量 0.2 万吨，下降 52.8%；进出境人员 11.6 万人次，下降 7.9%，其中进境 5.8 万人次，下降 8.1%，出境人员 5.8 万人次，下降 7.7%。“东极机场”除开通国内多条定期航班及抚远—哈巴罗夫斯克旅游包机以外，全年还执飞跨境客运包机共 112 架次。到 2018 年末，抚远口岸已累计实现过客 285 万人次、过货 220 万吨、进出境船舶 7.3 万艘次，接待出入境的政府和商务团组 20 多个，出入境教育、文化、体育交流外宾 10 多个批次。

口岸服务业、边境旅游业、跨境农业、边境互市贸易发展迅速。生态高效农业、有机观光农业、出口农业规模和效益同步增长，对俄果蔬基地种植万亩以上，绿色有机品种已达 100 多个，养殖奶牛 100 多头，境外农业开发 100 多万亩。新兴的出口商品加工、进口资源加工、跨境物流，从无到有，形成规模。特色渔业经济不断壮大，大马哈鱼、鲟鳇鱼增殖放流已经累计 2000 多万尾，进口生鲜水产品已成为辐射远近的市场优势。生态特色、边境特色的口岸旅游成为口岸地区的重要收入来源。抚远边民互市贸易逐年发展攀升，已经成为全国最大的俄罗斯商品实体展销中心。边民互市贸易区吸纳境内人口就业 300 多人，来自俄罗斯的经营业主 130 人，商品已达 68 大类上万个品种，年交易总额 2998.5 万美元。

## 四、抚远口岸发展设想

抚远口岸是我国面向俄罗斯远东地区的边境开放口岸，具有连接俄远东最大城市、连通西伯利亚铁路和远东海港、辐射远东全境的对外开放优势。随着各项建设的不断推进，抚远口岸确定的未来发展目标是：在新时代中国特色社会主义理论指导下，切实贯彻科学发展、高质量发展理念，结合国家“一带一路”倡议，突出地方特色，充分发挥地缘、资源、生态三大优势，全面融入中蒙俄经济走廊建设，加快口岸发展步伐，努力建设成文明、和谐、繁荣、高效的国际知名口岸。抚远口岸规划设想的具体发展目标，可以概括为以下几个方面。

### （一）建成国家对外开放的北方重要通道

目前，抚远口岸正在抓紧实施围绕扩大沿边开放、促进中俄经贸合作的边境经济发展一揽子计划。重点推进黑瞎子岛、东极小镇、莽吉塔港园经济区、抚远城区“一岛三区”重点目标建设，发展旅游、商贸、现代农业、新型工业、特色渔业

“五大产业”，实施美丽乡村、精准脱贫、民生保障、生态保护、社会管理创新、文明创建“六项工程”。发展目标是2025年把抚远口岸建设成面向东北亚的重要国际经贸通道、享誉国内外的跨国旅游休闲胜地、中俄边境经贸合作的区域性物流中心和现代化边境商旅名城。

## （二）全面完善基础和配套设施

依托独特的区位优势，按照口岸发展目标需要，推进抚远口岸与境内外客货往来水陆空立体交通网络的升级配套，实现口岸港口与机场、铁路、高速公路无缝衔接。重点推动实施江海联运深水码头建设、国际客运码头及配套建设，积极推进跨境江桥的立项建设，扩充改造口岸周转仓储的设施条件，建设完善口岸运营的配套设施和口岸服务配套设施。

规划落实莽吉塔港大吨位深水码头建设，推动实现沿黑龙江跨境水运至远东海港，打通江海联运运输通道，全面提升我国东北内陆地区对外开放的条件优势。利用东极机场的基础条件，不断扩大航空通道功能，将临时航空包机转为常规国际客货运输航线。配套完善抚远口岸的水运口岸、公路口岸、铁路口岸、航空口岸功能，打造立体通关、常年畅通的边境贸易大通道。配合口岸经贸的实际需要，尽快扩建升级一批木材、粮食、海产品的仓储和转运设施，强化口岸特色优势，促进对外经贸发展，引导培育进出口加工制造业的发展壮大。引进金融服务、电商平台、物流周转网点、中介服务机构及餐饮服务企业，整体改善口岸的经营环境和生活配套条件。

## （三）提升对俄全方位合作效率

通过中俄协调合作，密切中俄间的政府联络、企业对接、政策沟通、项目合作，推动俄方主办的“黑龙江与哈巴罗夫斯克经贸合作项目推介会暨阿穆尔经济论坛”的持续举办，大力推介中方企业参与俄罗斯远东开发建设。促进中俄边境交往，增进中俄友谊，巩固发展口岸及边境地区社会稳定和经济繁荣。严格管控预防、化解处置口岸安全风险，建立中俄合作的安全保障机制和运行体系，提升边境地区社会安全水平，保证边境经济繁荣发展。努力营造口岸地区良好发展环境，提高社会管理水平，改善进出口贸易和出入境旅游的服务能力。打造和谐有序、文明高效的社会生态，建设配套齐全、设施完备、运行合理的服务体系，不断提高通关效率、缩短办事周期、简化审验程序，促进抚远口岸建设和口岸经济的健康快速发展。

### （四）完善口岸基础设施和提升配套服务功能

提升口岸基础设施条件，完善口岸服务和配套功能，确保港口铁路专用线按时建成使用。加快乌苏里江中俄跨境大桥、莽吉塔港集装箱码头建设立项，推进黑瞎子岛公路口岸建设进程。积极推进莽吉塔港园经济区、工业园区的开工建设。逐步推动抚远城区建设、城市综合配套服务功能的不断提升，城区重点项目建设提速。落实中俄“黑瞎子岛—大乌苏里斯岛”边境口岸合作计划和抚远市“一岛三区”（黑瞎子岛、东极小镇、莽吉塔港园经济区和抚远城区）的空间发展布局，重点推进口岸铁路建设，开通东极机场国际航空口岸，建设莽吉塔港国际旅游码头，实现年过客 200 万人次，年进出口货物 800 万吨的通关能力。围绕国家黑瞎子岛发展战略规划，强化黑瞎子岛开放窗口作用，争取设立国际客运口岸，使制约抚远多年发展的常年通关取得实质性进展。高标准推进抚远市的环境建设和设施建设步伐，为抚远口岸发展提供空间和服务。

### （五）培育壮大口岸特色经济

抚远口岸的未来发展将立足于境内外两种资源、两个市场优势，适应“一带一路”发展思路，积极参与中蒙俄经济走廊建设，全面打造沿边开放经济优势。抚远口岸将充分发挥区位、生态和交通“三个优势”，以打造边境口岸名城为目标，全力推进“一岛三区”，大力发展旅游、商贸、现代农业、新型工业和特色渔业五大产业。规划建设出口商品加工园区和进口资源加工园区，培育形成俄罗斯资源进口加工基地，中国出口食品、果蔬、建材机械、机电车辆、轻工鞋帽生产基地。充分发挥与俄远东都市哈巴罗夫斯克的近邻优势，积极建设对俄区域性商贸物流中心，打造独具特色的边民互市贸易区、对俄出口商品集散中心。

### （六）大力发展跨境产能合作

拓展跨境产能合作，壮大境外园区经济，发展边境旅游，大力繁荣边民互市贸易，搭建对俄经贸交流及面向东北亚区域经济合作的开放经济服务平台。整合资源，集中力量，挖掘对外合作机遇，拓展境外市场空间，深入对接俄罗斯远东开发计划。以森林资源开采、矿产资源开发、农业项目合作、能源产品加工、农产品加工为重点，全力打造跨境经济园区，发展跨境合作优势产业。同时，利用口岸内外的条件和资源优势，发展冷水特色渔业，打造寒带“淡水鱼都”，保护渔业资源，扩大大马哈鱼、鲟鳇鱼增殖放流规模，推广生态养殖、名优特色养殖，发展垂钓、观光、冬捕、餐饮等为主的休闲渔业，拉长渔业产业链条，形成综合效益。积极探索完善边境互市贸易管理体制和经营模式，发展“互联网＋互市贸易”“边境旅游＋互市贸易”等新业态新体制，繁荣互市贸易，激发跨境经济活力。

### （七）扩大对外人文交流

遵照“绿水青山就是金山银山”的指示，抚远口岸依托自身良好的自然资源与“华夏东极”“两江双城”和“两国一岛”特色名片，积极扩大对外人文交流，发展文化旅游产业合作。发挥抚远口岸的资源和区位优势，积极发展特色旅游，打造高水平国际休闲、度假、养生目的地。重点推进黑瞎子岛自然保护区和国家湿地公园的旅游开发和服务设施建设，疏通岛内水系，修复生态，构建动物栖息地，建设以黑瞎子岛为核心的中俄边境生态、跨国风情旅游度假区，打造特色鲜明、令人神往的边境生态旅游名牌。利用抚远口岸周边良好的自然资源，规划建设人与自然和谐共处的东极“国际旅游岛”。推进鱼文化博览馆项目建设，加快乌苏里江风光、渔人码头、边境民俗风情、跨境一日游等重点旅游项目的落实运营。组织中俄韩橡皮艇拉力赛、徒步大赛、文化大集等国际文化体育赛事，提升口岸人气，增强口岸经济文化凝聚能力。

## 五、抚远口岸面临的主要问题

抚远口岸面向俄罗斯远东腹地，紧邻俄远东最大城市，区位条件优越，跨境通道距离很近，发展对俄开放经济的基础条件很好。但是，要借此打造对俄合作的前沿桥头堡、有效发展壮大对俄开放，仍然还存在一些突出问题，亟待解决。其中涉及双边政府协调、跨境产业合作对接、中俄市场对接等政策层面的不顺畅问题，也存在合作实施层面上的行动一致、程序衔接、共同推进等操作方面的障碍问题。

（1）**俄罗斯市场经济复苏乏力。**俄罗斯经济发展迟缓、俄远东市场购买力下降，影响抚远口岸开放型经济发展。由于受美国等欧美国家制裁，俄罗斯经济复苏缓慢，远东开发计划进展缓慢，加之卢布汇率波动较大，中俄政策对接上不同步，管理程序上有错位，尤其是远东地区人口稀少、产业落后、居民收入偏低等，对抚远口岸发展构成了很大制约，口岸经济不易做大做强。

（2）**口岸进出境通道条件受限。**黑龙江、乌苏里江冬季封江近六个月，严重影响过境运输和人员往来，抚远口岸只在明水期实现半年通关。由于现有冬季过江设施落后，跨国通道条件不足，口岸在冬季只能实行临时开放，运输规模小、费用高，基本特征是“半年闲”。口岸地区的经贸活动、旅客往来受季节性影响较大，无法连续开展经营活动，特别是对生鲜、水产品等进出口贸易影响很大，很大程度上限制了口岸经济发展。

（3）**口岸基础设施亟待完善。**抚远口岸对俄合作的优势非常突出，但基础设施相对落后，亟待升级完善。过境运输主要是江上运输和公路运输，但码头设施只能停靠小吨位船只，装卸、周转效率不高。公路等级低，行驶时间长和费用成本较高，这与抚远口岸抵近俄远东中心城市的有利条件不相匹配，形成了扩大对外开放的突出短板。

（4）**口岸建设投资严重短缺。**抚远口岸坐落在内陆边疆的县级行政区内，地方财力和产业基础相对薄弱，行政协调空间有限，形成了口岸建设的许多不利因素。口岸运行涉及海关、边防、检验检疫等诸多独立业务系统，很多业务衔接、协作事宜无法就地组织协调。地方对口岸建设缺乏投入能力，各系统的专项建设资金也十分有限，而且难以协同使用、配套建设。在提高口岸办事效率、简化通关手续、降低过关成本等改革方面也经常是费时较长、改进较小。缺少统一的协调机制和投入机制，是抚远口岸功能建设推进迟缓的主要因素。

（5）**中俄合作协调对接存在阻滞。**中俄全面战略合作伙伴关系日益密切，双方经贸合作前景十分广阔。但从抚远口岸反映的情况看，中俄具体合作中还有很多矛盾和问题需要逐步解决。包括俄罗斯基层部门的政策意识、管理效率存在很多不确定性，对合同约定、协议计划的遵守意识不强、执行力较弱，政策不连贯、不稳定，缺少持续力，办事程序复杂，周期长等，都影响中俄合作项目按计划实施和企业长期经营信心的提振。

**（6）国家扶持政策有待调整。**现行政策对抚远口岸的边境互市贸易和境外农业合作控制过严，对特色口岸建设和口岸经济发展制约较大。抚远口岸的边境互市贸易中入境的面粉等农产品、出境的家用电器和装饰材料较多，现在国家统一规定的边民 8000 元 / 人的免税额，不适用当地的边贸商品。企业和农民境外开发农牧业的规模较大，俄远东消耗农产品的能力有限，其收获的粮食等农产品要回运国内，受到严格的粮食进口配额限制，严重阻碍了中俄农业合作的发展。

## 六、需要国家支持解决的具体事项

抚远口岸地处内陆边疆，产业基础薄弱，实力基础较差。口岸地方归属的黑龙江省，也是目前国内经济发展相对落后的省份，无法提供应有的发展支持。口岸面对的境外是地广人稀的俄罗斯远东地区，经济比较落后，自然资源虽然相当丰富，但因境外基础设施不足，加大了合作开发的投入成本。抚远口岸肩负着贯彻对俄合作国家战略的重要使命，又必须加快推进口岸的发展建设进程。为此，除了地方和口岸自身挖掘建设潜力，大力引进战略投资和企业合作，还必须争取国家给予必要的政策扶持、投入保证。针对抚远口岸建设和口岸经济发展面临的一些突出难题，自身无权处理、无力解决，只能寄希望国家协调扶持的重点事项如下：

一是应由国家牵头建立中俄边境地区间深层次的政府协调合作机制，保证边境地区在接洽跨境事务中能够便捷高效地推动工作落实。

二是请求国家主持黑瞎子岛整体开发工作，组织外事、海关、检验检疫、交通部门与抚远口岸建立联合工作机构，协调推进黑瞎子岛开发建设。

三是请求国家充分考虑抚远口岸的发展基础和自身条件，提供特殊扶持政策，在基础设施建设、口岸功能配套等方面加大国家扶持力度。

四是针对抚远口岸的边境互市贸易活跃、跨境农业开发潜力较大的实际需要，为抚远口岸的边贸互市提高出入境携带商品免税额度，取消抚远口岸回运中国在境外生产小麦、玉米等农产品的进口配额限制。

五是请求国家从“一带一路”倡议出发，以抚远口岸为重点之一，整体规划国家向北开放窗口。跨行政区域与境外市场对接，全面改善抚远口岸向内地延伸的交通物流设施条件，延伸铁路通抵口岸港口，提高口岸公路等级，建设联通松花江和黑龙江的水上运输航道、设施，并争取租借俄纳霍德卡或符拉迪沃斯托克港口的货场、泊位。

六是比照自贸区试点标准设立国家级抚远边境经济合作试验区。以抚远口岸为牵动，以边境经贸合作为依托，以跨境产能合作为重点，整合跨境市场和跨境资源，发展跨境产业经济，打造沿边开放示范区，在新一轮扩大沿边开放当中，探索发展口岸经济的新路子、新模式。

# 黑河口岸对外开放案例分析报告

近年来，黑河市主动对接国家“一带一路”倡议，注重同俄罗斯远东地区开展战略合作，积极参与中蒙俄经济走廊建设，努力把地缘优势转化为发展优势，口岸开发建设取得了较好成效。

## 一、对外开放的历史沿革

黑河口岸历史悠久，饱经沧桑。从1858年签订《中俄瑷珲条约》起，中俄就有民间贸易和官方贸易，直到1931年日军侵占东北时中断。新中国成立后，从1957年开始了中苏边境小额贸易，后因“文化大革命”再次中断过货。1982年1月，国务院批准恢复黑河口岸且为国家一类口岸。1983年3月，中苏两国政府换文确认。

回顾黑河口岸货物贸易发展历程，大体可分为三个阶段。一是起步阶段（1983—1990年）。1983年中苏两国恢复确认黑河口岸，1987年9月，黑河用208吨西瓜换回306吨化肥，恢复了中断近20年的中苏边境贸易。1988年2月18日，黑河与布拉戈维申斯克两口岸间的冰上汽车运输，在中断了22年后重新开通，再现了当年宽阔冰面上满载进出口货物车辆往来如梭的景观。1989年9月13日，黑河口岸与布拉戈维申斯克口岸之间的轮渡正式开通，这是口岸在新中国对外开放以来的首次。二是发展阶段（1991—1993年）。这三年进出口总值累计达9.1亿美元，占当时黑龙江省对俄贸易额的1/5，是当时黑龙江省内10个对外开放口岸中发展最好的口岸，创造了边境贸易、冰上汽车运输、江上轮渡、“一日游”、高频定点微波电话和传真等多个第一。三是调整阶段（1994 年至今）。边境贸易进行规范性调整。因俄方供货乏力，调整进出口关税，限制原材料出口，制约了双方贸易总量的增长；我国新税法制定实施、汇率并轨，加大了贸易成本和企业经营难度。国内压缩基本建设项目，整顿金融秩序，造成各边贸企业进口的钢材、工程车辆和机械大量积压，流动资金缺乏；对钢材、成品油等货物实行许可证管理等，使黑河对俄易货贸易受阻。近年来，随着双边经贸发展的日趋规范和完善，经贸发展开始回升。辟建了国家首个俄电专属供电区，油品储运项目通过国家发改委核准，2018 年境内外工程开工建设，中俄两国还签署了 380 亿立方米的天然气供应合同，东线输气管道将从黑河过境。黑河黑龙江大桥上升为两国国家战略，跨江空中索道稳步推进。相信这些项目的实施会给黑河口岸带来一个新的发展时期。

黑河口岸人员过境方面。1988 年，黑河与布拉戈维申斯克之间的"一日游"开通，黑河与阿穆尔州之间的劳务合作开始，推动了两国人员往来。1991 年 3 月 6 日，大黑河岛在全国沿边地区率先开通了边民互市贸易，几年来取得了较好的经济效益和社会效益，大黑河岛已经成为黑龙江省乃至全国重要的货物集散地和对俄商品出口基地。边民互市贸易以交易灵活、易于操作等优点发展成为边境贸易中不可替代的贸易形式。1997 年 7 月，中俄两国政府决定在中国黑河—俄罗斯阿穆尔州兴办国家级边民互市贸易区。1998 年 2 月两国外交部签署了简化俄罗斯公民进入中方贸易综合体手续的换文。1999 年 9 月，在黑河市边民互市贸易区简化手续工作实行，解决了多年制约边民互市贸易发展的关键问题，为互市贸易区发展创造了极为有利的政策环境。2000 年下半年，大黑河岛口岸联检大厅后移至大黑河岛桥头，在互贸区实行入境免检、出境免验、封闭管理、境内关外的管理模式，建立大黑河岛民间自由贸易区，立足边民互市贸易，配套发展保税仓储、商业性加工等相关产业，大力发展旅游度假、餐饮服务、文化娱乐业。2004 年 1 月 16 日黑河互贸区范围扩大到整个黑河市城区，极大提升了互贸区知名度和吸引力。2013 年接待俄方持简化手续入境人员 21 万人次，比互贸区延伸前增长 5 倍。其中，2008 年互贸区接待俄方持简化手续入境人员 42.7 万人次，为历史最高年份。黑河互贸区每年带动市区批发业、零售贸易业、住宿餐饮业、娱乐服务业实现两位数增长。1987—1993 年，从 863 人次至 74 万人次逐年增加。1994 年，因国内外多种因素，进出境人数下降至 30.6 万人次。1995—2008 年，进出境人数从 37.8 万人次逐年增加至

140 万人次，取得了 6 年超百万的成绩。从 2013 年开始，受国内商品价格上涨、卢布持续贬值、俄罗斯调整对华务工政策等因素影响，进出境人数有所下降，但仍排在黑龙江首位。

## 二、黑河市基本情况简介

黑河市地处大兴安岭东端，小兴安岭北部，东南与伊春市、绥化市接壤，西南与齐齐哈尔市毗邻，西部与内蒙古自治区隔嫩江相望，北部与大兴安岭地区相连，东北与俄阿州隔黑龙江相望。市域总面积 68726 平方公里，辖北安、五大连池、嫩江、逊克、孙吴、爱辉等 3 市 2 县 1 区，代管五大连池风景区，有 27 个镇、38 个乡（7 个少数民族乡）、566 个行政村、66 个城市社区。黑河市境内有黑龙江五大连池国家级自然保护区、黑龙江胜山国家级自然保护区等 4 个国家级自然保护区和黑龙江门鲁河省级自然保护区、黑龙江北安省级自然保护区等 10 个省级自然保护区。境内还有省农垦总局北安、九三 2 个分局所属 25 个农场，57 个部队农场及 21 个其他国营直属农场，省森工总局通北、沾河林业局所属 34 个林场及海关、银行、税务等几十个中省直部门。全市总人口 167.9 万人，其中城镇人口 102.1 万人，乡村人口 65.8 万人；有 39 个民族，其中 38 个是少数民族；少数民族人口约 7 万人，有 7 个民族乡、47 个民族村，其中鄂伦春、俄罗斯和鄂温克族属于全国 22 个人口较少的民族。全市共有鄂伦春族人口 1865 人，占全国的 1/4、黑龙江省的 1/2。

## 三、黑河市对外经贸发展概况

总的来看，2018 年黑河市对外经贸发展稳中有进、稳中向好，取得较好成效。

### （一）对外贸易实现大幅增长

2018 年全市对外贸易进出口总值完成 444745.28 万元，同比增长 19.05%，比全省同期进度低 17.31 个百分点，超出 2017 年对外贸易进出口总值（373567.45 万元）71177.83 万元。其中：进口 328857.97 万元，同比增长 21.49%，超过 2017 年全年进口总额 58171.91 万元；出口 115887.32 万元，同比增长 12.64%，超过 2017 年全年进出口总额 13005.93 万元。边境小额贸易完成 379080.84 万元，同比增长 17.5%；一般贸易完成 60729.12 万元，同比增长 65.83%；其他贸易完成 2145.26 万元，同比下降 84.16%。对俄贸易完成 413768.41 万元，同比增长 17.77%。

### （二）进出境人数大幅增加

2018 年，黑河市共接待旅游者 1152.6 万人次，同比增长 18.9%。其中，接待国内旅游者 1064.6 万人次，同比增长 18.2%；接待边境旅游者 88.0 万人次，同比增长 16.1%；接待出境旅游者 44.1 万人次，同比增长 17.2%；接待入境旅游者 43.9 万人次，同比增长 15%。黑河市旅游收入为 100.6 亿元，同比增长 22.5%。

### （三）招商引资成效显著

2018 年，黑河市实际利用省外资金 135.8 亿元，同比增长 6.1%，完成全年目标的 101%；实际利用外资 13537 万美元，同比增长 7%，完成全年目标的 100.9%。实际利用省外资金和外资均超额完成年初计划任务。谋划重点招商项目 91 项，估算总投资 270 亿元。在全市范围内征集了项目 196 个，聘请专业项目咨询机构，对项目进行了筛选、充实，最终入库 102 个。2018 年，黑河市已成功吸引了红星美凯龙集团、科迪集团、合作区金龙港 OLED 等 31 项牵动能力强、带动效果好的超亿元大项目有效落地，实际落地资金 83.6 亿元；成功推进了黑河汽车寒区试验基地项目建设、3C 类新能源电池生产及配套项目、中俄友好医院康养项目、食品级包装纸项目等 19 项重点项目，计划资金 270 亿元。

## 四、黑河口岸发展与建设

### （一）口岸基础设施完备

自 1987 年至 2018 年末，黑河口岸累计实现运输出入境旅客 2059.1 万人次、进出口货物 890 万吨。2018 年，黑河口岸进出境人员 88 万人次，同比增长 15.0%；进出口货物 57.9 万吨，同比增长 51.0%，客运量和货运量在全省各边境口岸中均名列第二位，实现了客货运量双增长。黑河口岸由货检现场、旅检现场和货运浮箱固冰通道现场组成，货检现场位于市区西侧海兰街1号；旅检现场位于大黑河岛；货运浮箱固冰通道现场位于市区东侧。口岸货运码头岸长1223延长米，有综合运输码头1处，明水期汽车轮渡运输码头1处，有千吨级泊位9个，推（拖）轮7艘，驳船11艘，可从事内外贸货物运输。港口陆域面积8万平方米，联合报关大厅1800平方米，货物年吞吐能力150万吨。客运码头岸长198延长米，有客运专用码头一处，客船3艘。旅检设有出境大厅和入境大厅各一座，分别为8489平方米和4800平方米，内设16条人工查验通道和3条自助查验通道，旅客年吞吐能力300万人次。浮箱固冰通道用于冬季旅客运输和货物运输，客运浮箱固冰通道与旅检共用查验场地与设施；货运浮箱固冰通道场区3.5万平方米，联合报关大厅1600平方米。

### （二）通道建设成效显著

近年来，黑河市在国家和省委、省政府的关心支持下，全力打通对俄国际合作大通道，跨境基础设施进一步实现互联互通。3条跨境输变电线路具备年输送80亿～100亿度电能力。黑龙江公路大桥开工建设，2019年底已全部完工。跨江空中索道2018年开工建设。黑河开通国际空港得到国家口岸办支持，中俄东线天然气管道项目快速推进。2012年和2013年与俄合作共同建成了黑河—布拉戈维申斯克市货运和客运浮箱固冰通道，不仅提高了冰上运输安全，延长了通关时间，还将口岸运输能力提升了30%，进一步缓解了两地受气候影响的通关瓶颈，为两地外经贸发展注入了新的生机和活力。以基础设施互通促进经贸、旅游、金融、物流、现代服务等产业互通，加快由“地理大通道”向“经贸大通道”转型升级。

### （三）口岸发展成绩突出

**（1）口岸发展环境不断优化。**一是优化口岸环境，促进外经贸发展。开展了清理整顿口岸收费活动，进一步清理口岸收费项目和收费标准，减轻企业负担，促进企业经营发展，年降费约1500万元。二是开展“口岸服务年”“优化环境、口岸先行”活动。相关部门分别出台了优化口岸发展服务措施，使黑河口岸通关环境得到持续改善。三是落实优惠政策。2016年8月份，黑河口岸实行了境外旅客离境退税政策，不仅吸引了俄罗斯游客购物旅游消费，还促进了黑河市第三产业的发展。

**（2）口岸基础设施不断完善。**一是积极解决旅检口岸旅、贸混检和高峰期通道不足问题。新建旅检入境大厅一座，2016 年 11 月份投入使用，黑河口岸旅检开始实行“出入境分开、旅贸分设”通关模式，且全省首条边检入境自助查验通道已于 2018 年 7 月在黑河正式启用，拍证、刷脸、按指纹，只需三步，耗时 5 秒，入境人员就能完成入境边防检查，同时还避免了验讫章的加盖，提高了护照使用率。二是黑龙江大桥建设稳步推进。截至 2018 年 12 月，该项目中俄双方都已完成大桥全部钻孔桩基础、墩台身和引道土石方；双方整体累计完成投资 18 亿元，占项目整体总投资 72.8%。三是建设黑龙江大桥口岸联检设施，促进黑河口岸发展。项目占地面积 28.4 万平方米，投资估算 2.97 亿元。新口岸设计年过客能力为 285 万人次，过货能力为 620 万吨，力争早日开工建设，与黑龙江大桥同步投入使用。四是建设跨黑龙江空中索道口岸区域项目，优化旅客通关方式。项目由黑河金龙港公司承建，正在推进各项前期准备工作，力争尽早开工。

**（3）口岸服务能力进一步提升。**2016 年 8 月份黑河口岸货检开始实行每周七天工作制，这是继 2005 年黑河口岸旅检实行每周七天工作制后，货检正式开始实行七天工作制。2018 年 5 月 15 日开始，口岸工作时间由原来的 7：30—18：00 调整为 7：00—21：00，全天工作时间 14 个小时。这也是深入贯彻黑龙江省改进口岸工作、支持外贸发展的重要举措。

## 五、对外开放带动当地经济发展

### （一）打造跨境产业链

“引进来”“走出去”并举深化产业合作，产业链实现跨境构建和延伸。在俄土地开发面积达到 116 万亩，年回运大豆 20 万吨，北丰 2 万吨回运优质大豆精深加工项目建成投产。利源达集团专用车零配件产业园即将开工建设，1 万辆专用车辆出口加工项目一期正式投产。借助合作区、爱辉区两个电商产业园，构建跨境电子商务产业链，中机公司成为黑龙江省 2 家国家级电商示范企业之一，全国最大的俄罗斯商品 O2O 跨境电子商务平台“俄品多”投入运营，俄罗斯与黑河特色商品体验馆落户珠海，合作区跨境电商产业园被省商务厅评为省级电子商务示范基地。

## （二）境内外园区互动发展

搭建区域产业合作新平台，境内外产业园区实现互动发展。大力推进境内“五区”、境外“三区”和跨境“两区”建设，着力构建境内境外跨境互为补充、境内境外互为联动的产业合作新平台。境内，黑河进出口加工产业园区和北安经济开发区入驻企业达到133家，保税物流中心（B型）已投入使用，设立重点开发开放试验区工作得到省和国家支持，边境旅游试验区正在积极推进，黑龙江公路大桥桥头区开发进入实质运作阶段。境外，别列佐夫卡石化建材加工园区、北丰中俄阿穆尔农业产业园区被国家商务部列入在建境外园区企业名单，入驻企业10家；阿穆尔州工业园区境外孵化中心建成使用。跨境，中国黑河—俄罗斯布拉戈维申斯克市跨境经济合作区已启动申报程序，跨境旅游合作区正在稳步推进。经过多年来发展，黑河市境外园区规模和运营质量同步提升，其中，黑河北丰中俄阿穆尔农业（畜牧）产业园区利润率达28%。全市3个境外园区列入全省16个境外重点建设园区之中。其中，黑河北丰中俄阿穆尔农业（畜牧）产业园区、阿穆尔综合园区、俄罗斯阿穆尔州别列佐夫卡石化建材加工园区等3家，纳入“俄罗斯远东跨越式发展区”。

## （三）对俄合作扎实推进

在推进对俄能源合作方面，阿穆尔至黑河边境油品储运与炼化综合体项目由黑河市梦兰星河能源股份有限公司与阿穆尔能源公司分别出资建设、经营和管理各自境内部分，且分别是各自境内部分的投资主体。目前，该项目已经进入实施阶段。萨哈（雅库特）共和国油田区块勘探开发项目已取得4个特许油田区块地下资源利用许可证。在推进对俄农业投资合作方面，黑河市备案的境外农业企业48户，在俄开发土地面积扩大至120万亩，年回运大豆20万吨，北丰2万吨回运优质大豆精深加工项目已建成投产。

## （四）互市贸易规范发展

2018年，互贸区共接待俄方简化手续人员15.21万人次，同比上升23%；民贸进口货物4064.1吨，实现2143.55万元，同比分别上升18.06%和2.86%；民贸出口额完成1312.4万美元，同比下降32.48%。为优化服务环境，黑河市调整了民贸交易场所，增加了交易摊位数量，建成互市贸易边民结算中心并投入使用。逊克县边民互市贸易交易中心建成并投入使用。同时，2018 年经黑河市政府常务会议决定，降低互贸平台服务费标准，在原有收费标准的基础上减半收取服务费，以吸引更多业户通过黑河互贸平台从事进口。

### （五）电商产业蓬勃发展

黑河跨境电子商务产业园区总投资 3 亿元，已完成三期建设，总占地面积达 12.5 万平方米，建筑面积 8.5 万平方米，智能仓储库 7200 平方米，与京东公司进行了“京东云仓”项目的合作。园区已注册平台类、应用类、服务类企业 104 家，入驻运营企业 63 家，企业自建平台 8 个，第三方平台 26 个，为国内的跨境电商企业提供办公运营、仓储物流、生活服务等支持。2017 年被黑龙江省授予首批首位省电子商务示范基地。2018 年实现网络交易额 10.5 亿元，占全市电子商务交易额的 41.33%。正在推进国家级示范基地创建工作。黑河保税物流中心（B 型）在园区内建设已达到封关运营标准。爱辉区“互联网 +”产业园占地面积 20000 平方米，建筑面积 8295 平方米，其中仓库面积 7275 平方米，铁路专用线 172 延长米。重点打通了城乡高效配送物流的新零售联采业务和推进了本地农特产品上行为主的自建平台电商业务，现与五大连池、北安、孙吴实现平台对接；投入 80 万元建设了 1000 平方米的网货加工厂，建立 5 个 120 平方米冷链物流配送中心，共计 600 平方米。建立 4000 平方米钢结构罩棚，作为杂粮、山珍等山产品集货地。现已有 29 家入园企业。2018 年全年线下线上交易额 5206 万元。“黑河大豆网”已开辟四个模块，供求信息量达 400 余条，已实现线下交易大宗农产品 2000 吨，销售额达 7280 万元。为有效地实施“一带一路”发展倡议，加快推进电商发展，黑河市制定了《2018 年黑河市“一带一路”电子商务人才培训实施方案》，并面向黑河市 6 个县（市、区）组织 4 类人员，已培训 330 人，使全市电商人才素质有了全方位的提升。

### （六）边境经济合作区成绩显著

1992 年 9 月，黑河边境经济合作区由国务院批准成立，核定开发面积 7.63 平方公里，是首批具有沿边属性的国家级开发区之一。边合区以跨境商贸物流产业、进出口加工产业、对俄能源资源加工产业为主。截至 2018 年底，合作区国内生产总值累计实现 83 亿元；固定资产投资累计实现 127 亿元；工业增加值累计实现 22.4 亿元；进出口总额累计实现 46.57 亿美元；公共财政预算收入累计实现 12.68 亿元。其中，2018 年，黑河市边境经济合作区国内生产总值累计实现 7 亿元，同比增长 7%；规模以上工业增加值 9765 万元，同比增长 7.7%；进出口额实现 3.77 亿美元，同比增长 30.36%；公共财政预算完成 1.67 亿元，同比增长 27.4%。

### （七）俄电加工区发展稳健

2004 年，黑河市辟建了五秀山俄电独立专属供电园区。园区规划面积 1.8 平方公里，基础设施累计完成投资 2.3 亿元，达到“五通一平”。园区建成 110 千伏、220 千伏和 500 千伏三条跨江输变电线路，年输电能力 80 亿千瓦时，累计引进企业 12 家，累计完成投资 26 亿元，投资强度 2600 万元 / 公顷，形成年生产工业硅 20 万吨、碳化硼 1500 吨、电石 10 万吨及水泥 50 万吨的生产能力，已成为东北地区最大的硅硼新材料加工基地。可以说，黑河市对俄电力合作作为中俄能源资源合作领域的重要成功案例，在两国具有广泛影响，对双方经济社会发展起到了重要推进作用。截至 2017 年末，园区累计实现规模以上工业总产值 130 亿元、工业增加值 23 亿元，累计实现销售收入 112 亿元，利税 10.8 亿元，消耗俄电 120 亿度，促进了当地经济发展。自黑河实施对俄购电以来，累计引进俄电 238 亿度，相当于为国家节省近 700 万吨标准煤，地方生态环境得到有效保护和改善。

### （八）人文交流广泛深入

黑河与俄罗斯布拉戈维申斯克市是中俄双子城，两地间中俄艺术家互访交流和民间互访交流活动成为中俄文化交流常态化内容。促进睦邻友好，“一城两国”繁荣发展新局面基本形成。双方每年都举办上百场机制化交流活动，形成了“中俄文化大集”“中俄边境城市展览会”“‘一带一路’中俄合作高峰论坛”“中俄医科大学联盟健康黑河发展论坛”“中国黑河中俄林业生态建设国际学术论坛”“走出森林的中俄宝贝”等多项大型交流活动。其中中俄文化大集已经于 2012 年上升到国家层面，由国家文化部（现文化和旅游部）、黑龙江省政府、俄罗斯联邦文化部、俄罗斯阿穆尔州政府联合主办，由最初的区域性特色文化活动上升为中俄两国大型文化交流活动。目前，中俄文化大集已被省政府列为全省对外文化交流机制性项目，被俄联邦文化部评为俄远东及西伯利亚地区最有魅力的文化交流项目。在黑河，以俄罗斯油画、手工艺品、漆器、铜雕、有色金属、矿石为主的文化产业交易平台正在形成。

## 六、黑河口岸建设目标

### （一）主要目标

黑河口岸在“十三五”期间总体目标是：建设上规模、有特色、专业化、现代化国际口岸，推动黑河铁路、公路口岸作业区建设；完善机场口岸功能，实现航空口岸开放；“十三五”末进出口货运吞吐量达到100万吨，出入境人员达到200万人次；口岸管理更加规范，口岸布局更加优化，口岸设施更加完善，口岸运行更加高效，建成地下、陆上、水上、空中的全方位、立体化口岸体系。

### （二）主要任务

（1）**建设黑龙江大桥、跨江索道、油气管道口岸区域联检查验综合设施。**为了充分发挥黑河口岸在国家“一带一路”中的重要作用，立足长远，从能够满足国家“一带一路”发展需要出发，建设黑龙江大桥、跨江索道、油气管道口岸区域联检查验综合设施，故按照国家对货物、人员的监管要求，建设联检查验区、监管区、商业区、保障服务区等主要区域，新增口岸区域20.8万平方米。

（2）**完善机场功能，实现航空口岸开放。**为了响应《国务院关于改进口岸工作支持外贸发展的若干意见》（国发〔2015〕16号）文件精神中关于“支持内陆航空口岸增开国际客货运航线、航班”的意见，结合黑河市发展需要，抢抓机遇，完善黑河机场功能，积极与国家各部委沟通，争取得到支持，实现航空口岸开放，形成通往俄罗斯和韩国国际航线。

（3）**加快口岸基础设施建设，完善口岸功能。**黑河口岸旅检新大厅投入使用，实行“出入境分开、旅贸分设、客货分流”，解决黑河口岸旅贸混检和通道不足问题，确保黑河口岸环境优良、高效畅通，为中外旅客创造良好条件。

## 七、黑河口岸发展优势

### （一）公路大桥带动黑河经济快速发展

黑龙江公路大桥2019年底已全部完工。黑河市委、市政府及众多企业已经提前布局“桥头经济”。随着大桥工程不断推进，黑河市按照省委“打造一个窗口，建设四个区”的发展定位，着力打造跨境保税物流、跨境机电加工、绿色食品、跨境木材、跨境能源合作、跨境石化产业、跨境矿产资源合作七大产业，并凭借多年来与俄罗斯在经贸、产业、科技、教育、文化、旅游、卫生等领域的交流与合作基础，超前谋划，协力推进，对黑河市产业发展形成至关重要的带动作用，未来将成为黑龙江省乃至全国沿边开放口岸的排头兵。

### （二）向北开放大通道基本形成

黑龙江公路大桥将成为中俄两国跨黑龙江唯一一座公路大桥，标志着黑河对俄合作交通通道被进一步打开，两岸互联互通正式开启新通道。跨江空中索道项目正在积极推进。黑河国际空港项目得到国家口岸办支持，目前正在推进中。与俄伊尔航空公司签订了临时旅游包机协议，机场国际通关设施改造工程正加快推进。中俄东线天然气管道项目进入穿江管道工程封闭区施工阶段，投入使用后，每年可从俄罗斯进口天然气380亿立方米。已建成新的旅检大厅，实现“出入境分开、旅贸分设”。与布拉戈维申斯克已经连续5年共同举办“中俄边境城市展览会暨大黑河岛经贸洽谈会”。其间，除举办两国间政府交流外，还举办包括中俄边境城市展览会推介会、项目对接会、中俄边境旅游摄影展、展览展销等多项活动。

### （三）对俄合作平台作用和产业集聚效应凸显

黑河市深入研究，利用“一带一路”倡议和俄罗斯远东地区开发战略历史机遇，以境内“两区”、境外“三区”、跨境“一区”为重点的对俄合作大平台建设，以能源、资源、装备制造、电子商务为重点的跨境产业链建设，黑河中俄国际合作重要平台城市地位不断凸显。黑河市在省委、省政府领导下，坚持一产抓特色、二产抓提升、三产抓拓展，推进重大产业项目建设，壮大产业规模，打好发展“组合拳”。深化农业供给侧结构性改革，发挥全国顶级科研团队和院士工作站技术引领作用，建设高水平的中国绿色生态大豆生产示范基地，加快大健康系列大豆科技成果转化，不断扩大产业规模；加快全国龙头企业带动的汉麻产业园区建设，巩固全国工业汉麻主产区优势，扩大分类种植规模，打造从种植优势到产业优势的汉麻全产业链。发展“两牛一猪一马”，建设全国高端畜产品供给基地。加快资源开发和精深加工，围绕“铜、铁、金、煤、水”，提高资源精深加工比重，建设东北地区最大铜矿、全省第二大铁矿，打造全国高端矿泉水基地，构建以矿产开发为核心、上下游衔接配套的产业集群。挖掘培育新增长领域，在符合发展方向、有需求增长支撑、黑河有供给能力的领域集中发力，加快推进旅游康养、寒地冷资源开发、战略性新兴产业等七大板块 72 个重点项目，形成新的经济增长点，着力把资源优势转化为产业优势。

### （四）跨境电商产业蓬勃发展

在黑河市委、市政府全力引导、扶持下，黑河跨境电商蓬勃发展，对俄跨境电商产业释放出了巨大潜力。2016 年 5 月 22 日，全国最大的俄罗斯商品 O2O 跨境电子商务平台“俄品多”在黑河正式投入运营。未来，将吸引至少 1000 家俄罗斯商品生产企业入驻“俄品多”平台，顺应“互联网 +”潮流趋势，打造俄罗斯进口商品门户，铺设中俄跨境贸易高速通道。目前，黑河跨境电商企业发展到 130 家，合作区电子商务产业园交易额超 5 亿元。引进战略投资主体成立黑河亿天中俄贸易交易中心，建立电商平台，电商交易的大量税收将留在黑河本地，黑河的跨境电商发展走在全省前列。

## 八、口岸发展面临的障碍

**（1）口岸货运现场设施及码头功能滞后。**现口岸货运现场比较狭小，无专用监管区。轮渡码头功能较差，遇黑龙江枯水或涨水时都影响车辆上下船和货物运输。2018 年 7 月 5 日至 7 月 17 日轮渡运输因枯水停航，9 月 1 日至 9 月 7 日因涨水再次停航，共计 20 天，对货物运输造成一定影响。

**（2）货运浮箱固冰通道通行条件差。**冬季货运浮箱固冰通道现场较小，遇高峰时车辆无处停放，经常发生拥堵现象，秩序混乱、不利监管。连接场区与王肃街的道路条件极差，而且狭窄。道路长度约1公里，担负着冬季货运浮箱固冰通道所有进出境车辆的通行任务，每年可利用时间约四个半月，因年久失修，道路破损严重。天气转暖时，道路两旁冰雪融化，翻浆严重，经常导致进出境货车无法会车，联检部门通勤车、工作用车和货主及代理公司的所有车辆行驶困难，严重时小型车辆无法通过，每天都有堵车现象发生，严重影响了口岸正常工作。

（3）**黑河机场升级条件不成熟。**黑河市已于2016年底完成了黑河机场国际查验通道及部分设施的一期改造，内设出入境通道6条，业务用房16间，各项设施初具规模。但按照国家对国际机场查验设施标准要求，还需要进行二期改造和投入，包括国际安检通道、国际值机的X射线检查仪、液态物品检测仪、痕量爆炸物探测仪等12项设备，还有联检部门的各种设施和设备等。按照国家口岸管理办公室的工作部署和省委、省政府对调整口岸布局的要求，省口岸办对全省口岸运行情况进行了梳理，对不达标的口岸提出了整合和退出的要求。其中，对黑龙江省已开通的齐齐哈尔航空口岸、佳木斯航空口岸提出了如果货运量少于3万吨或进出境人员少于5万人次的标准，将报国家口岸办退出。通过对黑河机场未来国际客运量分析，黑河市机场升级为国际机场的条件还不成熟，放缓黑河国际航空港开放步伐。

（4）**黑河大桥口岸联检区建设需进一步提速。**中国黑河—俄罗斯布拉戈维申斯克公路大桥已于2016年12月开工建设，并于2020年1月14日正式通过检验。作为黑龙江公路大桥的必备配套工程，大桥口岸工程正在积极推进，已完成大桥口岸联检设施建设项目的规划、国土、选址、土地预审、可研报告编制、立项手续和地勘招标工作等。黑河市口岸办根据联检部门机构改革情况，对口岸联检建设内容、建设标准、建设规模进行调整和“瘦身”，将原有的13个单体建筑调整为7个单体建筑和3个闸口。调整后，项目投资估算缩减为2.97亿元左右，总建筑面积缩减为4.55万平方米。但从建设情况看，前期工作已接近尾声。目前看，建设资金到位情况是影响黑河大桥口岸联检区建设进程的主要因素。

（5）**铁路建设严重滞后。**目前，北安至黑河段仍为地方铁路，运输效率低、成本高。东北沿边口岸仅有吉林省珲春建有高铁，这种状况难以满足不断发展的对俄经贸需求。随着对俄贸易的不断扩大，未来铁路运力不足问题将更加凸显。

## 九、希望国家给予的政策支持

（1）**落实黑龙江公路大桥口岸设施建设资金。**为推进黑龙江公路大桥口岸联检设施建设步伐，保证与大桥同期竣工，希望国家落实项目建设资金，增加建设资金额度，缓解省、市两级政府财政压力。

（2）**推进黑河国际客运（步行）口岸开放步伐。**建议国家及有关部门，以黑龙江公路大桥建设为契机，积极协调俄方政府，开放黑河国际客运（步行）口岸，推动边境小额贸易快速发展，促使黑河市更好地发挥兴边富民、守边固边作用。

（3）**推进黑河国际航空港开放步伐。**为深入贯彻国家“一带一路”倡议构想，促进黑河市乃至黑龙江省外经贸发展，深化中俄人文交流与合作，完善黑河口岸交通运输体系，争取启动黑河机场国际查验设施二期改造工作；争取国家对黑河机场的临时对外开放审批；争取先行开通赴俄临时旅游包机业务，为未来黑河国际航空港的正式开放做好经验储备。

（4）**将哈黑高铁项目纳入日程。**为改变黑龙江省沿边口岸之间及口岸与内地之间联系相对落后的局面，加快高速铁路建设至关重要。争取哈尔滨—北安—黑河客货高速铁路立项，与未来的黑龙江公路大桥运输体系形成有效对接，加快对俄交通基础设施联通，促进外向型经济发展。因此，建议国家借助黑河—俄罗斯布拉戈维申斯克公路大桥即将建成之机，把黑河作为我国向北发展的交通物流基础设施重点建设地区，着力建设国际物流通道，将建设黑河—俄罗斯布拉戈维申斯克铁路大桥提上日程，突破区域交通瓶颈限制，并加快黑河至内陆高铁的连通建设。

# 珲春边境经济合作区发展案例分析报告

我国通过陆海联运从水路到俄罗斯、朝鲜、韩国东海岸、日本西海岸乃至经北极航线到达欧美，最近点是珲春市。作为战略要冲，珲春市应充分发挥沿边近海的区位优势，加快边境经济合作区等对外开放平台建设，提升贸易和投资便利化水平，打造全省陆海联动桥头堡。

## 一、珲春边境经济合作区基本情况

珲春边境经济合作区是1992年9月经国务院批准设立的国家级边境经济合作区，规划面积21.77平方公里。2000年4月和2001年2月，国务院又在合作区内先后批设了珲春出口加工区和珲春中俄互市贸易区，实行“三区合一”管理模式。2012年4月国务院批设了中国图们江区域（珲春）国际合作示范区。珲春地处东北亚几何中心，是中国面向东北亚的新门户和欧亚大陆桥的起点之一，是长吉图开发开放的桥头堡，更是东北亚海上丝绸之路的重要节点城市。在珲春中、朝、俄三国陆路相连，中、朝、俄、韩、日五国水路相通，拥有4个国家级口岸，以珲春为中心的200公里范围内，分布着俄朝10余个港口。

### 1. 边合区经济实力不断增强，珲春出口加工区升级综保区

吉林珲春边境经济合作区充分发挥独特的区位、资源、政策等优势，并将其转化为产业优势、经济优势和发展优势，形成了多业并举、多元支撑的绿色产业发展

格局，努力推动珲春大开发、大开放、大建设、大发展，力促珲春争当省、州发展的排头兵和长吉图开发开放桥头堡。2017 年 10 月，珲春出口加工区升级综合保税区请示材料已经省政府报国务院，待批复，目前正在沟通协调海关、联检等部门，做好政策衔接和承接的各项后续工作。2017 年，珲春市坚持稳中求进的工作总基调，全力克服东北经济下行压力和外部环境不利影响，推动全市经济稳中求进，特别是全年实现全口径税收收入 13.6 亿元，同比增长 6%，实现社会消费品零售总额 62.4 亿元，同比增长 7.1%；外贸进出口总额 100 亿元，同比增长 11.7%；口岸过货量 331.4 万吨，同比增长 16.6%；接待国内外游客 305 万人次，同比增长 20.2%；旅游总收入 32.5 亿元，同比增长 16.1%；经济运行质量大幅提升，正在由高速发展转向高质量发展。

### 2. 产业发展水平大幅提升

一是特色产业初步形成。2017 年底，合作区内共有注册企业 808 户，其中来自日、韩、俄、美等 8 个国家和地区的外资企业 41 户，规模以上工业企业 61 户。先后引进了特来纺织、小岛衣料、紫金矿业、华润燃气、雅戈尔等一批国内外知名企业，初步形成了以有色金属、木制品加工、纺织服装加工、海产品加工为主，电子信息、健康食品、新型建材、新材料等为辅的特色产业体系。二是有色金属产业逐渐成熟。总投资 40 亿元的紫金多金属综合回收项目试投产，年产值将达 50 亿元，新增直接就业人数近 600 人，吹响了全区工业经济提质增速的号角。三是水产加工业发展势头迅猛。做好“无中生有、有中生新”水产大文章，成立国际合作示范区水产工业园区，引进了包括东扬实业、大宸水产、洪昊食品、兴阳水产、伟易达贸易在内的 54 家加工型企业和 94 家贸易型企业。四是纺织服装业不断壮大。在海关的支持帮助下，成功争取到纺织服装出境加工复进境政策，指定特来纺织、小岛衣料、弘丰制衣等企业为首批试点企业；加快推动特来纺织、小岛衣料等传统服装企业转型升级，提高产品附加值。五是跨境电商业务不断推进。全力推进珲春国际合作示范区跨境贸易（电子商务）综合服务产业园项目建设，项目总投资 5.9 亿元。跨境贸易（电子商务）综合服务产业园项目配套在加工区内与项目相邻地块建设海关监管仓项目。

### 3. 对外开放层级实现新跃升

一是出口加工区功能日益完善。边合区始终坚持美环境、拓功能、兴产业，活力日益显现，发展步伐不断加快，由单一的区域通关功能向委内加工、出境加工、融资租赁等多功能拓展，着力开展电子产品出口、跨境电子商务、金融服务等新兴业务，形成由保税加工向保税服务多元化发展的新局面。投资近1600万元完善了区内监管系统并圆满完成区域整合工作。二是扩大互贸区参市规模，提高互市贸易便利化水平。允许俄罗斯自然人入区开展个体经营活动，允许来珲春旅游人员参市，珲春全民参与边民互贸；引入民营资本，委托珲春智慧城市投资管理有限公司经营管理，于2017年末，中俄互市贸易区商品交易中心正式启动运营。三是边境贸易跨境人民币业务新突破。协调人民银行珲春支行与珲春市农村商业银行开展本币跨境结算业务，2017年中俄珲春互市贸易区结算中心挂牌成立。

## 二、合作区发展过程中面临的困境

### 1. 产业布局单一，经济发展缓慢

受东北传统老工业基地发展方式影响，珲春市依旧保持着粗放型工业增长态势，经济转型并没有完全实现，科技含量低，资源利用率不高，区域产业无法相互协调发展。为投资方制定的各项优惠政策时间成本较高，一时之间难以见效。珲春凭借自身的各大优势，在出口加工业、矿产能源业、生态农业、国际旅游业等产业上初见成效，但未形成固定的产业基地，产业链条不完善，产业延伸不够，集聚效应不明显，无法凸显规模经济的优势，导致了国际竞争力不高。同时，受周边国家的经济政策影响，跨境产业合作开展不是很频繁，经济技术交流更是有待加强，严重制约了合作区的快速发展。

### 2. 人才资源短缺，人才储备匮乏

合作区的发展是一个长久大业，需要有人长期为其发展出谋划策。而人才资源短缺成为制约珲春国际合作示范区发展的重要因素。由于珲春市地理位置较为偏僻，经济不是十分发达，难以引进外地专业人才。而珲春本市教育和科技发展水平

有限，培养专业技术人才所需要的教育资源也比较缺乏，专业研究机构也屈指可数，根本无法提供合作示范区产业发展所需的技术人员和劳动力，从而导致专业技术人才储备严重缺乏。

### 3. 通道不畅，制约发展

通道不畅一直以来就是制约珲春国际合作示范区发展的瓶颈。珲春铁路口岸换装站扩能改造项目进展缓慢，企业建设资金缺乏。俄方口岸功能不全，基础设施陈旧，收费过高。俄克拉斯基诺公路口岸因现有联检查验设施规模过小且简陋，经常出现堵塞滞留现象；俄方马哈林诺铁路口岸基础设施不完善，只具备煤炭、矿石、木材等大宗货物的单向查验能力，品种单一，导致该口岸不能增加运输货物品种。俄方查验环节过多，出入境车辆等候时间长，单据要求过严，效率低下。俄口岸收取服务费过高，俄克拉斯基诺公路口岸对中方运输货车过境收费 4000 卢布（约 400 元人民币）。珲春公路口岸对于 8 座以下的小型车辆不允许通行。

## 三、对策建议

基于“一带一路”倡议构想，珲春无论是回顾渤海国时期的日本道，还是作为长吉图先导区的窗口、东北亚新门户，都在国家“一带一路”倡议中发挥着重要支点作用。在“一带一路”新路线中，珲春被纳入五条路线中的北线。由珲春向东，经俄罗斯扎鲁比诺港、日本海航行，可到韩国、日本、北美；向西经延吉、吉林市、长春，可到蒙古国、俄罗斯、欧洲。在这样的大好形势下，合作区作为珲春的经济发展的一个“新引擎”，必须采取超常规措施，加快发展。

**（1）推进水产业发展。**目前，珲春凭借自己的区域优势和资源优势，推动了水产业的迅猛发展，而水产品加工厂大多都位于合作区。要在“一带一路”的新局势下，将珲春的水产品广告打到世界各国，让“珲”字号水产品在世界各国都能家喻户晓。一方面，要加大水产业招商引资力度。依托珲春市水产工业园区的基础优势和区域优势，主动承接沿海发达地区水产加工贸易转移。组织承办中、俄、朝地方水产行业系列会议，推动本地水产企业与俄、朝水产捕捞企业直接对接，更好地促进水产业快速发展。另一方面，要全面优化水产业发展平台和环境。强力推进水产工业园区基础设施建设，推动出口加工区申报综合保税区，进一步拓展出口加工区功能和区域。逐步扩大中俄互市贸易区海产品进口规模，在项目用地、政策扶持等方面给予新入驻水产企业大力倾斜。

（2）**改善通关环境**。首先，要在通关模式上有所创新。可利用中俄总理定期会晤机制和两国省区间会谈会晤等合作机制，对中俄海关及检验检疫机构进行协调，以提高通关效率。中俄查验结果互认制度，使“长满欧”“苏满欧”等专列经满洲里口岸过境俄罗斯至欧洲时，极大提高了通关效率。建议国家及省委、省政府积极进行中俄双方联检部门及口岸建设和管理部门的协调，尽快完善中俄双方的公路、铁路口岸基础设施建设，推广中俄双方查验结果互认模式，降低或取消口岸服务费及对中国车辆的无理罚款，彻底改善通关环境。其次，要完善基础设施。积极推进珲春铁路口岸综合查验楼及查验、监管场地及配套设施建设项目。再次，要积极协调海关抓好东北亚铁路公司集装箱换装站建设，做好珲春铁路口岸集装箱资质办理工作。又次，加强中俄地方政府沟通，各自积极向中央政府上报，争取在中央政府会谈中将中俄国际汽车运输协定关于“不允许珲春口岸和克拉斯基诺口岸之间的小车通行”条款进行修改，同时积极推进自驾游常态化，使之变为既成事实，为修改条款创造条件。最后，要推进通关便利化。在通关服务效能、海关税收征管方式等方面先行先试。实施“一线放开、二线管住、三线自由”的通关监管服务模式。推动税收征管申报要素的审查由集中在进出口通关环节向全过程转变，由逐年审查确定向抽查审核转变，逐步实现税收征管作业的前推后移。

（3）**加大政策支持**。首先，要调整省与珲春国际合作示范区收入划分比例，珲春国际合作示范区增值税、企业所得税和个人所得税继续执行营改增试点期间政策不变。其次，要支持珲春国际合作示范区引进东南亚等国技能人才，帮助协调中国驻外使馆，在入境身份认证和签证等方面给予便利，省级主管部门在就业证、居住许可审批等方面给予优先办理。再次，要加大对珲春国际合作示范区的专项资金扶持，建议每年省财政预算内安排 1 亿元专项资金，重点用于对外通道建设、城市基础设施、外经贸补贴等方面支持。最后，建立省级对俄、韩联系和定期会晤机制，及时沟通解决通关、经贸和产业合作等方面事宜。

# 辽宁自贸试验区案例分析报告

## 一、辽宁自贸试验区缘起

### （一）建设背景

1. 申报历程

早在“十一五”期间，辽宁省委、省政府就曾提出以单边开放形式建立大连东北亚自由贸易区。为此，辽宁省委、省政府委托国家部委的有关专家会同省政府发展研究中心和省外经贸厅，自2010年起，开展了为期一年的研究和论证，形成了《大连东北亚自由贸易区的政策设想》。2013年9月29日上海自由贸易试验区正式挂牌后，辽宁省委、省政府和大连市委、市政府加快了自贸试验区申报步伐。辽宁省政府专门成立了以分管副省长为组长的大连自由贸易园区专题研究小组，邀请商务部等有关部委参与总体方案设计。大连市委、市政府成立了以市长为组长的申办工作领导小组，并在大连保税区下设办公室，开展具体申报工作。2014年全国“两会”期间，辽宁代表团明确向中央领导提出建立大连自由贸易园区的设想，得到了国务院有关领导的支持和肯定。同年7月，驻辽全国政协委员就大连申报设立自由贸易区工作进展情况进行视察，并向全国政协正式提案申报大连自贸试验区。2015年1月，辽宁自贸试验区申报材料正式上报国家层面，并多次同商务部沟通汇报，不断完善调整总体方案。2016年8月，国务院正式批准设立辽宁等7个自由贸易试验区。2017年3月，辽宁自贸试验区总体方案获国务院正式批复，4月1日，中国（辽宁）自由贸易试验区在沈阳正式揭牌。

### 2. 片区建设前身

（1）**沈阳片区**。沈阳片区由浑南区和苏家屯区部分区域组成，面积 29.97 平方公里。该区域邻近沈阳综合保税区，依托国家全面创新改革试验区、国家自主创新示范区、国家高新技术产业开发区、国家产城融合示范区，政策叠加优势明显；聚集了沈阳桃仙国际机场、沈阳南站和苏家屯货运编组站，枢纽功能完备；汇聚了智能制造、航空装备、信息技术等高端制造产业集群和便捷的商贸物流服务体系，产业基础较好。

（2）**大连片区**。大连片区由大连经济技术开发区和大连保税区部分区域组成，面积 59.96 平方公里，全部位于大连金普新区内，是辽宁自贸试验区三个片区中基础最好、面积最大、发展最为成熟的片区。大连经济技术开发区是我国最早批准成立的经济技术开发区，产业基础雄厚，市场化程度高。大连保税区于 1992 年 5 月经国务院批准设立，是全国面积最大的保税区，是全国唯一的集保税区、保税港区、出口加工区管理于一身的海关特殊监管区。该区域依托东北地区最大海港——大连港，港口外贸吞吐量稳居辽宁省第一，以港口为核心的多式联运体系发展较为完善。

（3）**营口片区**。营口片区位于营口主城区西部，依托营口高新技术产业开发区，涵盖高新区、西市区、站前区、产业基地部分区域。营口高新技术产业开发区是辽宁 9 大国家级高新技术产业开发区之一，自 2010 年成立以来，以辽宁渤海科技城建设为重点，不断提升自主创新能力，培育发展战略性新兴产业，经济持续快速发展。营口综合保税区坐落于自贸营口片区的西南角，面积 1.8 平方公里，2017 年 12 月 21 日获国务院批复正式挂牌成立，是大连海关首个综合保税区，它的成立填补了辽宁自贸试验区三大片区中唯一没有封关围网区域的空白。

## （二）建设意义

### 1. 进一步扩大辽宁对外开放层次和能级

辽宁是我国最早对外开放的沿海省份之一，但相比东部发达省份，开放型经济发展依然不够充分，甚至成为制约经济增长的短板。尽管东北第一个经济技术开发区、第一个保税区、保税港区、出口加工区都设在沿海省份辽宁，但辽宁对外开放层次和水平依然不高，外贸依存度近十年来一直低于全国平均水平。2017 年，外贸进出口总额仅占全国的2.4%，实际利用外资和新设外商投资企业数量较广东、江苏、浙江等发达省份差距明显。自由贸易试验区是目前我国对外开放层级最高的功能区，加快建设辽宁自由贸易试验区将推进辽宁外向型经济快速发展，提升辽宁开放能级和水平，提升辽宁国际化地位。

2. 破解振兴发展难题

自由贸易试验区不是政策洼地，更不是一顶帽子，而是改革创新的试验田。国家批复设立辽宁自贸试验区主要是落实中央关于加快市场取向体制机制改革、推动结构调整的要求，着力打造提升东北老工业基地发展整体竞争力和对外开放水平的新引擎。众所周知，辽宁是我国计划经济实施最早、退出最晚的省份之一，僵化的体制机制严重制约了当前经济社会发展，但破解振兴发展难题绝非易事，搞不好会引发经济和社会风险。自由贸易试验区恰恰为此提供了良好的机遇和平台，通过大胆试、大胆闯、自主改，有效破解辽宁长期以来难以解决的体制机制问题和结构性问题，并将经济和社会风险控制在试验区范围内。

3. 创建增长极，形成新的辐射带动

自由贸易试验区作为改革创新试验田，通过对标国内外最高标准，不断扩大贸易和投资领域开放，促进贸易和投资便利化，必将成为新时期辽宁振兴发展的投资热土，成为新兴产业聚集地，成为新技术、新业态、新模式的诞生地，成为高端人才会聚地，成为辽宁振兴发展的新增长极，引领辽宁沿海经济带开放发展，带动整个辽宁创新发展。

### （三）建设依据

①《中共中央 国务院关于全面振兴东北地区等老工业基地的若干意见》；

②《推动共建丝绸之路经济带和21世纪海上丝绸之路的愿景与行动》；

③《辽宁沿海经济带发展规划》；

④《中共辽宁省委 辽宁省人民政府关于加快构建开放新格局以全面开放引领全面振兴的意见》；

⑤《辽宁“一带一路”综合试验区建设总体方案》。

## 二、辽宁自贸试验区建设方案①

### （一）战略定位

以制度创新为核心，以可复制可推广为基本要求，加快市场取向体制机制改革、积极推动结构调整，努力将自贸试验区建设成为提升东北老工业基地发展整体竞争力和对外开放水平的新引擎。

### （二）发展目标

经过3～5年的改革探索，形成与国际投资贸易通行规则相衔接的制度创新体系，营造法治化、国际化、便利化的营商环境，巩固提升对人才、资本等要素的吸引力，努力建成高端产业集聚、投资贸易便利、金融服务完善、监管高效便捷、法治环境规范的高水平高标准自由贸易园区，引领东北地区转变经济发展方式、提高经济发展质量和水平。

### （三）功能划分

按区域布局划分，大连片区重点发展港航物流、金融商贸、先进装备制造、高新技术、循环经济、航运服务等产业，推动东北亚国际航运中心、国际物流中心建设进程，形成面向东北亚开放合作的战略高地；沈阳片区重点发展装备制造、汽车及零部件、航空装备等先进制造业和金融、科技、物流等现代服务业，提高国家新型工业化示范城市、东北地区科技创新中心发展水平，建设具有国际竞争力的先进装备制造业基地；营口片区重点发展商贸物流、跨境电商、金融等现代服务业和新一代信息技术、高端装备制造等战略性新兴产业，建设区域性国际物流中心和高端装备制造、高新技术产业基地，构建国际海铁联运大通道的重要枢纽。

按海关监管方式划分，自贸试验区内的海关特殊监管区域重点探索以贸易便利化为主要内容的制度创新，开展保税加工、保税物流、保税服务等业务；非海关特殊监管区域重点探索投资体制改革，推进制造业转型、金融创新和服务业开放。

---

① 该部分摘自《中国（辽宁）自由贸易试验区总体方案》。

## （四）主要任务

### 1. 切实转变政府职能

**（1）深化行政管理体制改革。**一是深入推进简政放权、放管结合、优化服务改革。辽宁省能够下放的经济社会管理权限，全部下放给自贸试验区。建立权责清单制度、行政审批管理目录制度。二是深化商事制度改革。推进政府管理由注重事前审批向注重事中事后监管转变，构建事前诚信承诺、事中评估分类、事后联动奖惩的全链条信用监管体系。完善信息网络平台，建立企业信用信息采集共享机制，实现跨部门协同管理。三是实施“多规合一”改革。配合商务部开展经营者集中反垄断审查。

**（2）打造更加公平、便利的营商环境。**开展知识产权综合管理改革试点。紧扣创新发展需求，发挥专利、商标、版权等知识产权的引领作用，打通知识产权创造、运用、保护、管理、服务全链条，建立高效的知识产权综合管理体制，构建便民、利民的知识产权公共服务体系，探索支撑创新发展的知识产权运行机制，推动形成权界清晰、分工合理、责权一致、运转高效、法治保障的体制机制。搭建便利化的知识产权公共服务平台，设立知识产权服务工作站，大力发展知识产权专业服务业。探索建立自贸试验区跨部门知识产权执法协作机制，完善纠纷调解、援助、仲裁工作机制。探索建立自贸试验区重点产业专利导航制度和重点产业快速协同保护机制。

推动税收服务创新，包括一窗国地办税、一厅自助办理、培训辅导点单、缴纳方式多元、业务自主预约、税银信息互动、税收遵从合作、创新网上服务等举措。推进产业预警、信息公开、公平竞争、权益保障制度创新。建立健全国际仲裁、商事调解机制。

### 2. 深化投资领域改革

**（1）提升利用外资水平。**对外商投资实行准入前国民待遇加负面清单管理制度，着力构建与负面清单管理方式相适应的事中事后监管制度。外商投资准入特别管理措施（负面清单）之外领域的外商投资项目（国务院规定对国内投资项目保留核准的除外）和外商投资企业设立及变更实行备案制，由自贸试验区负责办理。进一步减少或取消外商投资准入限制，提高开放度和透明度，做好对外开放的压力测试和风险测试。积极有效引进境外资金、先进技术和高端人才，提升利用外资综合质量。外商在自贸试验区内投资适用《自由贸易试验区外商投资准入特别管理措施（负面清单）》和《自由贸易试验区外商投资国家安全审查试行办法》。探索强化外商投资实际控制人管理，建立外商投资信息报告制度和外商投资信息公示平台，充分发挥国家企业信用信息公示系统作用，提升外商投资全周期监管的科学性、规范性和透明度。完善投资者权益保障机制，允许符合条件的境外投资者自由转移其投资收益。

**（2）构筑对外投资服务促进体系。**实行以备案制为主的境外投资管理方式。鼓励企业开展多种形式的对外投资合作。发挥优惠贷款作用，支持自贸试验区内企业参与大型成套设备出口、工程承包和大型投资项目。支持“走出去”企业以境外资产和股权、矿权等权益为抵押获得贷款，提高企业融资能力。完善“走出去”政策促进、服务保障和风险防控体系，扩大企业对外投资。

### 3. 推进贸易转型升级

**（1）实施贸易便利化措施。**依托电子口岸公共平台，完善国际贸易“单一窗口”的货物进出口和运输工具进出境的应用功能，实现贸易许可、资质登记等平台作用，将涉及贸易监管的部门逐步纳入“单一窗口”管理平台，进一步优化口岸监管执法流程和通关流程。将出口退税申报功能纳入“单一窗口”建设项目。推进自贸试验区内各区域之间通关一体化。大力发展转口贸易，放宽海运货物直接运输判定标准。优化沿海捎带业务监管模式，提高中资非五星旗船沿海捎带业务通关效率。在执行现行税收政策的前提下，提升超大超限货物的通关、运输、口岸服务等综合能力。鼓励企业参与“自主报税、自助通关、自动审放、重点稽核”等监管制度创新试点。加快形成贸易便利化创新举措的标准化制度规范，覆盖到所有符合条件的企业。

自贸试验区内的海关特殊监管区域实施“一线放开”“二线安全高效管住”的通关监管服务模式。在确保有效监管前提下，在海关特殊监管区域探索建立货物状态分类监管模式。在严格执行货物进出口税收政策的前提下，允许在海关特殊监管区域内设立保税展示交易平台。试点开展境内外高技术、高附加值、风险可控的维修业务。对注册在自贸试验区海关特殊监管区域内的融资租赁企业进出口飞机、船舶和海洋工程结构物等大型设备涉及跨关区的，在确保有效监管和执行现行相关税收政策的前提下，按物流实际需要，实行海关异地委托监管。

**（2）完善国际贸易服务体系。**建立离岸贸易制度，发展离岸贸易。培育跨国企业设立面对国内外两个市场的结算中心和区域性总部，建立整合物流、贸易等功能的营运中心。依托大连商品交易所，支持拓展新的交易品种，促进发展大宗商品国际贸易。探索建立与国际大宗商品交易相适应的外汇管理和海关监管制度。鼓励国内期货交易所在自贸试验区海关特殊监管区域内开展期货保税交易、仓单质押融资等业务。在总结期货保税交割试点经验基础上，扩大期货保税交割试点的品种。推动自贸试验区内符合条件的原油加工企业申请原油进口及使用资质。鼓励自贸试验区内企业统筹开展国际国内贸易，形成内外贸一体化发展促进机制。推进对外文化贸易基地建设，深化拓展艺术品交易市场功能。推动检测维修、生物医药、软件信息、管理咨询、数据服务、文化创意等服务外包业务发展。依托中国（大连）跨境电子商务综合试验区，加快推进跨境贸易电子商务配套平台建设。按照公平竞争原则，完善海关监管、检验检疫、退税、物流等国际贸易支撑系统。鼓励设立第三方检验鉴定机构，积极推进采信第三方检验鉴定结果。

4. 深化金融领域开放创新

**（1）推动跨境人民币业务创新发展。**探索建立与自贸试验区相适应的本外币账户管理体系，促进跨境贸易、投融资结算便利化。允许自贸试验区内企业的境外母公司或子公司按照有关规定在境内发行人民币债券。允许外资股权投资管理机构、外资创业投资管理机构在自贸试验区发起管理人民币股权投资和创业投资基金。允许自贸试验区内租赁公司在境外开立人民币账户用于跨境人民币租赁业务。扩大人民币跨境使用，自贸试验区内银行可按有关规定发放境外项目人民币贷款。开展跨国企业集团跨境双向人民币资金池业务。

**（2）深化外汇管理体制改革。**进一步简化经常项目外汇收支手续，在真实、合法交易基础上，自贸试验区内货物贸易外汇管理分类等级为A类企业的外汇收入无须开立待核查账户。银行按照“了解客户、了解业务、尽职审查”的展业三原则办理经常项目收结汇、购付汇手续。进一步简化资金池管理，允许经银行审核真实、合法的电子单证办理经常项目集中收付汇、轧差净额结算业务。支持商业保理业务发展，探索适合商业保理发展的外汇管理模式。允许自贸试验区内符合条件的融资租赁业务收取外币租金。支持发展总部经济。放宽跨国公司外汇资金集中运营管理准入条件。

（3）**增强金融服务功能。**进一步推进内资融资租赁企业试点，注册在自贸试验区内的内资融资租赁试点企业，由自贸试验区所在省级商务主管部门和同级国家税务局审核；加强事中事后监管，探索建立融资租赁企业设立和变更的备案制度、违反行业管理规定的处罚制度、失信和经营异常企业公示制度、属地监管部门对企业定期抽查检查制度。支持自贸试验区内符合互认条件的基金产品参与内地与香港基金产品互认。取消对自贸试验区内保险支公司高管人员任职资格的事前审批，由自贸试验区所在省级保监机构实施备案管理。逐步允许境外企业参与商品期货交易。结合自贸试验区产业基础和产业发展方向，围绕新型工业化方向和产业转型升级需求，创新金融产品和金融服务。进一步提升金融服务实体经济的能力，逐步完善适合东北老工业基地振兴发展的新型金融支撑体系。

（4）**建立健全金融风险防控体系。**落实风险为本的原则，探索建立跨境资金流动风险监管机制，强化开展反洗钱、反恐怖融资、反逃税工作，防止非法资金跨境、跨区流动。建立适应金融改革创新举措的事中事后监管体系。

### 5. 加快老工业基地结构调整

（1）**深化国资国企改革。**完善国有企业治理模式和经营机制，实施分类监管和改革，探索健全以管资本为主的国有资产监管体系。稳妥推进自贸试验区内企业混合所有制改革，探索各种所有制资本优势互补、相互促进的体制机制。建立健全产权清晰、权责明确、政企分开、管理科学的现代企业制度。推进经营性国有资产集中统一监管，优化国有资本配置，放大国有资本功能，大力推进国有资产资本化。简化地方国有创投企业股权投资退出程序，地方国有创投企业使用国有资产评估报告实行事后备案。

（2）**促进产业转型升级。**完善有利于推动产业集群发展的体制机制，鼓励智能装备、海洋工程装备、航空制造、汽车（重点是新能源汽车）、新材料、高技术船舶、电子信息、生物医药和高端医疗器械、商贸及快递等现代物流、海水利用等产业向自贸试验区集聚。加快工业化与信息化深度融合，培育发展大数据、云计算、工业互联网等新一代信息技术产业，构建先进装备制造业、战略性新兴产业和现代服务业融合发展的产业布局。利用地方政府投资设立的产业（创业）投资引导基金，支持新兴特色产业集群式发展。鼓励自贸试验区内企业通过跨区域兼并重组推动产业整合。加快中德（沈阳）高端装备制造产业园、大连国家生态工业示范园区与自贸试验区协同发展，打造国际产业投资贸易合作平台。

（3）**发展生产性服务业。**鼓励自贸试验区内企业开展系统集成、设备租赁、提供解决方案、再制造、检验检测、远程咨询等增值服务。推进专业技术研发、工业设计等集成创新载体及工程研究中心、科研实验室、企业技术中心建设。搭建科技成果推广、科技管理咨询、市场营销等公共服务平台。支持设立符合规定的加工贸易产品内销平台和加工贸易采购、分拨中心。鼓励金融机构、装备制造企业集团在自贸试验区内设立租赁公司或专营租赁业务的子公司，重点开展飞机、船舶、海洋工程结构物、轨道交通车辆、农用机械、高端医疗设备、大型成套设备等融资租赁服务。

（4）**构筑科技创新和人才高地。**推动科研机构、高校、企业协同创新。按市场化方式，加强与国家科技成果转化引导基金、战略性新兴产业创业投资引导基金、国家中小企业发展基金的对接，设立一批专业化创业投资子基金。依托现有交易场所开展科技成果转化交易。引进境外优质教育资源，推动教育国际化。探索适应企业国际化发展需要的创新人才服务体系和国际人才流动制度。完善创新人才集聚和培育机制，推进人才、项目、资金深度融合。加大对海外人才服务力度，提高境内外人员出入境、外籍人员签证和居留、就业许可、驾照申领等事项办理的便利化水平。

（5）**推进东北一体化协同发展。**增强自贸试验区口岸服务辐射功能，完善海关通关一体化改革，开展货物通关、贸易统计、“经认证的经营者”互认、检验检测认证等方面合作，逐步实现信息互换、监管互认、执法互助。优化内陆无水港和物流网络布局，加速实现自贸试验区与东北其他地区口岸间互通互联，推进东北地区在研发设计、生产销售、物流配送、人才交流、教育培训等方面的协同配合。

### 6. 加强东北亚区域开放合作

（1）**推进与东北亚全方位经济合作。**充分发挥辽宁作为全国重要的老工业基地和欧亚大陆桥东部重要节点的区位、交通、产业及人文等综合优势，推进国家自主创新示范区、全面创新改革试验区、大连金普新区、国家级经济技术开发区、国家级高新技术产业开发区与自贸试验区的互动发展。加快融入“一带一路”建设，不断扩大和丰富东北亚区域合作内涵，全面融入中蒙俄经济走廊建设，巩固对日、对韩合作，加速利用国际国内两个市场、两种资源，进一步扩大东北亚国际合作，在更大范围、更宽领域参与国际竞争。

（2）**加快构建双向投资合作新机制。**推进自贸试验区与“一带一路”沿线国家及日、韩、朝等国的国际产能和装备制造合作，完善国际产能合作金融支持体系，促进由装备产品输出为主向技术输出、资本输出、产品输出、服务输出和标准输出并举转变，加大优势产业“走出去”拓展国际市场的步伐。充分利用自贸试验区国际化贸易规则，提升优势产品在“一带一路”沿线国家及日、韩、朝等国的市场占有率。引导优势企业开展境外工程承包，投资建设境外园区。推动日、韩、俄等国先进制造业、战略性新兴产业、现代服务业等产业在自贸试验区内集聚发展。探索与东北亚各国在文化、教育、体育、卫生、娱乐等专业服务领域开展投资合作。

（3）**构建连接亚欧的海陆空大通道。**依托自贸试验区加快大连东北亚国际航运中心建设进程，推进营口港海铁联运和沈阳跨境铁路通道建设。加快沈阳内陆无水港建设步伐，支持海关多式联运监管中心建设，构建沈阳—营口陆海联运系统。支持自贸试验区与“一带一路”沿线国家开展海关、检验检疫、认证认可、标准计量等方面的合作与交流，探索与“一带一路”沿线国家开展贸易供应链安全与便利合作。

（4）**建设现代物流体系和国际航运中心。**打造面向东北亚的现代物流体系和具有国际竞争力的港航发展制度与运作模式。深化自贸试验区多港区联动机制，推进海陆空邮联动发展。建立航空物流枢纽中心，促进港航要素集聚，增强空港服务功能。加快东北亚区域性邮轮港口和国际客滚中心建设。加强邮政和快递集散中心建设，依托日韩海运和中欧班列（辽宁）海铁联运运输邮件、快件，建设有影响力的国际邮件互换局。在交通运输领域，完善快件处理设施和绿色通道。将外资经营国际船舶管理业务的许可权限下放给辽宁省。建设保税航油站和保税油供应基地。支持开展船员管理改革试点工作，在船员培训方面按规定给予政策支持。推动与旅游相关的邮轮、游艇等旅游运输工具出行的便利化。

## 三、实践模式

### （一）运作模式

辽宁自贸试验区的运作模式采用领导小组下的管委会负责制。领导小组组长由省长担任，副组长由沈阳市委书记、大连市委书记和分管外经贸工作的副省长担任，领导小组成员由沈阳、大连、营口主要领导及有关厅局一把手组成，领导小组办公室设在省商务厅，承担中国（辽宁）自由贸易试验区工作领导小组的日常工作。各市相应成立以市委书记（或市长）为组长的自贸试验区工作领导小组及办公室，管委会直接对领导小组负责。

沈阳片区管委会为沈阳市委、市政府派出机构，直接对沈阳市自贸试验区工作领导小组负责。管委会主任由分管外经贸副市长兼任。设党工委书记、常务副主任一名，负责管委会常务工作和党风廉政建设。管委会内设办公室、人力资源局、经济发展局、政策法规局、财政和金融服务局、规划建设局、知识产权局 7 个机构，另设审批大厅服务中心。其中，办公室承担沈阳自贸试验区领导小组办公室职责。

大连片区管委会与金普新区管委会合署办公，为“一套人马、两块牌子”。大连片区工作领导小组办公室设在大连金普新区管委会，办公室主任由金普新区党工委书记、管委会主任兼任。管委会（即金普新区管委会）内设经济发展局、商务局、社会事业局、民政局、财政金融局、人力资源和社会保障局、环境保护局、城乡建设局、城市管理综合执法局、交通局、农业局、审计局、市场监督管理局、安全生产监督管理局、公共行政服务中心 15 个局。

营口片区管委会与营口高新区合署办公，为“一套人马、两块牌子”。管委会内设办公室、经济发展局、财政局、科技局、规划建设局、招商局、招商服务中心、公共事业局、党群工作部、档案室 10 个部门。与沈阳、大连片区不同的是，营口片区管委会与工作领导小组办公室分属不同部门，工作领导小组办公室设在市商务局，办公室主任由市商务局局长兼任。如图 1 所示。

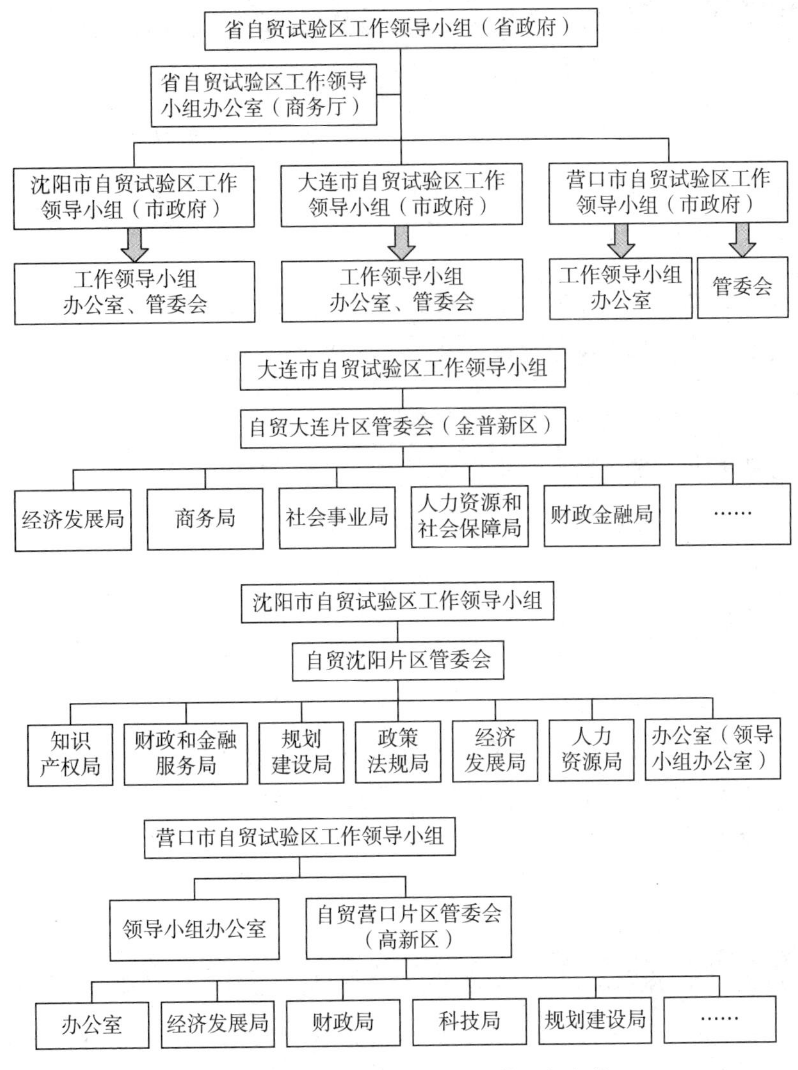


**图 1　辽宁自贸试验区目前总体组织架构**

## （二）重要经验

辽宁自贸试验区成立以来，深入落实“三互”大通关、加快建设国际贸易“单一窗口”2.0 版、全面实施负面清单管理模式、积极推进现代服务业领域开放创新，在推动政府职能转变、投资领域改革、贸易便利化、金融创新改革等方面取得了丰硕成果。截至 2017 年底，自贸试验区复制推广上海等地自贸试验区 99 项经验做法，形成了 13 个全国首创案例。因篇幅限制，下面简单介绍六个具有代表性的创新案例。

## 创新案例一　沈阳片区的“关险合作”

沈阳片区在全国率先提出海关税款保证保险创新试点方案。所谓海关税款保证保险是指企业提供由经保监会（现银保监会）设立的保险公司出具的税款履约担保单，向海关申请办理担保通关手续，在投保人未履行税款缴纳义务时，由保险人向被保险人即海关承担赔偿责任的一种保证保险。

通过独立业务系统与电子口岸进行统一对接，企业“一键式”投保海关税款保证保险，可获得自动化理赔。若企业发生担保逾期的情况，承保的保险公司可根据海关的保单转税款指令立即将赔款转入海关指定账户。在国家现有征信体系的基础上，建立自贸试验区统一的征信平台，实现风险共管，对于有潜在欠税风险和商业瞒骗风险的企业，可进行及时的信息互通。该模式以扩大担保主体、创新担保形式、扩大担保范围为核心，进一步推动海关管理模式、监管流程、运行机制的规范化和标准化。

“关险合作”是沈阳自贸片区的一项重点领域制度创新。海关税款保证保险模式创新属于全国首创。该模式对于对标国际、引领税款担保机制改革意义重大，也是自贸试验区先行先试作用的重要体现，对保险业意味着开辟了全新的改革领域。

## 创新案例二　大连片区的“三互”大通关

大连在全国率先建立了地方政府与海关、检验检疫、边防、海事等口岸部门共同推进“三互”大通关工作机制，包括信息互换、监管互认、执法互助、资源共享（“3+1”口岸监管模式），实现了多部门、多层次、多地区“三互”大通关新模式。

“三互”大通关分为“外三互”和“内三互”。“外三互”是指同一地域不同监管部门间的“三互”大通关，大连海关、辽宁出入境检验检疫局、辽宁公安边防总队、辽宁海事局共同推进“三互”大通关工作机制（1+4+N）；“内三互”指监管部门系统内部不同地域之间推进的“三互”大通关，即在深化关检一体化合作基础上，大连、沈阳、长春、哈尔滨、呼和浩特、满洲里六海关和辽宁、吉林、黑龙江、内蒙古四省区出入境检验检疫局共同合作，拓宽“三互”大通关的广度和深度，深入推进区域通关一体化建设，提高通关效率和贸易便利化程度。

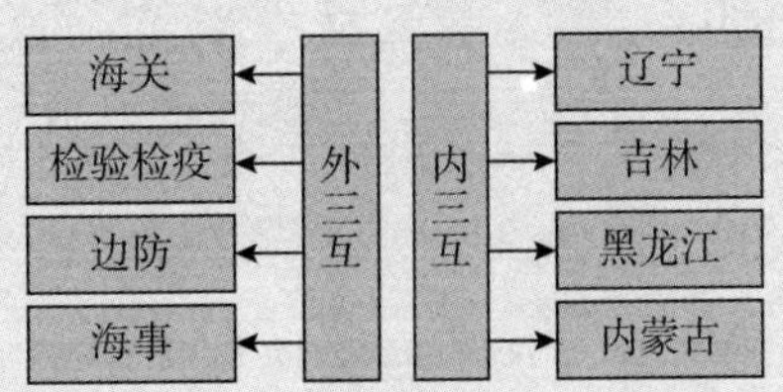


“三互”大通关的关键是监管互认。大连大窑湾口岸在执法互认中取消两家同时执法，由一个监管部门查验一次即可放行，查验结果互认，大幅缩短通关时间，节约企业成本，提升贸易便利化水平。检验检疫部门发挥技术优势，优先为海关提供冻品、水果、固体废物以及涉案商品等检测结果；海关参考和借助海事部门对危险品的监管结果和认证报告，有针对性地确定监管重点；对原木“关前检”实行“一次许可，多次有效”。大窑湾口岸在全国率先打造通关快速系统（综合业务平台），全程实现通关、执法无纸化。实施“三互”大通关后，通关手续由原来的10项缩减为5项，减少候查时间50%以上，缩短在港时间2～3天，港口企业通过一次性集装箱搬移、核封、拖车等措施，每个集装箱节省费用395元，原产地核封缩短4～6个小时。

## 创新案例三　大连片区的“保税混矿”监管创新

“保税混矿”是指将不同产地、不同成分的两种以上的铁矿砂在保税状态下进行混合而得的混合铁矿砂。大连港进口的巴西淡水河谷铁矿石主要是含铁量为65.7%的高品位低硅铁矿石及含量为61.9%的低品位高硅铁矿石，在大窑湾码头堆场进行物理混合，根据市场需求进行配比，最终销往国内或出口日本、韩国市场。针对大连港进境保税混矿等业务的实际需求，大连检验检疫局在有效执行检验检疫法律法规前提下，合理设计工作程序，最大程度为企业提供便利，为保税混矿业务提供技术支撑和品控保障。通过多道程序严把安全关，在货物入区时对货物进行放射性检测，同时对有毒有害元素含量实施检测；在货物卸毕后对货物堆存场地、数量及混矿作业过程实施日常监管；在货物出区过程中对货物实施检验并出具品质及重量证书。

保税堆场进口矿石混矿为国内首例，大连检验检疫局组织巴西淡水河谷混矿项目组及大连港等单位进行深入研究，联合大连港矿石码头、大连港散货物流中心建立了定期通报和重大问题沟通协调制度，严把安全关，及时通报和解决检验监管工作中存在的问题；同时主动加强与大连海关的沟通，及时通报工作情况，形成了监管合力，为贸易双方营建科学高效、公平公正的交易环境。

大连港“保税混矿”的创新之处主要体现在业务、制度和管理等方面：简化通关手续，使企业切实享受自贸试验区带来的便利；有法可依，有据可查，风险较小；规范流程，组织出台《大窑湾海关保税矿砂混矿业务操作指南》，指导业务操作，对接企业需求；检验检疫部门对保税铁矿混矿业务采取“入库报验+放射性检测+元素检测+日常监管+出库检验”五位一体的检验监管模式。大连检验检疫局最大限度满足企业需求，多次就保税堆场的保税功能启用过程中涉及检验检疫方面的法律、法规和检验监管等与企业座谈，做到检验检疫法规宣传在前，为企业答疑解惑在前，了解和掌握企业生产过程中涉及检验检疫监管工作的关键环节，有针对性地制订工作方案。

保税混矿业务不仅降低了巴西淡水河谷的混矿成本，也实现了“国外矿山”向中国港口的前移。在大连港矿石码头后方的保税堆场内开展铁矿石物理混合，规范保税堆场混矿业务和检验监管工作，不仅有利于助推大连港转型，拉动区域经济增长，也有利于促进环渤海及东北亚区域进口铁矿石资源的优化配置与布局，有效降低中国钢厂的采购成本，巩固强化铁矿石议价能力，进一步提升供应链管理水平。

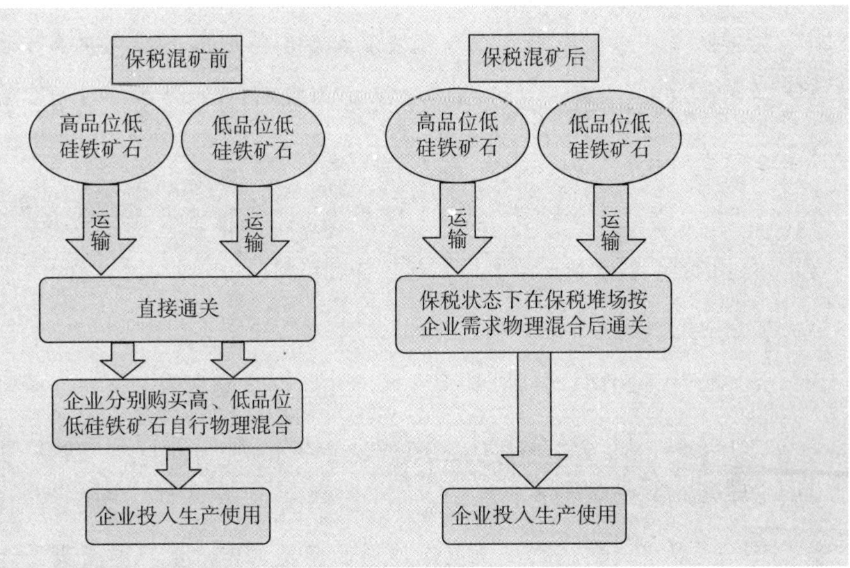


## 创新案例四　大连片区的归类尊重先例

“归类尊重先例”制度，是指收发货人或者其代理人在通关中对同一商品可以引用海关认定的归类先例，海关原则上应予以认可。确有异议的，事后按规定启动归类一致协调解决机制处置的一项制度。简单说就是企业以前在全国任何口岸曾经进出口的商品，今后在大连口岸办理通关手续时，海关将不再审核其商品归类，而是直接认可先前的结果。

实施步骤：

（1）形成事实先例。结合关区进出口贸易商品实际，选取30家代表性进出口企业进行试点，并运用计算机对试点企业2年内报关单数据进行有效搜集。

（2）构建归类先例数据库。依托辽宁电子口岸“单一窗口”，强化大数据等技术运用，以总署归类决定等数据及经实际审核后试点企业报关单数据为基础，建立归类尊重先例数据库，实现先例数据有效存储和分类查询，并坚持计算机筛选和人工审核相结合，建立先例数据入库审核机制，对先例数据严格把关。

（3）实施先例数据动态维护。建立先例数据库动态维护机制，及时根据海关总署《中华人民共和国海关进出口税则》转换、《进出口税则商品及品目注释》修改转换、本国子目注释调整情况对先例数据进行动态调整，并及时对试点企业予以公告。目前，归类先例数据库已包含7万余条先例数据，基本涵盖试点企业经营商品。

（4）开设先例快车专用通道。实现先例免于审核快速放行，营造便利化通关环境。拓宽先例意见反映渠道，通过开设微博、专用邮箱、12360专栏等多种方式受理企业先例制度意见反馈，并及时进行核实解决，推动形成和谐通关环境。

大连海关于2016年11月1日正式开启“归类尊重先例”这一创新实践，是全国第一个实施“归类尊重先例”制度试点地区。截至2017年底，已有28家企业使用归类先例辅助申报查询系统，累计归类先例近7万条，系统累计使用近1万次，“归类尊重先例”制度使复杂的商品归类工作从填空题变成了选择题，提高了商品归类的准确性、统一性、时效性。实行该政策以后，海关各部门不再进行归类审核，这就改变了过去多个部门审核，不同人可能会提出不同归类要求的状况，减少了归类争议，极大缩短了通关时间，提高了通关效率，节省了清关环节成本。这项制度的实施是海关执法理念和基本原则的一次重大创新，对规范自由裁量权，推动海关执法统一，营造公开、透明、可预期的外贸营商环境具有深远意义。大连海关还将优化归类一致性协调解决机制，进一步丰富归类先例数据库，并不断完善归类先例配套制度。

## 创新案例五　大连片区的检验检疫快验通关“六化”新模式

为顺应“放管服”改革和自贸试验区建设要求，辽宁大窑湾检验检疫局结合一线实践积累和信息化建设成果，以出入境船舶、集装箱、货物及其检验检疫状态实时掌控为基础，以系统互联、数据对比、视频监控、移动快检、闸口管理、远程定位等为手段，应用互联网、大数据、云计算等技术手段，通过自主开发的无纸化申报、随机化布控、移动快检、闸口管理电子识别等业务系统，构建了“大窑湾口岸综合业务管理平台”。检验检疫局利用该平台系统内的ECIQ业务主干系统以及港口、各口岸监管部门系统的对接，实现业务互联、互通，建立健全功能模块，形成报检无纸化、抽查随机化、执法菜单化、记录电子化、监控可视化、放行自动化的检验检疫新模式。该模式包含以下六大亮点。

（1）无纸申报。企业通过“无纸化申报系统”，可足不出户、全天候24小时，对进出口商品进行录入申报。

（2）随机化布控。利用“随机化布控子系统”中的“抽查布控”和“风险预警”模块，根据监管要求、预警指令和企业失信数据等规则，对商品品种、来源国、企业代码等信息进行分析研判，科学锁定布控货物，并随机化选定检验人员。

（3）移动快检。通过“移动快检子系统”针对不同查验品种的监管要求，将执法规则和查验要素加载到电子系统之中，建立菜单式执法操作模式。

（4）全面记录。现场执法查验全面推广“执法记录仪”设备，对货物标签、封号、数量、外观状态等关键查验信息进行核对、拍照记录、结果登记，操作全过程实现移动化、电子化。

（5）实时监控。在大窑湾港内的集中查验场地等主要查验场所内，多角度设置高清摄像头，视频信号接入大窑湾出入境检验检疫局局本部指挥中心，及主管副局长和科室负责人的办公电脑，对一线检验工作进行实时监控。

（6）电子识别。通过“闸口管理电子识别系统”，建立检验检疫业务管理系统（ECIQ）与码头电子系统的桥梁，对进境集装箱货物的电子监控管理，码头依据检验检疫电子放行指令实施货物放行。

快检通关“六化”新模式实现了监管更规范、通关更便捷、执法更透明、协作更高效的目标。

## 创新案例六　营口片区的以中欧班列为引领的对外贸易合作新模式

“以港兴市”是营口一以贯之的发展战略，港口是营口参与区域竞争的核心战略资源，是营口经济发展兴衰的折射。自贸试验区挂牌以来，营口市委、市政府提出，创造一种“营口港就是自贸区”的环境，将港口功能前置到营口片区，通过省立法将营口片区的经验复制到营口港，让两者形成“一体化”，实现无缝对接。按照《中国（辽宁）自由贸易试验区总体方案》部署，营口片区将围绕港口核心战略资源和“营满欧”大陆桥，形成中国北方重要的航运枢纽和东北亚区域物流中心，建设区域性国际物流中心和高端装备制造、高新技术产业基地，构建国际海铁联运大通道的重要枢纽。位于营口市鲅鱼圈区的中俄国际集装箱物流园区是全国首批多式联运示范工程的主体项目，被海关总署批准为多式联运海关监管中心。这个园区建成后，营口港中欧班列发装卸、外贸拆装箱、检验检疫、海关查验、仓储分拨等多项业务将实现集成化操作。

营口片区协同营口港培育国际经济合作与竞争新优势，以中欧班列为引擎，以密集的集装箱航线为优势，以多式联运为基础通道，打造出独具特点的以中欧班列为引领的对外贸易合作新模式。该模式在以下几个方面均有创新。

一是内外联动布局国际物流体系。深入对接“一带一路”倡议，通过参股俄罗斯重要物流节点、与俄铁、蒙铁建立三方会谈机制方式，深入参与国际物流体系建设。

二是区港联动打造对外贸易载体。将营口片区的制度创新成果及优势同步复制推广到营口港区，共同承接国家相关试验事项，共建制度创新协同区，推进港口、产业、片区等载体和要素一体化发展，实现制度连接。铺设连接鲅鱼圈港区和营口片区的铁路货运专用线，打造区港联通15分钟经济圈，实现空间连接。

三是基础设施和通道建设。持续完善国际国内海铁公联络线建设，以中欧班列为主导，积极拓展布局物流体系。

四是打造提升物流运作体系。在运输方式、运营模式两大方面，以市场化运作、参股境外物流节点等方式持续提升整体运作水平。

五是构建内外协作贸易体系。通过积极打造精品班列，持续扩大中欧班列影响力，同时带动老工业基地转型，发展对外贸易产品，带动产业转型升级。

六是深化陆海内外联动开放布局。营口片区积极开展公铁海多式联运运输建设，积极对接中欧海关“安全便利智能化国际贸易运输链”试点计划，在运输模式、标准等方面取得突出成绩。

### （三）主要问题

（1）**投资开放合作程度有待提高。**辽宁自贸试验区尚未形成与国际接轨的全投资管理制度，尤其是对日韩等邻近国家的特色开放政策，较之深圳市与香港特区、横琴岛与澳门特区、福建省与台湾地区的开放合作导向尚存在一定差距。自贸试验区的投资开放领域、产业发展定位的特色不够鲜明，缺乏招商引资的竞争优势，自贸试验区对外影响力和辐射度仍有待进一步提升。

（2）**特色制度创新成果相对不多。**辽宁自贸试验区在外商投资信息数据采集、分析、整理工作方面略显薄弱，难以准确研判外商投资企业和社会资本的市场诉求和投资诉求，导致自贸试验区政策创新跟不上市场步伐，或政策创新缺乏承载主体，原创性创新成果少，尤其是针对辽宁国企改革、东北亚合作等自选动作方面的创新成果不多，政策适应性和普及度不强。

（3）**区域联动带动效用不够明显。**辽宁自贸试验区与周边高新区、开发区或新区之间缺乏联动合作机制，尚未建立健全区内外的科技创新联动、金融资本联动、人才引进联动等平台，自贸试验区对内辐射效应不足。自贸试验区的政策推介及宣传力度有待提高，很多高新区、开发区或新区对自贸试验区的创新政策不熟悉、不了解，难以做到精准复制、精准推广，享受不到自贸试验区制度创新的红利。

（4）**市场主体发育程度不高。**辽宁自贸试验区仍处于发展阶段，区内产业结构不完善，如金融机构能级不高、种类较少，股权、知识产权、金融资产、大宗商品等要素交易市场不健全，会计、律师、评估、认证、咨询等专业中介机构发展较慢，支撑自贸试验区创新驱动发展的市场主体不充分，市场发育程度仍有待进一步提升。

## 四、实际成效

一直以来，辽宁省委、省政府高度重视自贸试验区建设工作，举全省之力着手谋划，搭建强有力的领导体制和推进机制。省领导多次召开会议听取情况汇报，并作出重要指示，推进自贸试验区建设重大事项；辽宁省成立自贸试验区工作领导小组，确定投融资体制改革推进组、贸易便利化推进组、营商环境推进组等 8 个专项工作推进组，统筹领导协调自贸试验区建设工作。同时，辽宁在政策层面上也在不断发力。截至 2017 年底，省级层面共出台了 20 个政策文件、215 项政策措施，支持自贸试验区发展。

### （一）政府职能加快转变

在省自贸试验区领导小组的统筹指导下，辽宁自贸试验区三个片区分别建立了管理委员会，成立了综合服务大厅，积极承接省政府下放管理权限，推行“一口受理”工作机制，实施以负面清单为核心的外资管理模式，形成与国际通行规则一致的市场准入方式。省政府向沈阳、大连、营口三个片区下放首批 133 项省级行政职权，进一步增强辽宁自贸试验区对经济社会管理的统筹协调、自主决策和公共服务能力；全面实施“证照分离”改革，对 95 项商事登记后置审批事项，采取取消审批、审批改备案、实行告知承诺等方式实施分类改革，实现企业“准入”和“准营”同步提速；三个片区均建立了权责清单制度、行政审批管理目录制度，成立了综合服务大厅，推行“一口受理”，创新“预约上门”、微信核名、“零拒绝 + 全容缺”等服务模式，提高政府服务效能。截至 2018 年 7 月 31 日，已有 40 多个国家和地区的 414 家外商投资企业落户中国（辽宁）自由贸易试验区。其中，来自日本、韩国、蒙古国、俄罗斯等国的外商投资企业超过百家。辽宁自贸试验区共新增注册企业 30913 家，注册资本达 4395 亿元。

### （二）贸易便利化水平有效提升

辽宁自贸试验区以国际贸易“单一窗口”建设为突破口，不断探索符合高标准经贸规则的监管制度，形成了便利化服务模式。口岸监管单位协同建设了“三互”大通关格局，大连海关、沈阳海关、辽宁检验检疫局、大连海事局等监管部门，纷纷出台支持自贸试验区建设的创新举措。自贸试验区内绝大多数检验检疫项目实现网络报关报检即审即放“秒通关”。海事部门推行“先许可、后查验”制度，实现船舶出口口岸查验业务办结“零等待”。针对大企业实行“一企一策”，创新了大连港“保税混矿”监管新模式、进出口货物通关“英特尔模式”。目前，大连海关、沈阳海关两关货物通关效率均居全国海关前列。

## （三）金融开放与合作不断强化

辽宁自贸试验区以服务实体经济为主线，加大金融领域开放与实践，探索建立协同高效的风险防控体系。人民银行沈阳分行印发了《关于金融支持中国（辽宁）自由贸易试验区建设的指导意见》，从扩大人民币跨境使用、深化外汇管理改革、加大金融支持先进制造业发展、加强金融对外开放和区域合作、提升金融服务水平等7个方面提出了36条举措，加强对新一轮东北振兴和发展先进制造业的金融支持。沈阳片区加快“金融岛”建设，大连片区全国首创“自贸金融在线服务平台”，营口片区申报了国家级物流金融综合改革试验区，金融服务地方实体经济的作用明显增强。

## （四）地方特色创新力度加大

辽宁自贸试验区三个片区的特色创新鲜明，沈阳片区推出了涵盖装备制造业全面发展的管理服务模式，涉及装备制造业的生产准备、创新研发、国际认证、加工生产等各个环节。大连片区启动国际双创园暨东北亚青年培训基地，围绕“东北亚国际航运中心建设”“大宗商品国际交易”“东北亚区域合作”率先突破，积极与韩国开展“跨境众筹通”创新实践，并积极申办大连自由贸易港。营口片区强化自贸区与港口联动发展，围绕海铁联运大通道积极创新，形成以中欧班列为引领的对外贸易合作新模式。

## （五）加快复制上海等地自贸试验区先进经验

辽宁省全面实行外商投资准入前国民待遇加负面清单管理制度，并对外商投资企业设立及变更实行备案制，进一步优化外资投资环境；深化商事登记制度改革，在企业登记注册“三证合一”的基础上，先后在全省推行“二十六证合一”“三十二证合一”，让企业少跑腿。目前，国务院印发的《中国（辽宁）自由贸易试验区总体方案》中要求落地的123项改革试点任务，已经落地87项，落地率达70.7%，并推出首批25项改革创新经验，向全省复制推广，进一步释放改革红利。

## （六）积极对接“一带一路”

以自贸试验区为重要平台推进建设辽宁“一带一路”综合试验区、中国—中东欧“16+1”经贸合作示范区。大连东北亚国际航运中心建设、营口港海铁联运和沈阳跨境铁路通道建设、多式联运体系不断完善。2017 年，中欧班列开行 1123 列，占全国总量的 1/3，实现货运量 9.1 万标箱，海铁联运量达全国第一。大连开通国内首条直达斯洛伐克中欧班列，沈阳开通“沈阳—德国杜伊斯堡”双向中欧班列，营口开通 12 条中欧班列，参与绿泥石国际固体散装货物规则制定。目前已有 80 余家东北亚地区外资企业入驻自贸区，合同外资额 2.6 亿美元；辽宁省还正积极探索大连自由贸易港建设。

## 五、辽宁自贸试验区未来发展建议

（1）**探索具有特色的投资开放政策。**紧密追踪国家最新投资准入动态，积极推动制造业、服务业等开放领域措施落地，贯彻落实好国家在投资准入方面赋予先行先试的权利。在此基础上，研究日韩及“一带一路”沿线国家对外投资的最新趋势、行业分布和人力资源特点，争取在跨境互联网服务、科技协同创新、演艺合作、先进装备制造等领域加大开放力度，围绕市场取向的体制机制改革、市场准入标准等方面先行探索经验。

（2）**建立高标准投资管理机制。**积极探索建设辽宁自贸试验区投资指数，及时准确多角度掌握国际最新投资发展现状，通过设定投资的数量、规模、效应等多种量化指标，适时调整并创新政策，提高政策的适用性和普及度，以此作为覆盖自贸试验区各类投资的有机组成部分。主动对接国家部委，积极探索利用外资的新领域、新路径和新模式，争取在投资领域形成新的可复制推广的经验。

（3）**培育跨境贸易新模式新业态。**争取海关、检验检疫等部门支持，依托大数据、物联网、移动互联网、云计算等新技术，推动与东北亚各国的服务贸易模式创新，促进技术贸易、金融、生物医药、管理咨询等服务贸易领域加快发展。积极承接离岸服务外包，提升服务跨境交付能力，形成以技术、品牌、质量、服务为核心的竞争新优势。在风险可控前提下探索建设区内外“维修再制造”基地，提供船舶、大型设备、运输工具等零配件境内外采购分拨、租赁交易、维修等服务。

（4）**促进国际贸易“单一窗口”跨区域互通互联。**积极做好与国家“单一窗口”标准版的对接，与日韩及东北亚国家共同探索建设贸易“单一窗口”，实现货物作业

"一站式"、通关无纸化。推进自贸区信息化平台与国际贸易"单一窗口"深度对接融合。进一步加大对自贸区企业应用国际贸易"单一窗口"的推广力度，通过开展宣传、培训指导，大幅提高自贸区内企业使用国际贸易"单一窗口"比例。

**（5）创新优化金融功能与服务。**切实落实与上海自贸区同等效果的跨境融资、本外币跨境双向资金池业务、放宽境外发债、便利境外直接投资等政策，扩充企业资金实力，降低融资成本。深入科技投贷联动试点，通过国有资本引导、民营资本参与，组建科创投贷联动基金，以贷后投、投贷额度匹配、可转债、认股权等形式，降低科创企业、孵化器入孵企业的贷款门槛和投资门槛。联合商业银行、保险公司及担保公司，建立各类知识产权的评估基本标准，解决知识产权"评估难"问题，做好知识产权局的权利质押登记与许可备案工作，解决"质押难"问题，促进知识产权市场的交易活动，解决"处置难"问题。

**（6）加快构建多层次要素市场。**加快建立跨境股权（产权）交易中心、知识产权交易中心、金融资产交易所，为跨区域产业资源配置及投融资搭建良好平台。与大连商品交易清算中心、商业银行以及第三方仓储机构开展战略合作，开展石油化工、有色金属等要素交易市场，并建立"交易、托管、清算、仓储"相互分离的风险防控机制，争取更多的国际话语权和定价权。

**（7）加强与协同区联动合作。**开展与省内政策协同区的紧密合作，摒弃地区观念、利益观念，协商好利益分配和责任共担机制，站在全局角度，共同进行招商引资，引进一批具有行业知名度和市场影响力的大型商贸企业、制造企业和研发中心。加大政策宣传力度，鼓励周边园区的企业利用自贸试验区平台"走出去"，向"一带一路"沿线国家进行投资，分享"一带一路"国家高增长带来的经济效益。

**（8）推动自选动作的原创性创新。**加强在国企改革与东北亚合作方面的政策创新，利用先行先试的体制优势，大胆创新，勇闯勇试，在全省体制机制改革难点方面取得新突破，在对外开放与合作方面探索新模式。同时，建立政策创新的激励机制和容错纠错机制，以奖代惩、以错扶正，积极鼓励各类市场主体及行政服务人员开展大创新、大改革，形成良好的发展氛围。

# 大连口岸案例分析报告

辽宁共有国家一类开放口岸13个，其中大连市有5个，分别为：大窑湾口岸、旅顺口岸、庄河口岸、长兴岛口岸和周水子口岸，前4个为大连港所属的海港口岸，周水子为空港口岸。大窑湾口岸是东北地区最重要的对外开放窗口，进出境人员和货物数量一直居东北各口岸之首。大连作为我国第一批沿海对外开放城市、东北地区最重要的出海口和对外开放的龙头，为国家经济发展、东北老工业基地振兴以及辽宁沿海经济带开发开放做出了重要贡献。多年来在大连市委、市政府的大力支持以及大连港口运营企业的配合下，大连各大口岸管理体制不断完善，基础设施不断加强，通过能力不断提高，通关环境不断优化，为建设大连东北亚国际航运中心、加快融入“一带一路”倡议发挥了重要作用。根据课题组选题方向，结合口岸建设实际情况，本案例以大窑湾口岸为重点进行剖析，同时对其他口岸作以简单介绍。

## 一、口岸缘起

### （一）基本情况

（1）**大窑湾口岸**（即大窑湾港区）是大连港的重要组成部分，是大连东北亚国际航运中心核心功能区。大连港地处辽东半岛最南端，位于东北亚中心区域，背负东北经济区，扼守京津冀。港阔水深，不淤不冻，是国家四大深水中转港之一，是东北地区最重要的综合性外贸口岸。多年来外贸进出口量占大连市的75%，占东北三省的50%。港区主要以集装箱运输为主，兼顾商品滚装汽车运输和粮食运输，是东北地区集装箱运输和物流产业发展的核心港区。1988年大窑湾港区开工兴建，2002年国务院正式批复大窑湾口岸，2003年口岸通过国家验收正式对外开放。目前，大窑湾港区拥有集装箱班轮航线108条，其中外贸航线86条，内贸航线22条，中远洋干线13条，航线网络覆盖国内外300多个港口，月航班密度500余班，中远、中海、马士基、达飞等知名班轮公司均在大连开通定期航线，提供通往欧洲、美洲、非洲、亚洲等各国和国内主要港口的贸易服务。码头可靠泊3E级1.8万标箱集装箱船舶，外贸集装箱吞吐量占东北口岸的97%。大窑湾港区建设与开港，是大连港发展史上新纪元，是大连乃至东北地区社会经济可持续发展的重要基石，对包括经济技术开发区、保税区和金石滩旅游度假区在内的"一港三区"所构筑的大连新市区——金港新区的形成和发展具有划时代意义。

（2）**旅顺口岸**（即旅顺新港）位于辽东半岛最南端的旅顺西部，距大连市区45公里，为北方天然不冻良港。2006年，获国务院批复，2010年口岸正式通过验收对外开放。旅顺新港是大连建设东北亚国际航运中心组合港的重要组成部分。凭借优良的深水资源，旅顺新港具备了巨大的发展潜力，未来将重点服务于旅顺西部临港新城临港产业和港口物流业的发展。旅顺新港口岸的开放，将实现地区外贸业务通关本地化，降低外贸企业通关及运输成本，拓展区域经济贸易对外交流的窗口，对拉动区域外向型经济发展作用突出。

（3）**庄河口岸**（庄河港）位于黄海北岸、大连庄河市境内，是大连港的中小港站之一和陆岛交通运输体系的重要组成部分，主要由将军石作业区和黑岛作业区构成，其中黑岛作业区建有3.5万吨级电厂煤码头，将军石作业区建有1万吨级和5千吨级杂货码头各一个以及1千吨级滚装码头一个。2007年，庄河口岸获国务院批复，2010年正式对外开放。庄河口岸是庄河市临港产业布局和经济社会发展的重要依托，是大连地区陆岛交通运输体系的重要节点，是辽宁沿海经济带规划实施和黄海翼开发开放的重要支撑。

（4）**长兴岛口岸**位于大连长兴岛本岛，隶属于大连长兴岛经济区。大连长兴岛经济区为国家级经济技术开发区，由长兴岛、西中岛、凤鸣岛、交流岛、骆驼岛五个岛屿组成，规划总面积502平方公里，其中长兴岛本岛面积253平方公里，是中国第五大岛，长江以北第一大岛。2011年，国务院批复设立一类开放口岸，2019年

10 月正式对外开放。

**（5）周水子口岸**（即大连周水子国际机场）是中国东北地区重要的航空口岸，是国内主要干线机场和国际定期航班机场之一。机场坐落在大连市西北部。机场 1955 年 5 月从苏联手中接管，并正式命名为大连周水子机场。1973 年 3 月，经国务院、中央军委批准，中国民用航空大连站正式组建，同年 4 月 6 日开通沈阳一大连航线，拉开了新中国大连民用航空运输的序幕。1986 年口岸通过国家验收，正式对外开放。目前，周水子国际机场共有 48 家航空公司运营 210 条航线，与 8 个国家和 3 个地区的 116 座城市通航。周水子口岸的正式开放是经贸往来、人员交往的桥梁和形象展示的窗口，也是实行对外开放必不可少的条件之一。

## （二）大窑湾口岸建设发展历程

1988 年 12 月 5 日，大连港大窑湾港区一期主体工程正式开工兴建，1993 年 7 月 2 日大连港大窑湾港区开港。大窑湾港区是国家重点建设项目，一期工程 10 个泊位，分两阶段建设。前 4 个泊位于 1988 年 12 月 5 日开工建设，至 1991 年底基本达到使用条件。1992 年 3 月 24 日，第一船“海航”轮靠泊作业，标志着新建港区进入简易投产阶段。1993 年 1 月 18 日，前 4 个泊位通过国家验收，最终投资 9538 万美元和 3.87 亿元人民币，新增年通过能力 260 万吨。至 1998 年底，包括利用防波堤改建的散粮泊位共有 7 个投产，其中 8 万吨级 1 个、5 万吨级 1 个、3 万吨级 2 个、2.5 万吨级 3 个，形成年通过能力 1216 万吨。其中 4 个集装箱泊位能力 102 万 TEU 折合 816 万吨、1 个 8 万吨级散粮泊位能力 300 万吨、2 个多用途泊位能力 100 万吨。

## （三）大窑湾口岸建设依据

①《大连港总体规划》，2008 年；

②《全国沿海港口布局规划》，2006 年；

③《大连东北亚国际航运中心发展规划》，2007 年；

④《大连港大窑湾港区总体规划方案局部优化调整》，2013 年；

⑤《大连市城市总体规划（2013—2020）》，2013 年。

## 二、大窑湾口岸建设方案

为了推进大连国际航运中心大窑湾北岸核心功能区开发建设，2012 年大连市政府责成市规划局牵头，会同金州新区、保税区管委会，大连港集团编制了具有特色、一体化的大窑湾北岸规划方案。规划方案于 2013 年 10 月通过大连市规划委员会审查。

### （一）建设目标

抓住大连国际航运中心建设和自由贸易试验区申报的历史性机遇，港城一体、区港联动，双引擎推动大连港口与城市功能升级，打造以超大型泊位和自贸试验区为特色的国际航运中心核心功能区。大力发展国际中转、国际贸易、国际物流、国际会展、国际金融等核心功能；拓展办公、商贸、居住等城市功能。

北岸地区将发展成为集国际集装箱中转、现代物流、港航服务、汽车制造与贸易、商务休闲等多种功能于一体的智能、生态、绿色航运枢纽港，东北亚中转、分拨与采购中心，大连自由贸易园区商务配套区。

### （二）产业定位

紧紧围绕支持大连建成国际航运中心、促进航运服务业发展的目标，大窑湾北岸地区在今后的发展中应当抓住大窑湾建设成为国际集装箱干线港、小窑湾建设国际商务中心、奇瑞和东风日产等汽车制造基地即将建成等诸多契机，充分利用国家、地方给予的优惠政策，将形成“1+4”的产业格局，即围绕国际集装箱干线港，做大做强港航服务、现代物流、汽车贸易等产业，延伸相关产业链，结合森林公园及滨海公园，适度发展商务、旅游、休闲等相关产业项目，打造产业优势明显，生态环境良好的绿色、生态、宜人的港城一体化示范区。

四大产业板块分别是现代物流、港航服务、汽车贸易和商务休闲。

## 三、大窑湾口岸实践模式

### （一）运作模式

大窑湾区域目前包含在辽宁自由贸易试验区大连片区内，是大连市推进贸易便利化的核心区域，归属金普新区和保税区管理。其中，大窑湾南岸及湾底码头前沿区域由大连港集团主导建设和经营，后方物流区域（含保税港区）由大连港集团及相关物流企业负责建设和经营。大窑湾北岸采取大连港集团主导、吸引各方参与、封闭开发运作、市场化运营的开发模式，将逐步构建多元发展、良性互动的区域开发商业模式。以一级土地整理业务为核心，通过二级土地开发业务、持有物业经营业务、城市基础设施专业服务，实现综合开发运营商职能，并通过形成的区域开发氛围，提升土地价值，实现良性循环。

### （二）重要经验

#### 1. 建成了一批全球领先的现代化深水码头，推动码头资源整合

大窑湾港区顺应船舶大型化、航运企业联盟化的发展趋势，相继建成一批全球领先的现代化深水码头，45 万吨级油轮、40 万吨级矿船、2 万 TEU 集装箱船等超大型船舶已在国内率先实现靠泊。凭借全球领先的现代化深水码头，以及环渤海、黄海完善的中转服务网络，大连港已成为东北最大的集装箱枢纽港、矿石分拨中心和油化品转运基地。大连港大窑湾港区码头整合大体经历了以下三个阶段。

**（1）专业化起步阶段。**1996 年大连港提出建设多功能、全方位、现代化国际大港的发展目标，将大窑湾港区定位为大连港集装箱业务核心港区，将集装箱运输作为大连港今后发展的三项重点工作之首。1996 年 7 月与新加坡合资建设大窑湾一期集装箱码头，带动了大连港大窑湾港区集装箱产业走向专业化发展道路。

大窑湾一期码头基本情况：大连集装箱码头有限公司（简称：DCT）于 1996 年 6 月成立，投资总额 40 亿元，注册资本 13.5 亿元，由大港集箱和新加坡港务集团（简称：PSA）合资组建，股比依次为 51%、49%。一期码头拥有 7 个集装箱专用泊位（3#、4#、5#、6#、7#、9#、10#），岸线长 1843 米，泊位水深 -9.4~-14 米。

**（2）合作发展阶段。**2000 年大连港集装箱进入快速发展期，与国内外大型港航公司实施合资合作共赢发展。2004 年与 PSA、中远海、马士基合资经营大窑湾二期集装箱码头，2007 年与中远海、日本邮船合资建设经营大窑湾三期集装箱码头。

大窑湾二期码头基本情况：大连港湾集装箱码头有限公司（简称：DPCM）于 2004 年 9 月成立，投资总额 21.9 亿元，注册资本 7.3 亿元，由大港集箱、PSA、马

士基、中远海合资组建，股比依次为35%、25%、20%、20%。二期码头拥有6个集装箱专用泊位（11#、12#、13#、14#、15#、16#，目前已投产运营5个泊位），岸线长2097米，水深-13.5 ~ -17.8米。

大窑湾三期码头基本情况：大连国际集装箱码头有限公司（简称：DICT）于2007年10月成立，投资总额40亿元，注册资本14亿元。由大港集箱、中远海、日本邮船合资组建，股比依次为40%、40%、20%。三期码头岸线长1843米，拥有5个集装箱专用泊位（17#、18#、19#、20#、21#，目前已投产运营2个泊位），泊位水深-15 ~ -16米，总岸线长1842米。

**（3）码头整合阶段。**进入“十三五”时期，为积极应对全球经济复苏存在不确定性，国内经济运行进入新常态，国际各大班轮公司纷纷组建航运联盟，集装箱运输船舶日趋大型化等外部环境，大连港集团紧跟国际航运发展形势变化，针对大窑湾第一、二、三期集装箱码头单体规模有限、岸线堆场资源利用不均衡、服务标准存在差异、码头运营成本相对较高等制约集装箱业务发展和进一步提升核心竞争力的系列问题，在大连市委、市政府指导下，大连港集团历经几年相关前期工作铺垫，于2016年8月正式启动大窑湾一、二、三期集装箱码头整合工作，并于2017年11月成功完成整合工作，整合后的新公司——大连集装箱码头有限公司正式挂牌运营。

此次三家集装箱码头整合，在坚持改革创新和综合施策、开创“内外联动”“市场化运行”的国资国企改革模式下，以股权投资和股权整合为主要突破方向，积极推进国有企业混合所有制改革和国有资本管理机制创新，改革效应显著，探索出一条国内港口整合升级、提质增效发展的全新路径，开启了港口多元化股权整合先河，在全国各大港口之中率先迈出集装箱码头股权整合的关键一步。大连集装箱码头有限公司成功实现整合之后，目前各地港口企业已经纷纷开始学习和复制大连港的集装箱码头股权整合相关经验。

整合后的“大连集装箱码头有限公司”介绍：公司注册资本变为34.8亿元，投资总额为101.9亿元，各方股比为：大港集装箱码头48.15%，新加坡港务集团（PSA）26%，中远海19%，日本邮船株式会社（NYK）6.85%。码头岸线5759米，堆场总面积340余万平方米，拥有大连港大窑湾港区南岸18个集装箱专用泊位，目前14个已投入使用（3#、4#、5#、6#、7#、9#、10#、11#、12#、13#、14#、

15#、17#、18#）、拟在建泊位4个（16#、19#、20#、21#），泊位水深-9.8～-17.8米。其中可以停下全球最大的集装箱“航母”20万吨级别集装箱船舶的深水泊位有5个。公司拥有覆盖全球的100多条航线，遍布160个国家和地区的300余个港口。通过共享资源、优化配置、盘活资产等措施，整合后企业效益提升显著，集装箱业务也迎来了整体的提升。在第十五届中国货运业大奖评选中，大连集装箱码头有限公司荣获“最佳集疏运服务集装箱码头”“绿色发展特别贡献奖”“综合服务十佳集装箱码头”三项大奖。

2. 大力发展国际中转服务

大连港拥有中国北方最大的环渤海支线中转服务网络。为融入京津冀协同发展战略，大连港与40余家全球主要集装箱班轮公司合作，投入20条专业集装箱船参与支线运营，现已覆盖辽宁、河北、山东等地区14个港口，每周运营70余班次，形成环渤海地区“海上穿梭巴士”，年均中转内外贸集装箱300万TEU，是中国北方重要的集装箱中转枢纽港，为促进环渤海地区对外经贸往来起到了重要的桥梁纽带作用。

3. 全国最早发展集装箱海铁联运

大连港是全国最早发展集装箱海铁联运的港口，现已形成以沈阳、长春、哈尔滨、通辽为核心的“4大中心、12个场站、31个站点”的内陆无水港布局，通过与中国铁路总公司、沈阳铁路局、哈尔滨铁路局、中铁特货、中铁集装箱以及多家船公司开展多层次、全方位的合资合作，构建了覆盖东北全域的集装箱海铁联运服务网络，开通主要班列线路20余条，每周到发70余班。大连港2016年5月被国家确定为十五个多式联运示范工程之首。2017年大连港完成海铁联运箱量41.2万标箱，连续十余年位居全国沿海港口前列。

4. 创建保税港区

2006年8月31日，国务院正式批准设立大连大窑湾保税港区（国函〔2006〕80号），是继上海洋山、天津东疆之后国内第三个保税港区。港区规划面积6.88平方公里，涵盖大连保税物流园及大窑湾区域集团所属的集装箱、汽车码头等多个专业化码头。保税港区同时具备港口、物流、加工、展示等四大功能，开展的业务包括：存储进出口货物及其他未办结海关手续货物；对所存货物开展简单加工和增值服务；对外贸易，包括国际转口贸易；国际采购、分销和配送；国际中转；商品展示；检测、维修；研发、加工、制造；港口作业，包括航运、港口设备租赁、堆场作业等；经海关批准的其他业务。大窑湾保税港区封关运作以来，本着"一线放开，二线管住，区内自由"的原则，实行全域封闭化、信息化、集约化监管，实现了真正意义上的港区一体化。具体表现在以下 5 个方面：一是保税港区和境外之间进出的保税仓储、配送、分拨和加工的货物，实行电子报备管理；二是出口货物入区即可签发出口退税证明；三是区内货物自由流动，企业只需向海关传送货物的电子信息；四是在保税港区内从事保税加工业务不实行保证金台账；五是保税港区内的外汇管理允许实行物流与资金流分流。大连大窑湾保税港区的建立，标志着大连国际航运中心建设实现了重大突破，昭示着东北地区扩大对外开放步入了新的历史时期，为大连的发展提供了崭新的发展机遇。

5. 构建全新国际物流大通道

依托完善的海陆物流网络布局，大连港不断加强与俄铁、德铁、中铁总公司、中远海等企业合作，打造以大连港为枢纽的过境班列服务品牌，构建全新的国际物流大通道。自 2013 年 4 月开通首列国际班列以来，大连港以"辽满欧"为主通道，先后开行大连—俄罗斯沃尔西诺公共班列、大连—白俄罗斯明斯克建材班列、大连—新西伯利亚木材班列、大连—莫斯科商品车班列、大连—斯洛伐克中欧班列等 6 条过境班列线路，平均每周运行 3 班。"一带一路"倡议提出之前，我国东南沿海以及日、韩、东南亚去往俄罗斯的货物主要通过俄罗斯东方港、符拉迪沃斯托克等远东港口转运，再通过西伯利亚大通道以海铁联运方式到达莫斯科等核心区域。大连港中欧班列开通以后，将原来通过俄罗斯远东港口转运的货源争揽到大连港，进一步拓展了大连港口服务功能，提升了大连港在东北亚经济圈的综合影响力和竞争力。

6. 积极开通"冰上丝绸之路"

作为"21 世纪海上丝绸之路"的新起点，大连港致力于打通以大连港为起点贯穿北冰洋的“冰上丝绸之路”。2014 年 8 月，大连港与中远海运集团首次联手开通北冰洋航线。2015 年 7 月，中远海运“永盛轮”再度由大连港启航，开始北极东北航道双向航行，北冰洋航线开发取得突破性进展。该航线比经马六甲海峡、苏伊士运河的传统航线缩短 2800 多海里，航行时间缩短 9 天，全程燃油成本降低近 30%，为亚欧搭建起一条跨越北冰洋的“海上高速公路”，为东北经济发展提供更为便捷的国际物流通道，对东北振兴规划实施和大连东北亚国际航运中心建设具有重要促进作用。

### （三）大窑湾口岸面临的主要问题

大窑湾已建成的南岸区域主要问题是后方物流园区面积过小，限制了临港产业和物流服务业的布局和发展，影响了保税港区政策优势和集聚效应的充分发挥。这一问题在大窑湾北岸可以得到解决，但北岸尚处于建设阶段，还有待于形成规模效应，需政府进一步加大政策支持力度，早日将大窑湾北岸建成以自贸区为特色的国际航运中心核心功能区。

## 四、大窑湾口岸建设发展实际成效

通过融入“一带一路”建设，大连港增强了对日本、韩国和俄罗斯的辐射力，促进东北地区与日、韩、俄和欧洲设施联通、贸易畅通、资金融通。“一带一路”成为港口发展的效益之路、港口转型升级的创新之路、老工业基地振兴的开放之路。

1. 中欧班列实现了从无到有

中欧班列 2017 年全年开行 438 列，完成过境集装箱 3.5 万 TEU，同比增长 94%。班列化后，以大连到莫斯科的 40 英尺集装箱为例，单箱运输成本下降到 3200 美元，运输成本下降 36%，运输时间缩短 50%，高效便捷的物流通道进一步提升了大连港的枢纽港作用，同时带动了回程货的发展。2016 年以来，大连港先后开通了从新西伯利亚、伊尔库斯克到大连的回程班列，把俄罗斯的木材运回大连集散，通过海运网络运到国内，40 英尺集装箱单箱成本下降到 2200 美元，每个集装箱带来 150 ~ 200 美元利润。中欧班列的开通不仅为客户节省了大量成本，也为班列经营企业带来可观的收入利润，开创了互利共赢的良好局面。

2. 推动辽宁自由贸易试验区先行先试

2017 年 4 月，辽宁自贸试验区正式获批。依托辽宁自贸区的政策优势和港口的区位优势，大连港不断完善高端服务功能，吸引航运高端服务业集聚，通过体制机制、产品服务等创新，推动港口转型升级。体制机制创新方面，大连港与招商局港口、中远海运集团、一汽集团、上汽集团、中国石油等大型国企均建立了以资本为纽带的合作关系，实现多元化发展；产品服务创新方面，大连港积极探索“保税混矿”“保税混油”等新品牌，实现了中国铁矿石由单纯进口向转口贸易的华丽转身。2017 年，大连港混矿成功突破 1000 万吨，其中日韩国际中转 500 余万吨。下一步，大连港还将拓展韩、日、东南亚市场，加大原油、铁矿石、集装箱国际中转货源市场开发力度，提高国际市场竞争力。

3. 有效促进了东北地区共同对外开放

“一带一路”国际物流大通道建设不仅实现了大连本地企业及产品的“走出去”，还有效促进了东北地区共同对外开放。在“辽满欧”中欧班列的示范作用下，依托在东北建立的物流网络，黑龙江、吉林等地客商纷纷表示出浓厚的合作意愿。在当地政府的大力支持下，经过各方共同努力，大连港成功开通“哈欧”班列，从哈尔滨出发到德国、比利时等欧洲国家，去程主要货种包括汽车配件、电子产品、飞机配件、生活用品等，返程带回汽车配件、机械设备、板材等，去程平均时间为 20 天，回程平均时间为 18.7 天，目前运输货值已超 80 亿美元。其中，黑龙江—比利时沃尔沃专列是国内首次进入西欧的整车班列，主要用于运送出口欧洲的沃尔沃 S90 整车，2017 年至 2019 年年均出口约 1.2 万台，有望成为国内单一品牌运量最大的班列产品。2017 年 10 月，在大连港成功开通大连—斯洛伐克中欧班列，这是我国首条直达斯洛伐克的中欧班列，为东北腹地高端制造业开辟了全新的物流通道，带动东北地区对外开放水平再上新台阶。

## 五、大窑湾口岸未来发展方向

未来，大窑湾港区将进一步完善多式联运等多种服务功能，建成国际航运中心、自由贸易区和港口生产的核心功能区。重点推动大连港口与城市功能升级，完善国际中转、国际贸易、国际物流、国际会展、国际金融、商务服务、汽车产业等航运中心核心功能，建成具有国际中转功能的超大型集装箱、汽车、矿石、油品的专业化码头集群。

大窑湾北岸地区强化主导产业特征，进一步完善各功能间相互联系，规划建设六大功能板块，包括国际集装箱中转及汽车物流区、汽车产业区、现代物流区、港航服务区、商务休闲区、港口功能延伸区及发展预留区。其中，由港航服务区、现代物流区、港口功能延伸区及发展预留区集中体现基地的产业特征。

# 后　记

postscript

为推动新一轮东北振兴，加快构建东北经济区陆海内外联动、沿边沿海双向互济的全面开放新格局，建设新时期开放合作新高地，实现东北地区全面振兴，内蒙古自治区发展研究中心联合黑龙江、吉林、辽宁三省发展研究中心组建联合课题组，共同开展“东北地区陆海内外联动开放新格局研究”课题研究，完成总论、总报告、4个分报告及9个案例分析报告系列成果，并形成《东北振兴：构建陆海内外联动开放新格局》专著。

本书各项报告的任务分工是:《促进陆海内外联动开放协调是“十四五”时期东北振兴的主基调》总论由杨臣华、黄占兵执笔;《东北地区陆海内外联动开放新格局研究》总报告由杨臣华总负责，张永军执行负责，黄占兵、宝鲁、付东梅、刘兴波、徐盼、刘军、杜勇锋、毛艳丽、高鸿雁执笔;《推动东北地区陆海内外联动开放发展的内蒙古思考与建议》由张永军负责，黄占兵、冯玉龙执笔;《推动东北地区陆海内外联动开放发展的黑龙江思考与建议》由董伟俊总负责，刘国会、闫修成执行负责，高玉海、吕景和、孙宇、安春生执笔;《推动东北地区陆海内外联动开放发展的吉林思考与建议》由李寅权总负责，柳涛执行负责，侯玲、赵金金、刘万旭执笔;《推动东北地区陆海内外联动开放发展的辽宁思考与建议》由徐岩总负责，朱军执行负责，李树坤、曾兆勇执笔;《呼伦贝尔中俄蒙合作先导区案例分析报告》由关继峰、何振华执笔;《满洲里国家重点开发开放试验区案例分析报告》由陈德斌、王颖执笔;《二连浩特国家重点开发开放试验区案例分析报告》由周全胜、包文荣、贺霜凝、牧丹、雪梅、兴安执笔；《黑龙江绥芬河—东宁国家重点开发开放试验区案例分析报告》由高玉海、安春生、黄续忠、公续刚执笔;《抚远口岸开放案例分析报告》由吕景和执笔;《黑河口岸对外开放案例分析报告》由孙宇执笔;《珲春边境经济合作区发展案例分析报告》由柳涛、刘万旭、赵金金执笔;《辽宁自贸试验区案例分析报告》由朱军、洪英、李树坤执笔;《大连口岸案例分析报告》由朱军、张宏伟、张羽、李树坤执笔。

在课题研究及报告撰写中，研究人员参考了已有相关研究成果，并尽量将相关内容用参考文献形式予以标注，在此对原创作者曾经付出的艰辛劳动表示衷心的感谢。同时，大连市发展研究中心、呼伦贝尔市发展和改革委员会、满洲里市发展和改革委员会、二连浩特国际学院等单位协助开展案例研究，在此一并表示感谢。

由于课题研究内容涉及范围广，限于研究者理论水平、经验积累和诸多不确定因素等，有些观点、判断难免有不当之处，敬请各位专家学者和广大读者批评指正。

本书编委会

2020 年 1 月